Spaniens schönste Gärten

Spaniens schönste Gärten

Eduardo Mencos   Anneli Bojstad

Bibliografische Information der Deutschen Nationalbibliothek

Die Deutsche Nationalbibliothek verzeichnet diese Publikation in der Deutschen Nationalbibliografie; detaillierte bibliografische Daten sind im Internet über http://dnb.d-nb.de abrufbar.

BLV Buchverlag GmbH & Co. KG
80797 München

© 2011 BLV Buchverlag GmbH & Co. KG, München

Das Werk einschließlich aller seiner Teile ist urheberrechtlich geschützt. Jede Verwertung außerhalb der engen Grenzen des Urheberrechtsgesetzes ist ohne Zustimmung des Verlags unzulässig und strafbar. Das gilt insbesondere für Vervielfältigungen, Übersetzungen, Mikroverfilmungen und die Einspeicherung und Verarbeitung in elektronischen Systemen.

Übersetzung: Inga-Maria Richberg
Lektorat: Sandra-Mareike Kreß
Herstellung: Angelika Tröger
DTP: Satz + Layout Peter Fruth GmbH, München

Printed and bound in China
ISBN 978-3-8354-0873-9

Titel der Originalausgabe:
Great Gardens of Spain
Copyright © Frances Lincoln Limited 2011
Text copyright © Anneli Bojstad 2011
Photographs © Eduardo Mencos 2011
First Frances Lincoln edition 2011

Frances Lincoln Limited
4 Torriano Mews
Torriano Avenue
London NW5 2RZ
www.franceslincoln.com

INHALT

8	EINFÜHRUNG	84	El Huerto del Cura	176	Jardín de la Real Fábrica de Paños
		88	Raixa	182	Monasterio de Piedra
14	ATLANTIKKÜSTE	92	Alfabia		
16	Pazo de Mariñán	98	Pedreres de S'Hostal	186	ANDALUSIEN
20	Monasterio de San Lorenzo de Trasouto			188	El Patio de los Naranjos
		102	ZENTRALSPANIEN	192	Palacio de Viana
22	Pazo de Castrelos	104	Palacio Real de la Granja de San Ildefonso	196	La Alhambra
24	La Quinta			204	El Generalife
30	Señorío de Bértiz	112	El Romeral de San Marcos	212	El Carmen de la Fundación Rodríguez-Acosta
36	Jardín de Aclimatación de la Orotava	118	El Bosque		
		122	Real Monasterio de San Lorenzo de El Escorial	218	Real Alcázar
42	Jardín de la Marquesa de Arucas			226	La Casa de Pilatos
48	Jardín de Cactus	128	Casita del Príncipe	232	El Parque de María Luisa
		132	Casita del Infante	238	La Casa del Rey Moro
52	MITTELMEERRAUM	136	La Quinta del Duque del Arco	242	La Concepción
54	Jardines Artigas	140	Jardines del Buen Retiro		
58	Park Güell	148	Jardín de Joaquín Sorolla	248	INFORMATIONEN FÜR BESUCHER
66	Parque del Laberinto de Horta	152	Real Jardín Botánico	250	LITERATUREMPFEHLUNGEN
72	Parque Samá	160	El Capricho	251	STICHWORTVERZEICHNIS
78	Jardín de Montforte	166	Real Sitio de Aranjuez	256	DANKSAGUNG

Atlantikküste

Pazo de Mariñán
Monasterio de San Lorenzo de Trasouto
Pazo de Castrelos
La Quinta
Señorío de Bértiz
Jardín de Aclimatación de la Orotava
Jardín de la Marquesa de Arucas
Jardín de Cactus

Zentralspanien

Palacio Real de la Granja de San Ildelfonso
El Romeral de San Marcos
El Bosque
Real Monasterio de San Lorenzo de El Escorial
Casita del Príncipe
Casita del Infante
La Quinta del Duque del Arco
Jardines del Buen Retiro
Jardín de Joaquín Sorolla
Real Jardín Botánico
El Capricho
Real Sitio de Aranjuez
Jardín de la Real Fábrica de Paños
Monasterio de Piedra

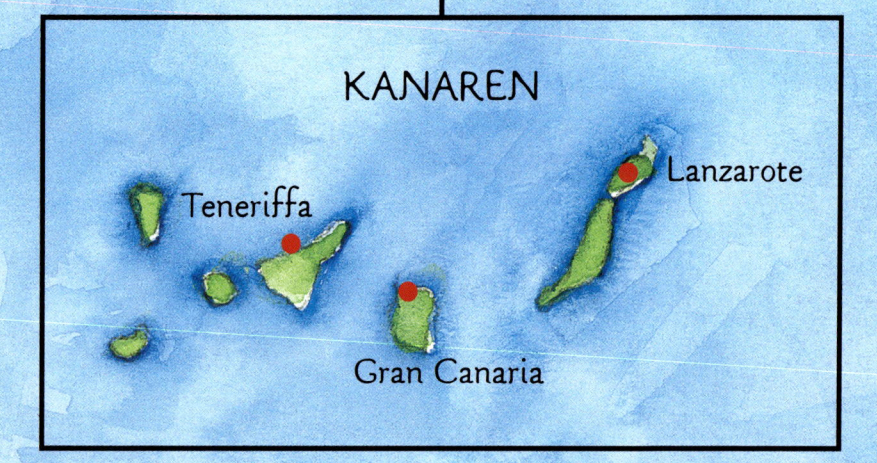

KANAREN

Teneriffa
Lanzarote
Gran Canaria

Andalusien

El Patio de los Naranjos
Palacio de Viana
La Alhambra
El Generalife
El Carmen de la Fundación Rodríguez-Acosta
Real Alcázar
La Casa de Pilatos
El Parque de Mariá Luisa
La Casa del Rey Moro
La Concepción

GOLF VON BISKAYA

- La Coruña
- Cudillero
- Santiago de Compostela
- Vigo
- Oieregi Bertizarana
- La Pobla de Lillet
- Barcelona
- Nuévalos
- Segovia
- Brihuega
- Béjar
- El Escorial
- Cambrils
- MADRID
- Aranjuez
- Menorca
- Mallorca
- Valenzia
- Elche

MITTELMEER

- Córdoba
- Sevilla
- Granada
- Ronda
- Málaga

STRASSE VON GIBRALTAR

Mittelmeerraum

Jardines Artigas
Park Güell
Parque del Laberinto de Horta
Parque Samá
Jardin de Monforte
El Huerto del Cura
Raixa
Alfabia
Pedreres de S'Hostal

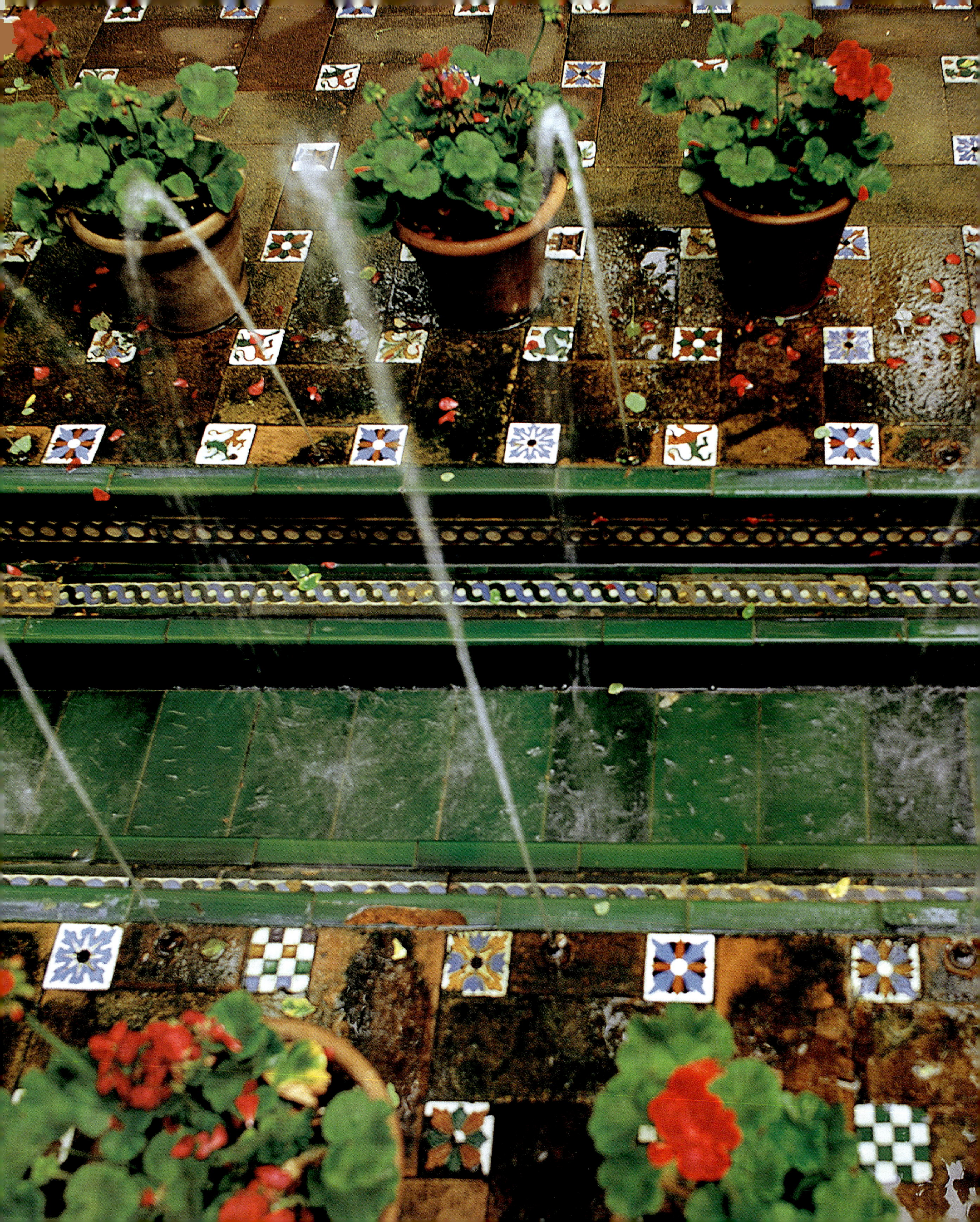

EINFÜHRUNG

Schon bei meiner ersten Reise nach Spanien vor gut einem Vierteljahrhundert war ich fasziniert von den Gärten des Landes, besonders von den andalusischen Patios mit ihrer überbordenden Fülle an Farben und Düften. Sie waren so anders als die Gärten meiner schwedischen Heimat. Wie so viele, die aus dem hohen Norden in den sonnigen Süden reisen, ließ auch ich mich von diesen außergewöhnlichen Orten verführen – von der Außenwelt verborgene Plätze, die uns das Paradies auf Erden nachempfinden lassen und alle Sinne verzücken. Die ursprünglich aus dem Mittleren Osten stammende Idee des Paradiesgartens lässt sich dank Klima und Landschaft sehr gut in weiten Regionen der iberischen Halbinsel realisieren. Nur im feuchten grünen Norden Spaniens ist das nicht möglich. Dort dominieren Landschaftsgärten im englischen Stil und das Paradies ähnelt eher Arkardien, dem legendären Hirtenland. In Spanien treffen unterschiedliche Klima- und Bodenverhältnisse aufeinander, zahlreiche Kulturen und Bevölkerungsgruppen prägen die komplexe Geschichte des Landes. Spaniens Gärten – Ausdruck ihrer jeweiligen Entstehungszeit – zeugen von diesem durchaus außergewöhnlichen Zusammentreffen.

Die Geschichte der spanischen Gärten beginnt mit der romanischen Periode (2. Jh. v. Chr. bis 6. Jh. n. Chr.), als das Land eine aufstrebende römische Provinz war. Der Patio (Innenhof) – die Seele des spanischen Gartens – entwickelte sich aus dem römischen Atrium und dem Peristilio (Säulenhof). Die Fontänen in den Gärten der Ausgrabungsstätten Itálica und Mérida beweisen, dass die Römer bereits die Technik der Hydraulik beherrschten und somit als Väter der eindrucksvollen Wasserspiele der Renaissance und des Barocks gelten dürfen. Mit den Römern kam außerdem auch der Formschnitt von Bäumen und Gehölzen nach Spanien.

Während die Gärten der Provinz Spanien noch denen des übrigen römischen Reichs glichen, entstanden nach der Eroberung durch die Mauren im Jahr 711 einzigartige Anlagen, die abendländische und arabische Gartenkunst in sich vereinten. Die fast 800 Jahre andauernde islamische Periode hinterließ zahllose berühmte Gartenanlagen in Spanien, wie den Patio de los Naranjos in Córdoba und die Alhambra in Granada. Die Mauren entwickelten die römische Technik der Wasserspiele weiter, brachten neue Pflanzen wie Orangen- und Zitronenbäumchen in das Land und prägten durch die Kombination von Ziergewächsen mit Fruchtpflanzen die spanisch-arabische Gartenkultur. Rechtwinklige Gartenanlagen mit flachen Wasserbecken, Bewässerungskanälen und gepflasterten Wegen sind bis heute typisch für das Land.

Zur Zeit der maurischen Vormachtstellung existierte noch eine weitere, wenn auch kleine Kultur auf der iberischen Halbinsel: das christliche Spanien mit seinen kreuzförmigen

Fontänen, farbige Fliesen und Topfblumen – hier im Jardín de Joaquín Sorolla – sind die Grundelemente des traditionellen spanischen Gartens.

Klostergärten. Während die Kreuzwege in den arabischen Gärten die im Koran beschriebenen vier Flüsse des Paradieses symbolisierten, stellen diese im christlichen Garten neben den vier Flüssen des biblischen Eden auch die vier Evangelisten und die vier Tugenden dar. Sowohl Islam als auch Christentum betrachten den Garten als Sinnbild des Paradieses. Dieser Gedanke findet sich übrigens bereits in der griechisch-römischen Antike – etwa in Form von Elysion, der »Insel der Seligen«, auf der die Helden nach ihrem irdischen Tod glücklich inmitten von rosengeschmückten Wiesen im ewigen Frühling unsterblich leben.

Mit dem Emirat von Granada fiel im Jahr 1492 das letzte arabische Königtum der iberischen Halbinsel an das katholische Königspaar Ferdinand II. von Aragón und Isabella I. von Kastilien. Damit war Spanien vereinigt und die Renaissance konnte beginnen, stark beeinflusst von neuen Ideen aus den spanischen Besitzungen Sizilien, Neapel und Mailand. Klassische Elemente wie breite Steintreppen, Loggien und Grotten erweiterten die heimische Tradition und ließen solch symbolträchtige Anlagen wie die Gärten von Real Alcázar in Sevilla (siehe Seite 218) entstehen. Die Einflüsse aus Flandern, einer weiteren Besitzung der spanischen Krone, zeigen sich im Garten König Philipps II. in Aranjuez (siehe Seite 166). Seine kleinen Blumenrabatten, weinumrankten Bogengänge und begrünten Galerien boten im 17. und 18. Jahrhundert eine grandiose Bühne für große Feste und barocke Spiele. So wurde der Garten zu einem Ort der Freude, an dem himmlische Träume zum Leben erweckt wurden.

Ein weiterer Meilenstein für die spanische Gartenkunst war die Entdeckung Amerikas und die Einführung neuer Zierpflanzen wie der Tuberose *(Polianthes tuberosa)*, der Wunderblume *(Mirabilis jalapa)*, der Echten Kapuzinerkresse *(Tropaeolum majus)* und der Tomate. Letztere diente ebenso wie die Sonnenblume zunächst als Zier- und nicht als Nutzpflanze, ja sie galt anfangs sogar als giftig. Erst mit der Aufklärung nahm Spanien eine führende Stellung in der botanischen Forschung ein: Unter der Herrschaft der Bourbonen wurden Expeditionen in die Neue

Im Schatten riesiger Pergolen wie in La Concepción *(links)* und La Casa de Pilatos *(rechts)* können sich Besucher ausruhen und die Düfte der Blumen genießen.

Welt entsandt und exotische Schätze aus Übersee in neu geschaffenen botanischen Gärten akklimatisiert.

Jene neuen Regenten, die zu Beginn des 18. Jahrhunderts die Herrschaft über Spanien übernommen hatten, führten zwei typisch französische Elemente in die Gartenarchitektur ein, die als Symbole absoluter Macht des Königs dienten: das Gebot der Symmetrie und die weiten Perspektivachsen. Wie die Gärten von La Granja (siehe Seite 104) beweisen, verdrängte dieser neue Gartenstil den bisherigen jedoch nicht vollständig. Die romanisch-arabische Tradition, große Flächen durch intime Plätze zu unterbrechen blieb erhalten. Ende des 18. Jahrhunderts entstanden die ersten Landschaftsgärten in Spanien – doch trotz interessanter Beispiele wie El Capricho konnte sich diese Art der Gestaltung nicht landesweit durchsetzen. Die kargen, trockenen Böden begünstigten keine tiefgrünen Wiesenlandschaften, wie sie englische Landhäuser umgaben. Zudem verbrachte der spanische Adel im Gegensatz zum englischen seine Zeit nur selten auf dem Lande.

Das 19. Jahrhundert begann mit dem sechsjährigen spanisch-französischen Krieg, dem auch viele historische Gärten zum Opfer fielen. Die darauf folgenden Gärten orientierten sich an der europäischen Mode des Eklektizismus. Erst der berühmte katalanische Architekt Antoni Gaudí (1952–1926) stellte dem bisher bekannten Gartendesign einen eigenen, einzigartigen Beitrag entgegen: Park Güell (siehe Seite 58), entstanden um die Jahrhundertwende, ist das Ergebnis von Gaudís spirituellen Reisen und seiner Sehnsucht, einen neuen Garten Eden zur Begegnung mit Gott zu gestalten. Die Verbindung von Garten und Paradies bildet eine Art unterirdischen Fluss, der von den frühesten Anfängen der Gartenkunst bis in die jüngste Vergangenheit reicht.

Dieses Buch entführt Sie in die schönsten Gärten Spaniens – einmalige Schätze dieser Welt. Viele der vorgestellten Gärten gleichen irdischen Paradiesen mit einer eigenen Seele – und sie alle stehen für Besucher offen. Das war mein einziges Entscheidungskriterium für meine ansonsten völlig subjektive

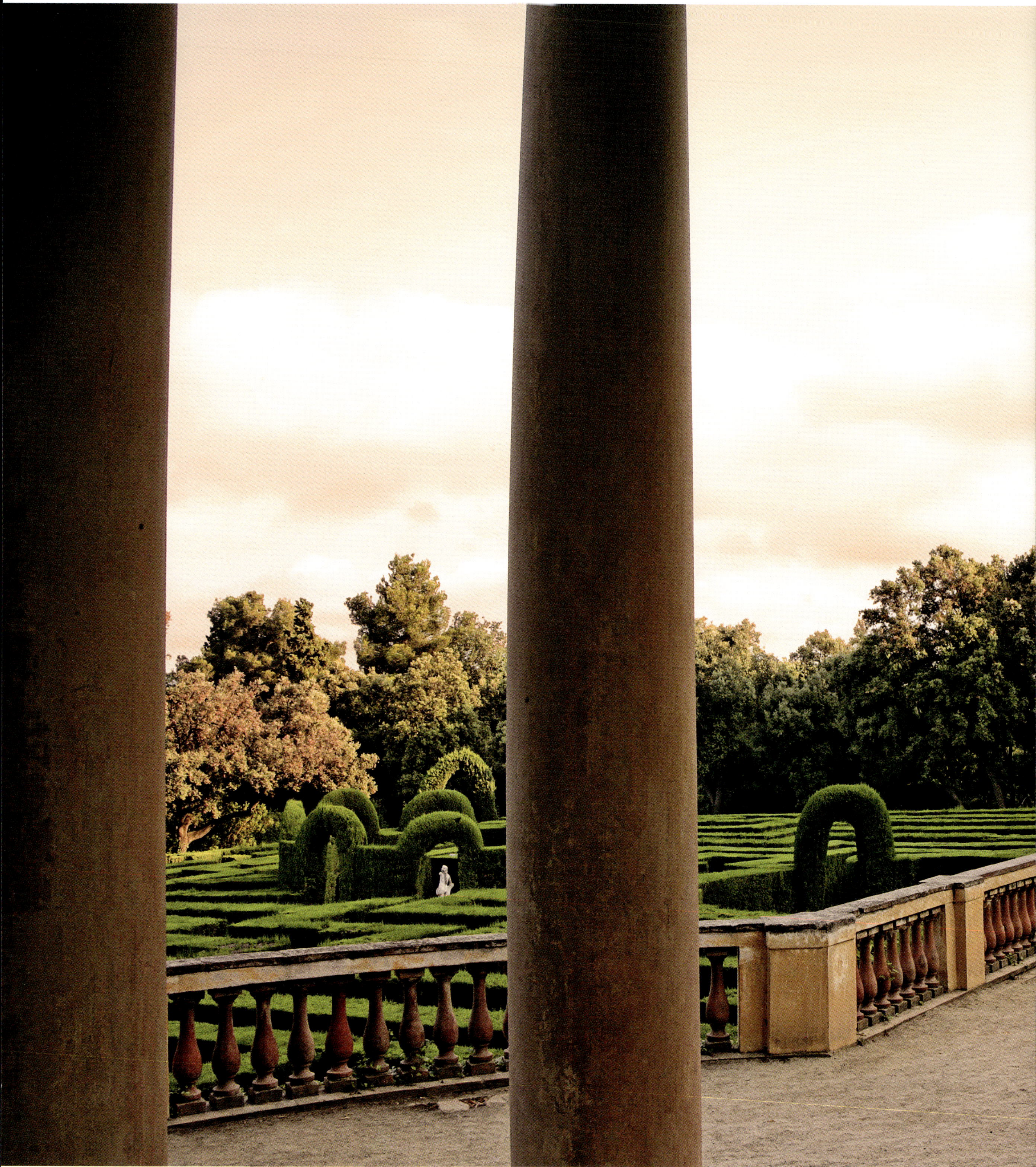

Auswahl. Das Buch entstand aus meinem Wunsch heraus, meine große Freude beim Besuch dieser Gärten zu teilen. Die kurzen Beschreibungen erleichtern Ihnen, die Gärten nachzuempfinden und sie in die historischen, kulturellen und sozialen Zusammenhänge einzuordnen.

    Wie Gärten stets aus anderen Gärten entstehen, so entwickeln sich auch Bücher aus anderen Büchern. Tiefen Dank schulde ich Marquesa de Casa Valdés und ihrem großartigen Buch *Spanish Gardens,* das mir ein ständiger Reisebegleiter war. Großer Dank gebührt Eduardo Mencos für seine unvergleichlichen Fotos, die die Stimmung der Gärten zu den unterschiedlichen Jahreszeiten einfangen, sodass Sie diese Gartenreise bequem vom Sessel aus unternehmen können. Auch wenn ich hoffe, mit diesem Buch Ihren Appetit auf eine echte Reise zu wecken. Denn Gärten sind lebendige Wesen in ständigem Wandel: immer dieselben und doch immer wieder anders.

Madrid, im Dezember 2010

Klassische Einflüsse prägen den Parque del Laberinto de Horta, der aus dem 18. Jahrhundert stammt.

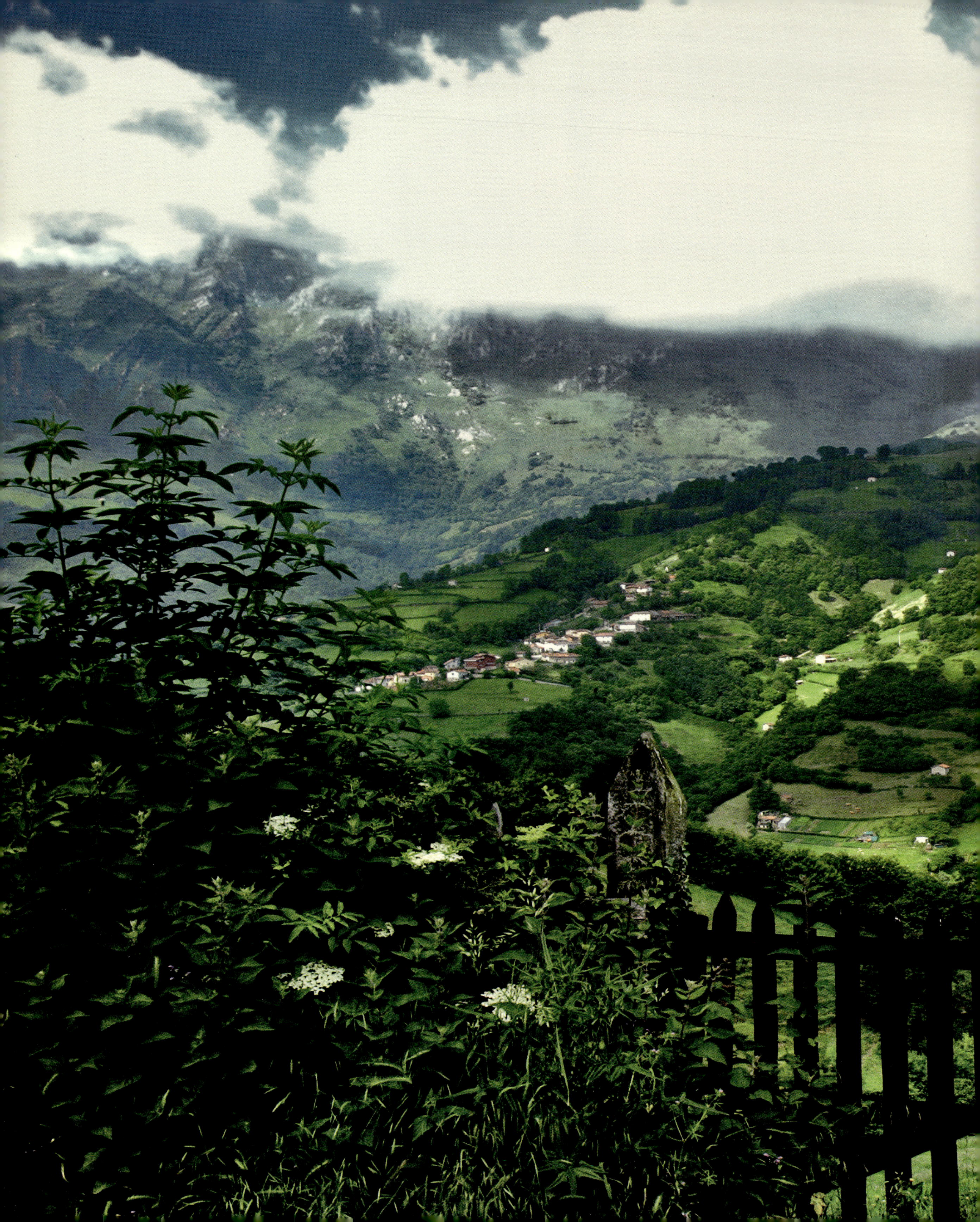

ATLANTIKKÜSTE

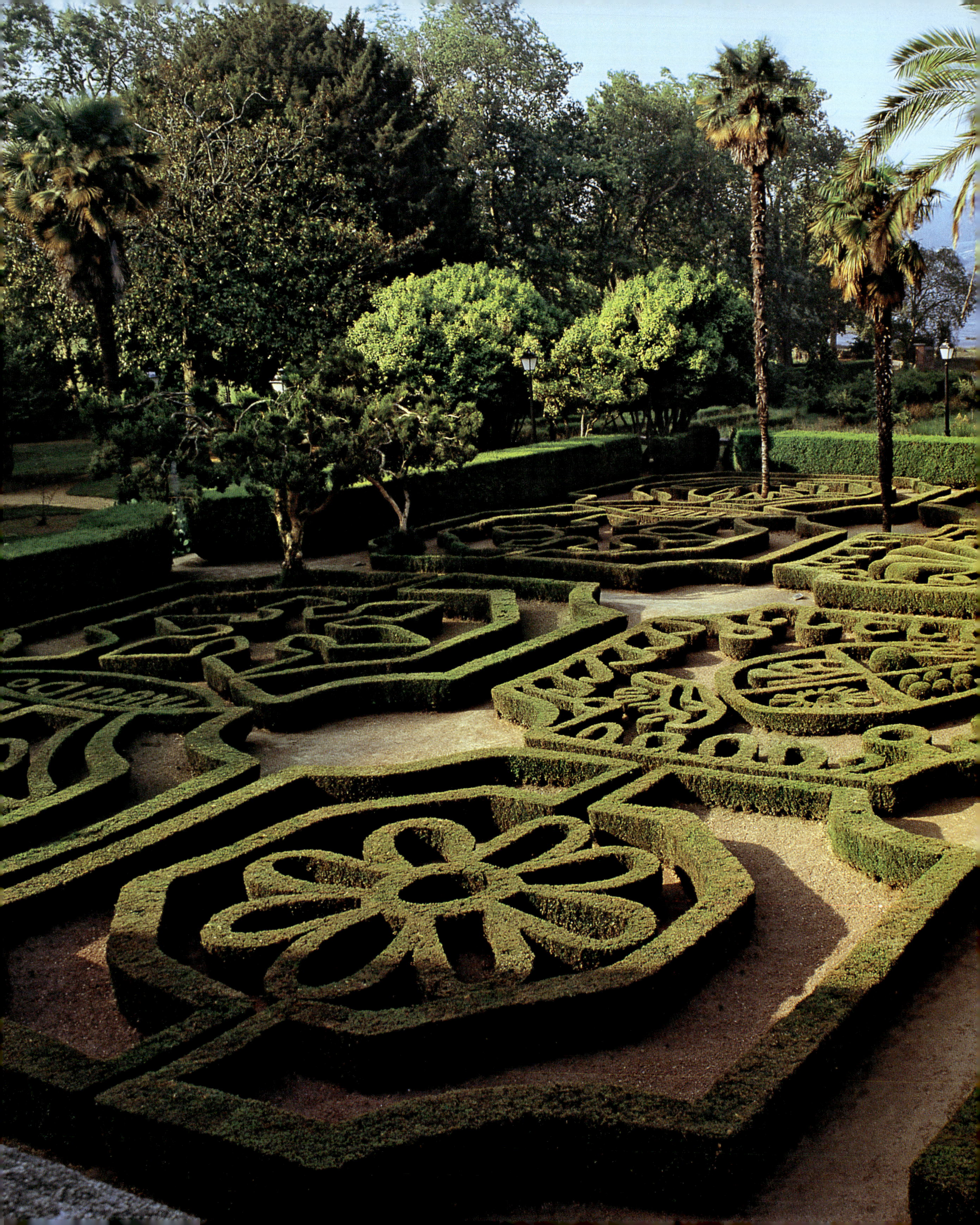

PAZO DE MARIÑÁN
La Coruña, Galicien

Das Schauspiel beginnt, sobald Sie auf die großzügige Terrasse des *pazo* hinaustreten: ein fesselnder Dialog zwischen der strengen Geometrie des Parterres und der Natürlichkeit der Bucht von Betanzos. Die Architektur des Gartens bezieht die Mündung des Flusses Mandeo meisterhaft als zusätzlichen Blickpunkt ein – was die Japaner *shakkei* oder »geborgte Landschaft« nennen.

Der *Pazo de Mariñán*, wenige Kilometer von La Coruña entfernt, wurde im 15. Jahrhundert als Festung des Adligen Gómez Pérez das Marinas erbaut. Seine heutige Gestalt eines palastartigen Herrensitzes bildete sich in der zweiten Hälfte des 18. Jahrhunderts heraus, als barocke Balustraden, Treppen und Granitstatuen hinzugefügt wurden. Das galicische Wort *pazo* stammt vom lateinischen *palatium* ab und bedeutet »herrschaftlicher Landsitz«. Die frei stehenden und stets von einem Hauch Nostalgie umgebenen *pazos* prägen bis heute Teile der natürlichen und kulturellen Landschaft Galiciens.

Die Anlage hatte ursprünglich als Nutzgarten gedient, der im frühen 19. Jahrhundert in einen Ziergarten mit einem streng formalen Parterre als Herzstück umgewandelt wurde. Sorgfältig geschnittene Buchsbaumhecken formen einen Teppich aus kunstvollen Arabesken, der seine Wirkung am besten von oben betrachtet entfaltet. Ganz nach dem Vorbild des französischen Broderieparterres –

Das filigrane Parterre aus Buchsbaumhecken vor dem Haus wirkt wie ein grüner Teppich.

eine Stilrichtung der Gartenarchitektur, die von alten Stickmustern inspiriert wurde und im Barock sowie während der Renaissance enorm beliebt war. Der Franzose Mathias Thiebe, der vermutlich mit der napoleonischen Besatzungsarmee nach Galicien kam, gilt als Architekt der imposanten Anlage.

Auf beiden Seiten der Zentralachse erstreckt sich außerdem ein Landschaftsgarten, der im Geiste der Romantik des ausgehenden 19. Jahrhunderts angelegt wurde und viele – damals exotische – Neuheiten birgt. Dazu zählen die monumentalen Blauen Eukalyptusbäume *(Eucalyptus globulus)* am Garteneingang, vermutlich die ersten in Spanien. Sie sollen aus Samen stammen, die der galicische Bischof Rosendo Salvador aus seiner Missionsstation im australischen New Norcia in die Heimat geschickt hatte.

Nachdem der Pazo de Mariñán über Jahrhunderte in Familienbesitz geblieben war, vermachte der letzte, kinderlos verstorbene Eigentümer Gerardo Bermúdez das Anwesen im Jahr 1936 dem Bezirk La Coruña. Indem der Garten ästhetische und praktische, ländliche und mondäne, nützliche und zierende Elemente verschmelzen lässt, scheint er über die Jahrhunderte auch zu dem Zwecke gewachsen zu sein, die vielfältigen Eigenheiten der Region gekonnt zu verkörpern.

Oben Dekorative und architektonische Elemente aus Granit sind ein charakteristisches Merkmal der Gärten Galiciens.

Rechts Ausschnitt des großen Parterres: Die niedrigen Buchsbaumhecken werden in Form von Blumen, Sternen und Schilden geschnitten.

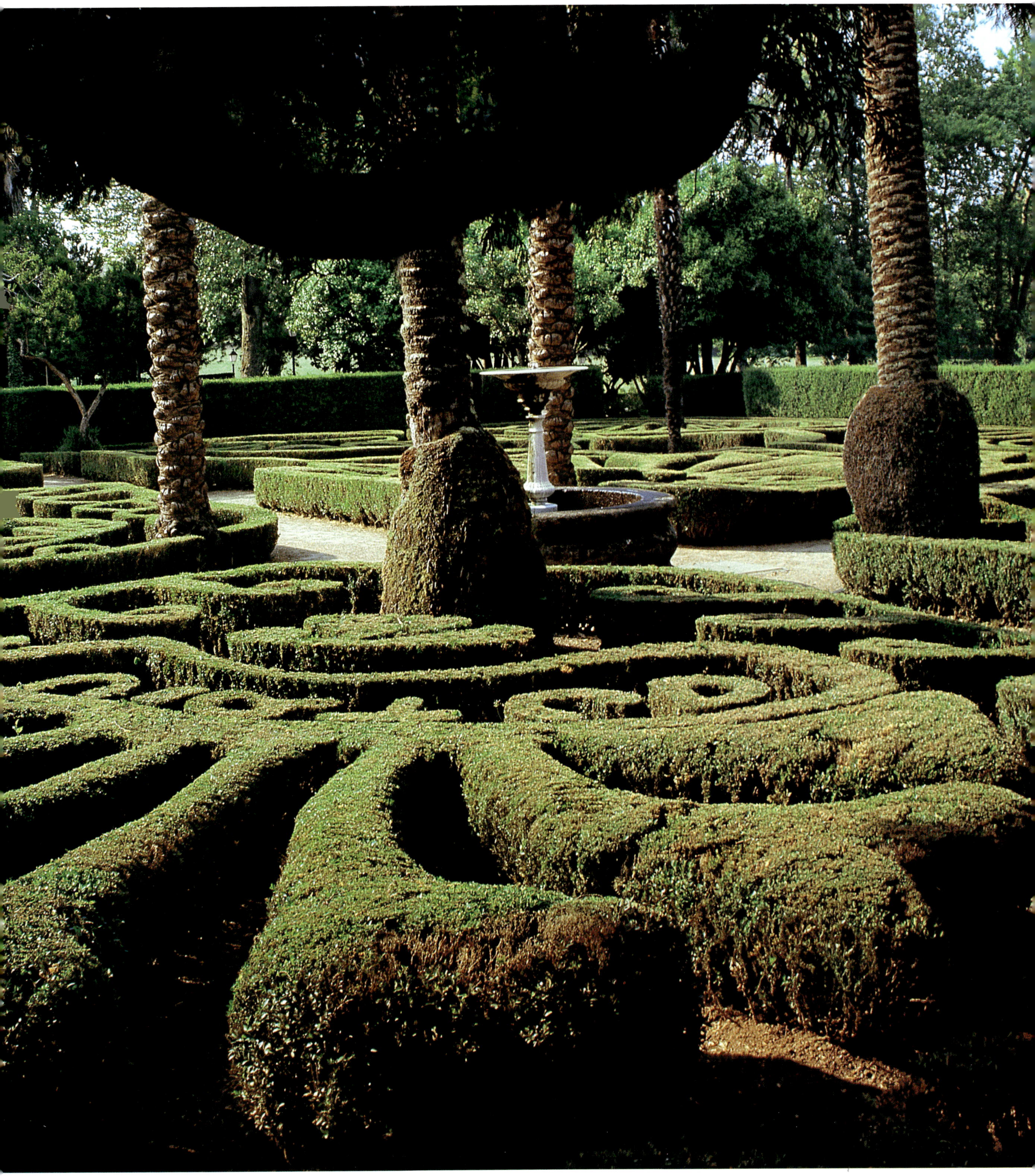

MONASTERIO DE SAN LORENZO DE TRASOUTO
Santiago de Compostela, Galicien

Die gewaltigen Formhecken aus Buchsbaum im Innenhof des Klosters San Lorenzo sind ein gutes Beispiel, wie die Natur durch den Menschen beherrscht werden kann. Der Garten ist eine friedvolle Oase in der Pilgerstadt Santiago de Compostella, fern der Unwägbarkeiten der Außenwelt, und wird stark von katholischen Symbolen geprägt.

Inmitten des grünen Heckenmeeres findet sich ein stilisierter Rost, das Symbol des heiligen San Lorenzo de Trasouto, der als Märtyrer auf dem Scheiterhaufen starb. Im 13. Jahrhundert wurde ihm eine Kapelle geweiht, aus der später ein Franziskanerkloster entstand. Im 15. Jahrhundert gelangte dieses in den Besitz der Grafen von Altamira, die sich einen Teil der Räumlichkeiten für ihre persönlichen Exerzitien reservierten; zu ihren Gästen gehörte auch Kaiser Karl V., der dort 1520 die Karwoche verbrachte. Das Anwesen, im 19. Jahrhundert zu einem Palast umgebaut, ist bis heute Eigentum der Familie Altamira.

San Lorenzos größtes Juwel ist zweifellos sein Garten mit den an die 400 Jahre alten, eng aneinandergeschmiegten Formhecken – ein außergewöhnliches Beispiel für die Kunst des Formschnitts *ars topiaria*. Bereits der römische Gelehrte Plinius der Ältere verwandte diesen Begriff in seinem Werk *Naturalis historia* (Naturgeschichte). Er bezog sich damit jedoch allgemein auf die Kunst des Gärtnerns, die er nach griechischem Vorbild in der Formung der Natur sah. So ist bei Plinius beschrieben, wie die Schere des *topiarus* (Gärtner) Buchsbäume, Eiben und Zypressen in Figuren, architektonische Formen, ja sogar Buchstaben verwandelt – genauso wie es sich noch heute zweimal jährlich im Klostergarten vollzieht.

Im Garten finden sich christliche Symbole wie Alpha und Omega, das Akronym IHS – das für Iesus Hominum Salvator (Jesus, Erretter der Menschheit) steht – und das Wappen des ersten spanischen Ritterordens aus dem Hochmittelalter: das Kreuz von Calatrava. Das Heckenmeer, das in dicht gefüllten Quadraten angeordnet ist, nimmt fast den gesamten Hof ein. Einzige Ausnahme: ein kleiner Brunnen mit einer Statue der heiligen Jungfrau.

Der Garten von San Lorenzo ist ein spiritueller Ort: Völlig abgeschottet gegen den Lärm des Alltags und nur zum Himmel geöffnet, wird die Aufmerksamkeit des Besuchers automatisch nach innen gelenkt – in den Garten der Seele.

Oben Eine Statue der Heiligen Jungfrau aus dem 15. Jahrhundert krönt den Brunnen dieses Klostergartens.

Rechts und gegenüber Ein Blick von der Galerie auf die hohen, dichten Buchsbaumhecken, die religiöse Symbole wie das Kreuz von Calatrava, das Kreuz von Jerusalem und die heilige Jakobsmuschel darstellen.

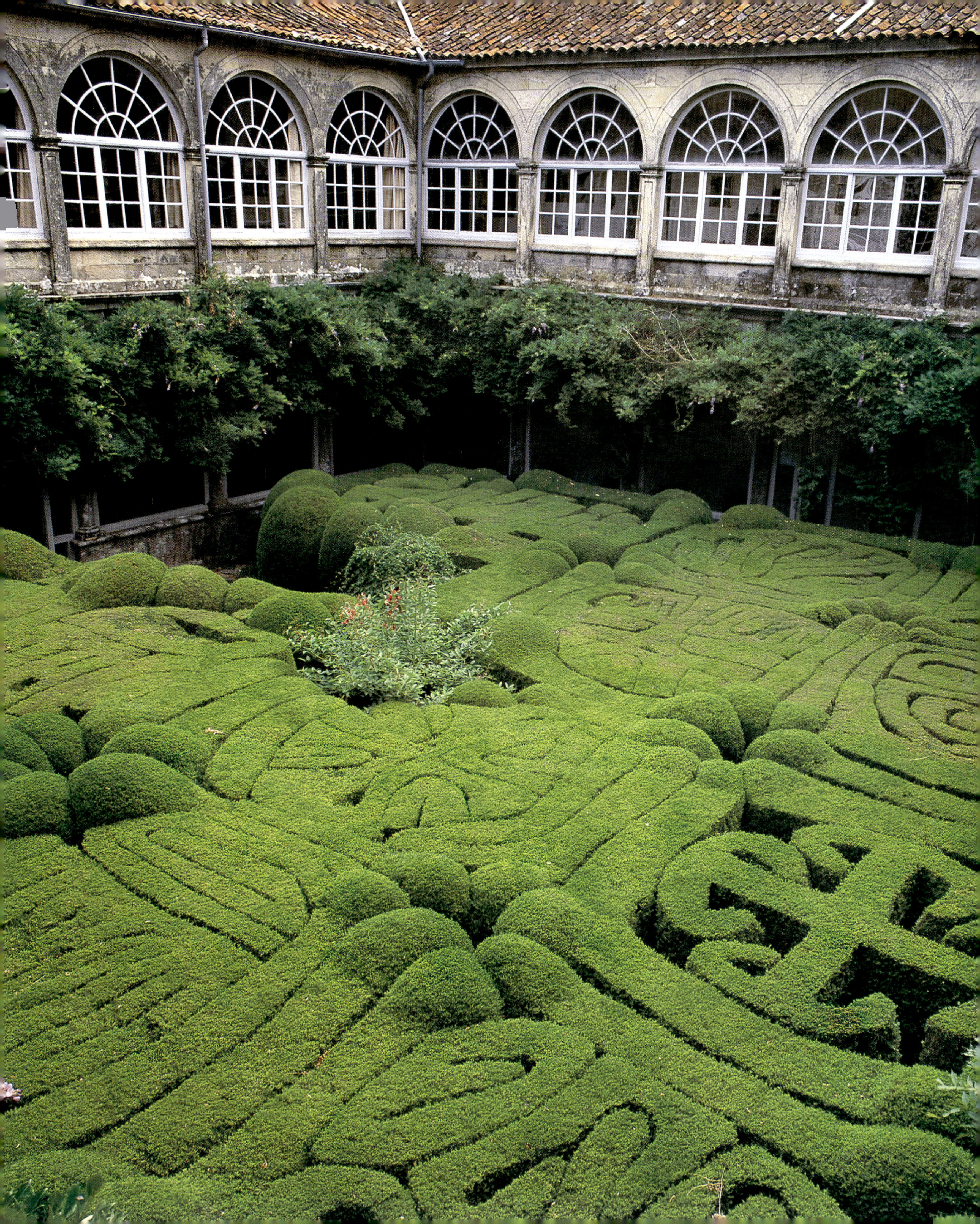

PAZO DE CASTRELOS

Vigo, Galicien

»Palast und Garten verströmten den alten, melancholischen Glanz der Orte, an denen die Tage mit höfischen Liebeleien dahin glitten« – Dieser Satz aus dem Roman *Sonata de Otoño* (Herbstsonate) des galicischen Schriftstellers Ramón Maria del Valle-Inclán gibt die romantische Stimmung im Pazo de Castrelos treffend wieder.

Wie bei so vielen *pazos* in Galicien beginnt auch die Geschichte von Castrelos mit einem mittelalterlichen Wehrturm – dem Lavandeira, der im spanisch-portugiesischen Krieg zerstört und 1670 wieder aufgebaut worden war. Das heutige Erscheinungsbild des Landhauses stammt aus dem späten 19. und frühen 20. Jahrhundert, als der damaligen Mode entsprechend Festungsmauern, Zinnen und Wachtürme hinzugefügt wurden, die dem Gebäude das Flair einer alten Festung verleihen. Der absolut eklektische Garten stammt aus derselben Zeit und birgt verschiedenste Stilrichtungen. Der Begriff Eklektizismus stammt vom Altgriechischen *eklegein*, das »auswählen« bedeutet.

Die Anlage besteht aus drei Bereichen auf unterschiedlichen Ebenen: einem formalen Parterre aus Buchsbaum direkt vor dem Haus, einem akurat in Reihen gestalteten Rosengarten in erhöhter Lage sowie einem tiefer gelegenen Landschaftsgarten, genannt La Padera de Té (Teegarten), mit verschlungenen Wegen und einem Teich.

Eine solche Einteilung ist sehr typisch für die Parks galicischer Landhäuser dieser Zeit, da sich das abfallende Terrain geradezu zur Terrassierung anbietet. Als Architekt des Gartens gilt Jacintho Mattos aus der nahe gelegenen portugiesischen Stadt Oporto. Wie im ausgehenden 19. Jahrhundert üblich, ließ auch er zahlreiche exotische Bäume setzen – darunter die Immergrüne Magnolie (*Magnolia grandiflora*), den Amerikanischen Tulpenbaum (*Liriodendron tulipifera*), die Kandelaber-Araukarie (*Araucaria angustifolia*) und den Blauen Eukalyptus (*Eucalyptus globulus*). Dank des ganzjährig mild-feuchten Klimas an der Nord-West-Küste Spaniens wuchsen diese zu Prachtexemplaren heran.

Das Wahrzeichen des galicischen Gartens ist zweifellos die zauberhafte Kamelie. Ihre spektakulären Blüten machen sie während des Winters zum Star jedes Gartens. Sie gehört inzwischen so untrennbar zur Landschaft Galiciens, dass sie kaum noch als exotischer Gast aus Japan und China erkannt wird. Im formalen Parterre von Castrelos befindet sich ein besonders herrliches Exemplar dieser Art.

Der Pazo de Castrelos ist auch als Quinones de León bekannt – genannt nach seinem letzten Eigentümer, der ihn der Stadt Vigo vermachte. 1937 wurde die Anlage als Museum der Öffentlichkeit zugänglich. Obwohl heute umzingelt vom dichtem Verkehr einer modernen Stadt, erinnert dieses grüne Juwel noch immer an lang vergangene glorreiche Zeiten.

Links Buchsbaumhecken bilden das Grundgerüst des französischen Gartens vor dem Haus.

Oben Ein beeindruckendes Exemplar einer Japanischen Kamelie schwebt über den Dreiecken, Ovalen und Trapezen aus Buchsbaum.

Rechts Ein Modell des Landsitzes schmückt eine Insel im See des Landschaftsgartens.

Rechts außen Detail eines Brunnens aus Granit, dem archetypischen Gestein Galiciens.

24

LA QUINTA
Cudillero, Asturien

»Wir müssen unsern Garten bestellen«, schrieb der französische Philosph Voltaire am Ende seines Romans *Candide oder der Optimismus*: So schlecht die Welt auch sein möge, wir können unsere nächste Umgebung durch harte Arbeit verbessern und unser eigenes Paradies schaffen. Genau das ist den Brüdern Selgas mit einer brillanten Verschmelzung von Architektur und Landschaft gelungen – fernab der Kulturzentren Spaniens, auf dem Anwesen La Quinta in ihrer Heimat Asturien. Die Brüder wollten mit der Anlage nicht nur ihre eigene Sehnsucht nach Schönheit stillen, sondern auch die Gesellschaft bereichern. Ihr Motto: »Wer die Kultur unterstützt, dient der Nation.«

Das außergewöhnliche Brüderpaar Ezequiel (1828–1909) und Fortunato (1839–1921) Selgas, Söhne einer reichen Kaufmannsfamilie aus dem Küstenort Cudillero, errichteten La Quinta zwischen 1880 und 1895. Ezequiel hatte dank seines ausgeprägten kaufmännischen Spürsinns innerhalb kurzer Zeit in Madrid ein Vermögen verdient und konnte seinem Bruder Fortunato, der sich schließlich den schönen Künsten verschrieb, eine äußerst liberale Erziehung ermöglichen. Der Entwurf für das Haus in La Quinta stammt aus seiner Feder; allerdings musste aus rechtlichen Gründen ein ausgebildeter Architekt hinzugezogen werden. Auch die ersten Pläne für den Garten, die den eklektischen Baustil der Gebäude aufnehmen, stammen von Fortunato. Durch ihre zahlreichen Auslandsreisen, besonders nach Paris, waren die beiden Brüder über die aktuellen Entwicklungen in Architektur und Gartenkunst bestens im Bilde.

Ezequiel hatte von 1860 an eine großartige Kunstsammlung zusammengetragen, die heute in La Quinta ausgestellt wird. Das Anwesen diente der Familie Selgas bis 1992, dem Todesjahr des letzten Nachkommen, als Sommerresidenz. Seitdem wird es von der Selgas-Falgade-Stiftung verwaltet und im Originalstil erhalten.

Auch der Garten wird mit bewundernswertem Einsatz in seinem ursprünglichen Zustand bewahrt. Die Stiftung hat keinerlei neue Elemente hinzugefügt – einzig Ersatzpflanzungen mit identischen Arten sind erlaubt. Somit ist der Park ein echtes Museum, eine lebende Schatztruhe aus der Vergangenheit, in der die Zeit stillsteht.

Bei der Gartengestaltung ließ sich Fortunato von den beiden französischen Gartenarchitekten Grandport und Jean Pierre Rigoreau unterstützen. Typisch für die Zeit, gestalteten sie das Gelände mit einzelnen Gärten im französischen, italienischen und englischen Stil, in denen Sie noch heute die Begeisterung der Brüder während ihrer Reisen nachempfinden können. Schon bevor Sie den Park betreten, werden Sie in seinen Bann gezogen: die *Avenue des Principal* erstreckt sich wie ein gigantischer grüner Teppich von der Südseite des Haupthauses in die Ferne – im Sommer ist der *tapis vert* wie eine riesige Stickerei von Sommerblumen durchbrochen. Nach dem Vorbild Versailles'

Die von Japanischen Kamelien gesäumte Avenue im Stil Versailles beginnt vor dem Haupthaus und bildet einen starken Kontrast zur ländlichen Umgebung.

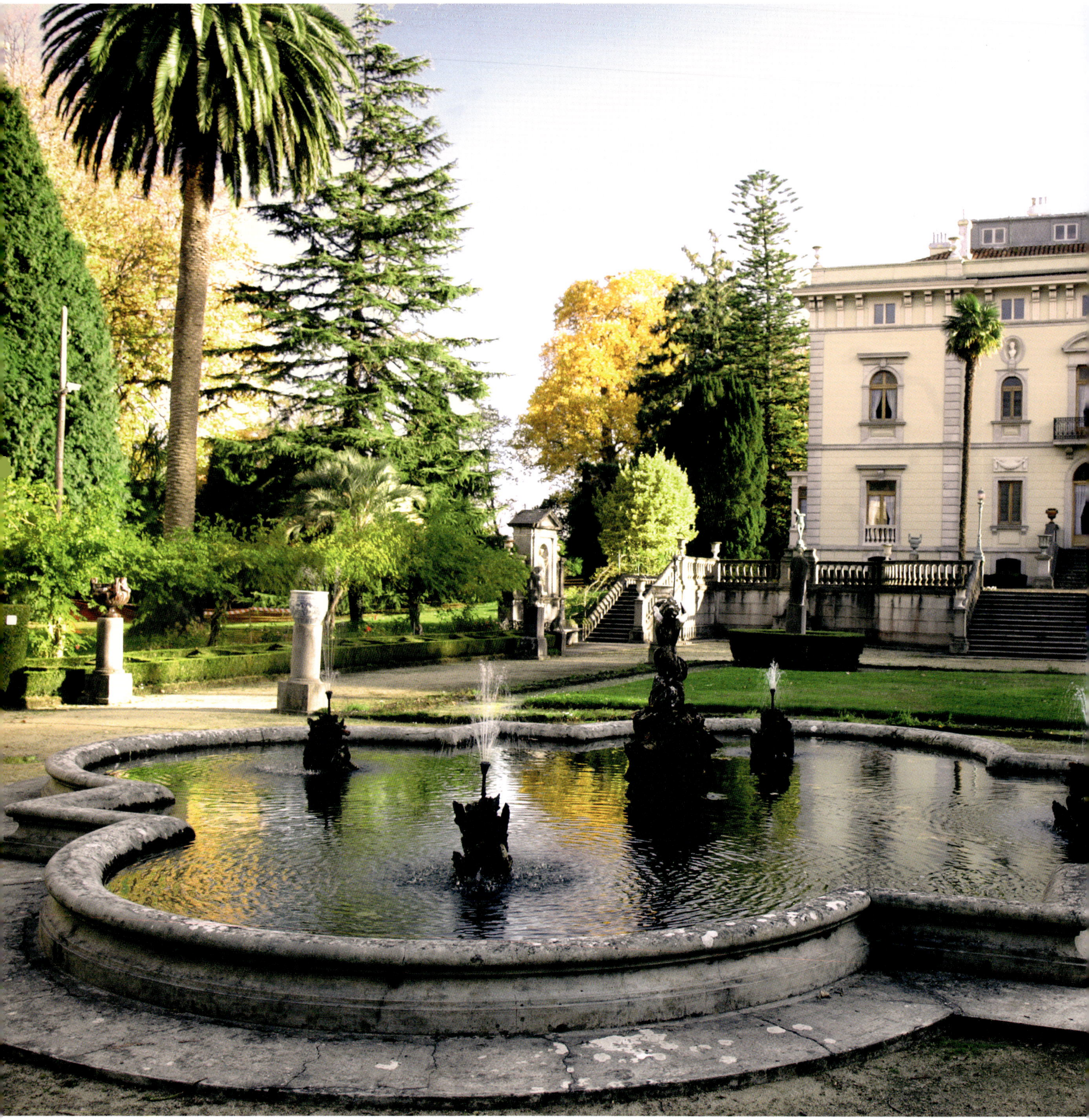

wird diese horizontale Achse von dichten Heckenwänden aus Japanischen Kamelien gesäumt. Sie bilden die vertikale Sichtachse und einen großartigen Rahmen für die Fassade des Palastes, den Fluchtpunkt dieser Komposition. Getreu dem französischen Vorbild schmücken Fontänen, Statuen und Urnen aus Stein die barocke Avenue.

Im Gegensatz zu dem weitläufigen französischen Garten hat der italienische Garten auf der Rückseite des Palastes einen eher intimen Charakter, indem er auf allen vier Seiten von Gebäuden umschlossen wird. Diesem Parkbereich, der sich um ein niedriges Wasserbecken entfaltet, geben Treppen, Mauern, Balustraden und Terrassen aus Stein seine Struktur.

Der englische Garten liegt an der Ostseite des Haupthauses. Hier weicht die sonst geometrische Gestaltung des übrigen Parks einem naturnahen Landschaftsgarten – mit unregelmäßigen Rasenflächen und mehreren Teichen, die von einem künstlichen Bach gespeist werden. Exotische Gehölze wurden hier als Gruppen gesetzt wie japanische Fächer-Ahorne *(Acer palmatum)*, Küstenmammutbäume *(Sequoia sempervirens)*, Hibalebensbäume *(Thujopsis dolabrata)*, Tulpenbäume *(Liriodendron tulipifera)* und Schwarzrohrbambus *(Phyllo-stachys nigra)*. Eine künstliche Grotte, die von einem klassischen Tempelchen gekrönt wird, vervollständigt die romantische Szenerie.

Besonders beeindruckt der majestätische Charakter der Bäume in La Quinta, die dank des milden Klimas des regengesegneten Nordens zu bemerkenswerten Riesen heranwachsen.

Oben links und rechts Der italienische Garten mit seinem flachen Wasserbecken im Zentrum wird von zwei Pavillons begrenzt und enthält eine Vielzahl architektonischer Elemente aus Granit.

Links und unten rechts Bachläufe und majestätische Bäume wie Ahorn, Mammut- und Tulpenbäume *(Liriodendron tulipifera)* prägen den Landschaftsgarten.

Oben rechts Am Ende des großen Teichs befindet sich eine Grotte, die von einem kleinen Tempel gekrönt wird.

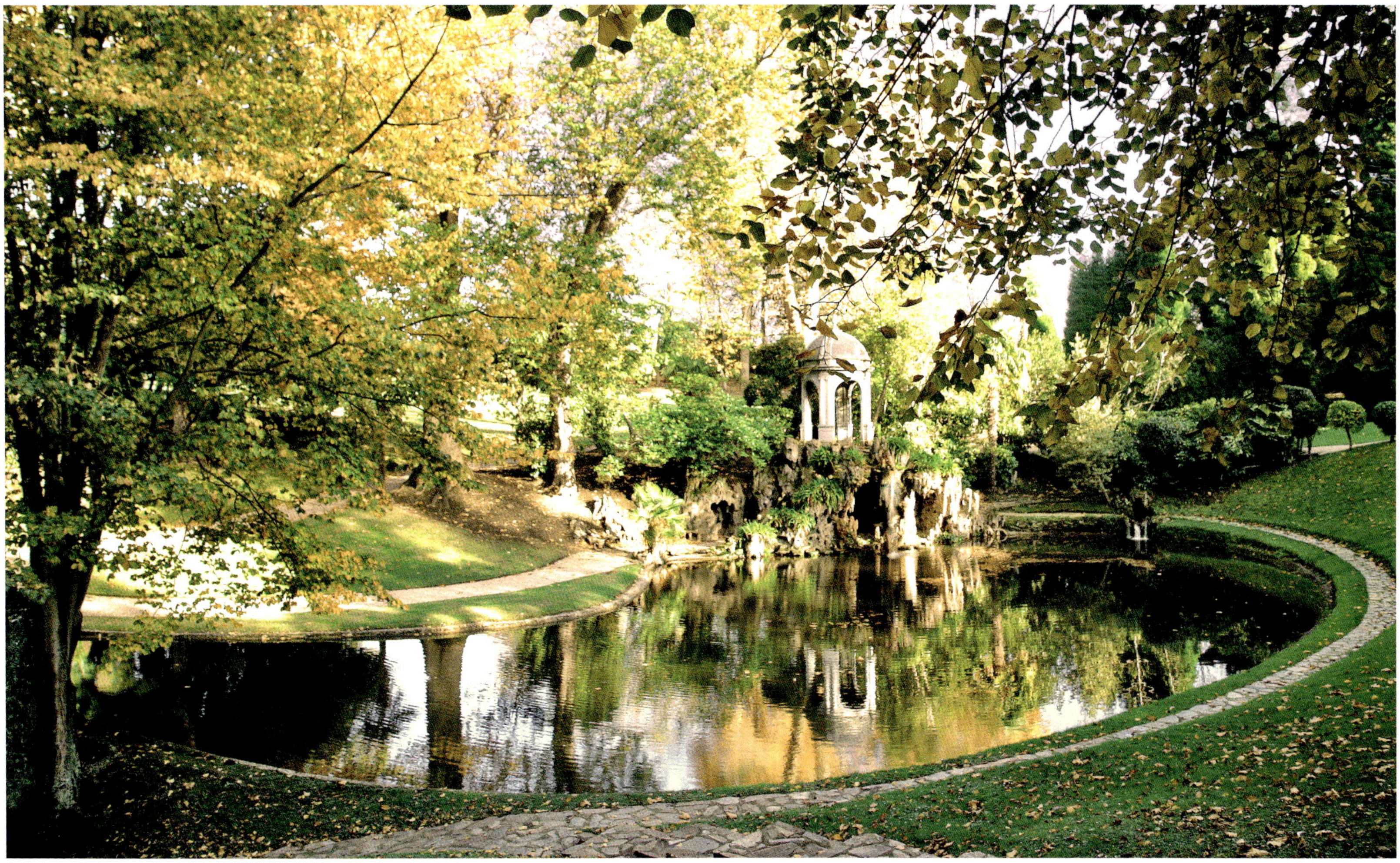

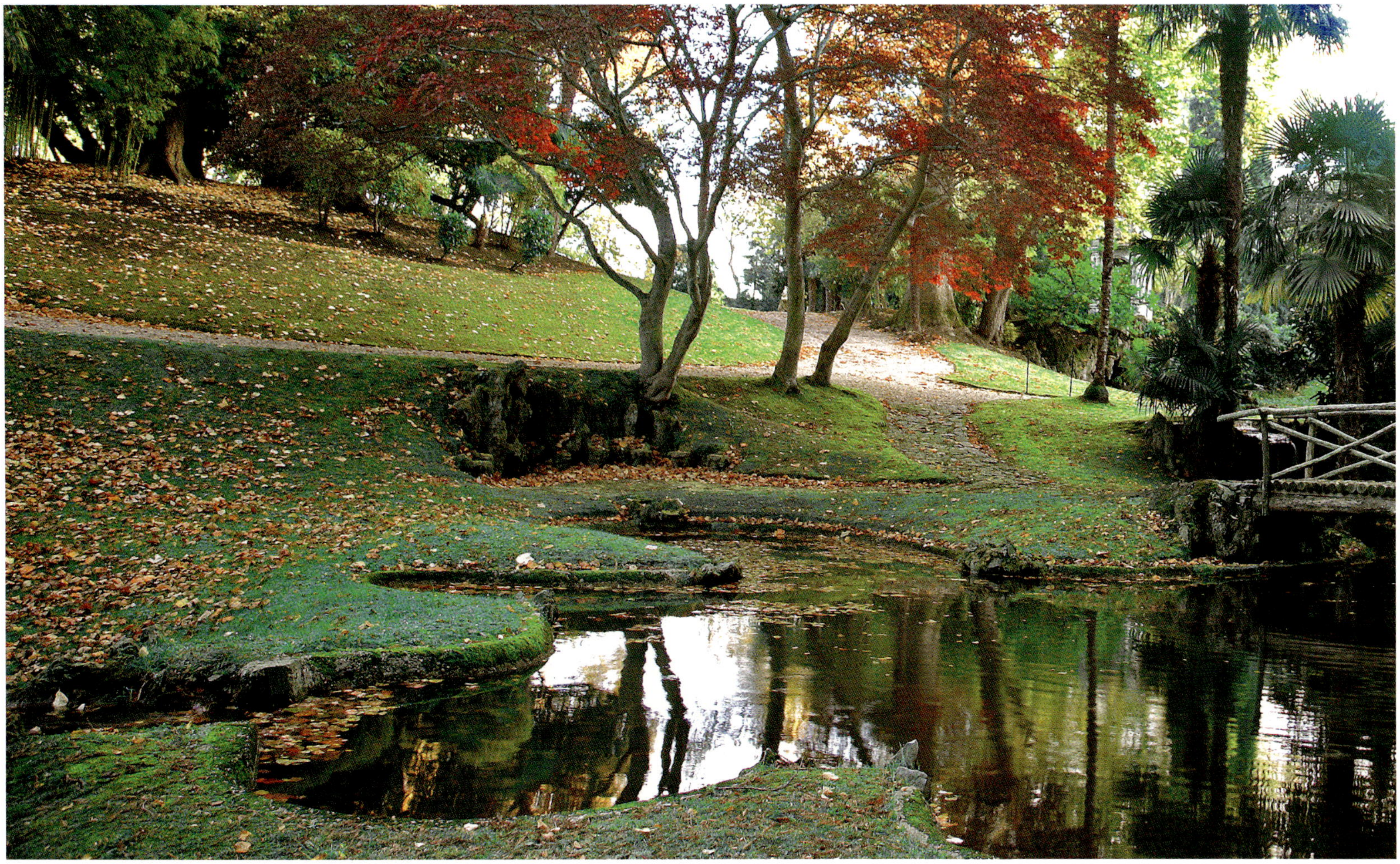

SEÑORÍO DE BÉRTIZ
Oieregi, Navarra

»Frage den Geist des Ortes; er lässt die Wasser steigen oder fallen«, riet der englische Dichter Alexander Pope 1731 und meinte damit, dass ein Garten zum spirituellen Charakter, zum *genius loci* des Ortes passen muss, an dem er angelegt wird. Der romantische Park von Señorío de Bértiz entspricht bis ins kleinste Detail diesem Prinzip – einem der Pfeiler, auf denen die Kunst der Landschaftsgestaltung beruht. Er ist perfekt in die unvergleichliche Landschaft im Nordosten von Navarra eingebettet, wo die Pyrenäen zum Atlantik hin abfallen, umgeben von riesigen Buchen-, Eichen- und Erlenwäldern und eingehüllt in den Dunst eines mild-feuchten Klimas.

Die Geschichte des feudalen Landsitzes begann mit seinem ersten Besitzer: Pedro Miguel de Bértiz. Er hatte im 14. Jahrhundert die erbliche Lehnsherrschaft über gut 2.000 Hektar Land – einschließlich seiner Bewohner und deren Besitz – von der spanischen Krone erhalten, bis 1811 waren seine Nachfahren dort auch zur Rechtsprechung befugt. Das Anwesen blieb bis 1884 im Besitz der Familie. Auch wenn einige Bereiche des Parks aus der Mitte des 19. Jahrhunderts zu stammen scheinen, geht seine heutige Gestaltung auf Pedro Ciga zurück, der die Anlage 1898 kaufte und 1948 der regionalen Naturschutzbehörde Diputación Foral de Navarra stiftete.

Oben An einem Laubengang, dessen »Äste« aus Beton geformt wurden, ranken Geißblatt und Blauregen.

Rechts Aus der exotischen Bepflanzung des Teiches sticht der nur selten zu bewundernde schwarze Bambus hervor.

31

Der Park nimmt Sie als Besucher mit seinem träumerischen und nostalgischen Ambiente des 19. Jahrhunderts gefangen: Verschlungene Wege dienen als stumme Führer zu der malerischen Szenerie eines künstlichen Sees mit kleinen Inseln, kunstvollen Holz- und Steinbrücken, einem Wasserfall und einem gemauerten Pavillon. Haine verschiedener Bambussorten (der Arten *Phyllostachys nigra* und *Phyllostachys viridiglaucescens*) erwecken eine japanische Atmosphäre: Dank des feuchten Mikroklimas gedeihen Bäume zu stattlichen Exemplaren, sodass der Park wie eine gigantische grüne Kathedrale aus Ginkgo, Mammutbäumen, Eiben, Sumpfzypressen, Amberbäumen, Zedern, Araukarien und Sicheltannen wirkt.

Vom Haupthaus – einem Musterbeispiel der traditionellen Architektur dieser Region – wird das Auge des Besuchers zu der Jugendstil-Kapelle mit Pergola und Aussichtsturm am Ufer des Bidasoa gelenkt. Der Fluss mit seinem beständigen Murmeln ist ein zentraler Bestandteil des Parks und ruft die wundervollen Verse von Borges in Erinnerung:

Den Fluss aus Zeit und Wasser betrachten,
erinnern, dass die Zeit selbst ein Fluss ist,
wissen, dass wir vergänglich sind wie der Fluss,
und unsere Gesichter entschwinden werden wie das Wasser.

Oben und rechts Die Kapelle und die Aussichtsterrasse am Fluss sind zwei Kleinode des Jugendstils.

Oben Das Haupthaus wurde 1847 im typischen Stil der Region erbaut.

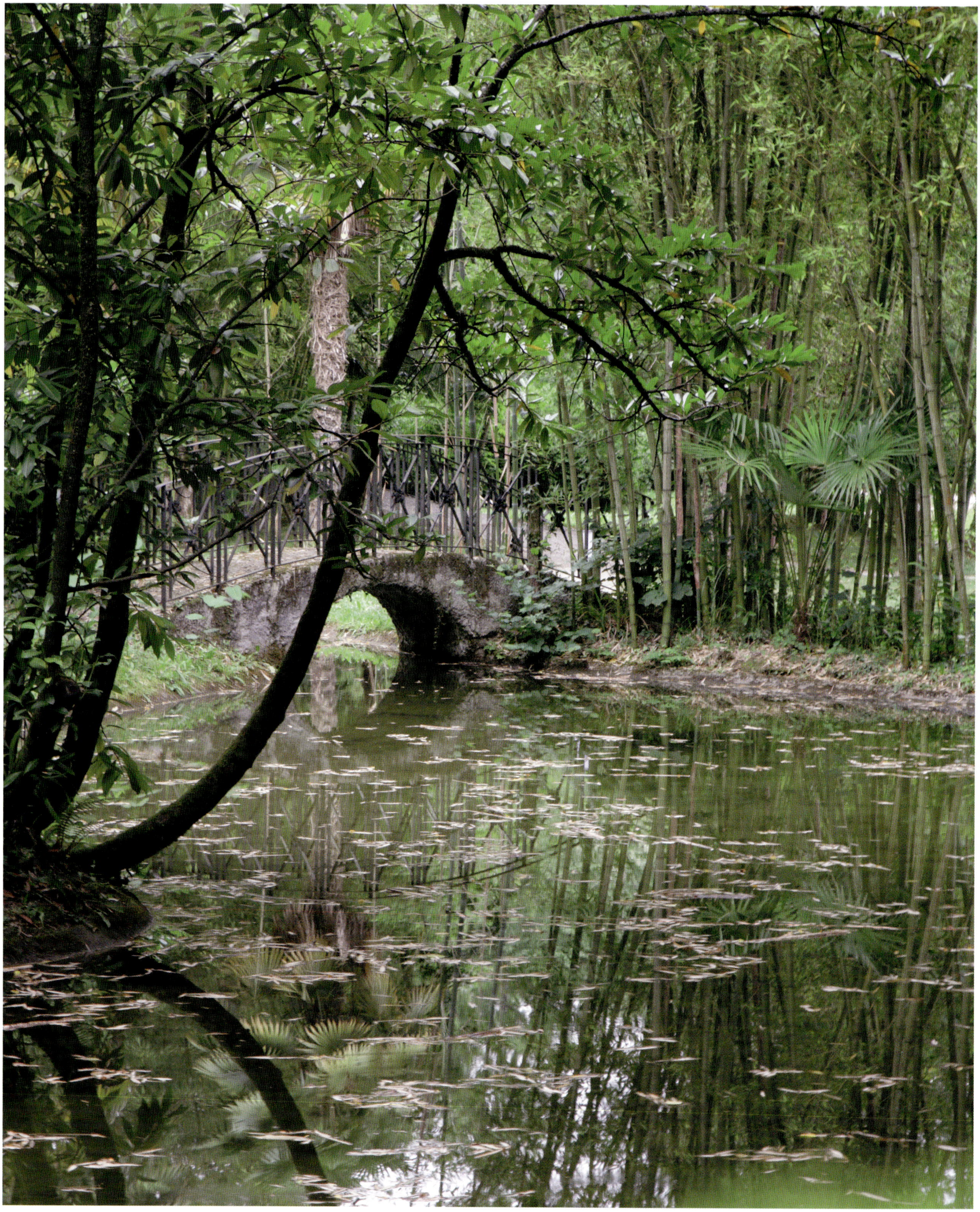

Links und oben Farbenspiel der Jahreszeiten im romantischen Landschaftsgarten am künstlichen See: frisches Grün im Frühling, warme Töne im Herbst.

JARDÍN DE ACLIMATACIÓN DE LA OROTAVA

Puerto de la Cruz, Teneriffa

»Die spanische Regierung, Herrscher über die schönsten Ecken der Welt, ist die einzige, die die kostbaren tropischen Pflanzen in einem zuträglichen Klima zusammentragen kann, um sie an gemäßigte Klimazonen zu gewöhnen.« So schrieb der französische Botaniker André Pierre Ledru, der die exotischen Pflanzen in diesem Garten 1796 zum ersten Mal katalogisierte. Der botanische Garten von Orotava war 18 Jahre zuvor auf königliche Anordnung für nutzbare Exoten angelegt worden, welche die spanischen Seefahrer und Forschungsreisende aus der Neuen Welt mitbrachten.

Die Anlage ist das Werk von Alonso de Nava y Grimón, 6. Marqués Villanueva del Prado (1757 bis 1832), der einen Großteil der Verantwortung übernahm, um seinem König und seinem Land zu dienen: von der Auswahl des Geländes über die Finanzierung bis zur Leitung des Gartens. Um den passenden Standort zu finden, zog der Graf – der empirisch orientierten Denkweise seiner Zeit entsprechend – zunächst Sämlinge aus importierten Samen und prüfte ihre Entwicklung an verschiedenen Orten, bevor er sich für das Orotava-Tal im Norden Teneriffas entschied. Die Arbeiten begannen 1791 nach streng geometrischen Plänen des kanarischen Architekten Diego Nicolás Eduardo; später ordneten Ledru und sein Landsmann Louis Le Gros das wachsende Pflanzensortiment nach der Klassifikation von Linné an.

Beide Franzosen hatten 1796 an einer Expedition nach Trinidad und Puerto Rico teilgenommen, deren Schiff nach einem schweren Sturm in Teneriffa beschädigt anlegen musste. Während der monatelangen Reparatur erforschten sie die Insel und waren von da an ihrer Faszination erlegen. So schrieb Ledrú in seinem 1810 erschienen Reisebericht *Voyage aux iles de Ténériffe*: »Sollte ich mein Geburtsland verlassen und eine neue Heimat wählen müssen, so läge sie auf den Inseln der Glückseligen im Orotava-Tal.«

Sofort nach der Eröffnung des Gartens wurden die ersten Pflanzen eingeliefert. Die spanische Krone selbst organisierte zahlreiche Expeditionen, um den botanischen Reichtum ihrer Besitzungen in Übersee zu erforschen und medizinisch, landwirtschaftlich und industriell nutzbare Spezies nach Europa zu bringen. Die Forscher nahmen bei solchen Entdeckungsreisen zahlreiche Bürden auf sich und riskierten oftmals ihr Leben für die Wissenschaft. Ende des 18. Jahrhunderts erfolgten drei wichtige, rein spanische Expeditionen in die Neue Welt: ins Vize-Königreich Peru, nach Nueva Granada (Kolumbien) und nach Nueva España (Mexiko und Mittelamerika).

Zu den gesuchtesten Pflanzen dieser Zeit gehörte der Chinarindenbaum (*Cinchona officinalis*), aus dessen Rinde ein wichtiges Mittel gegen Malaria gewonnen wurde. Einige Exemplare sind bis heute in Orotava erhalten. Begehrt war zudem der Echte Kokastrauch (*Erythroxylon coca*) aus Kolumbien, der von dem bekannten Botaniker Celestino Mutis entdeckt worden war. Er kam zusammen mit essbaren Pflanzen wie dem Rahmapfel (*Annona cherimola*) und der mexikanischen Papaya (*Carica papaya*) nach Teneriffa.

Rechts Ein Schraubenbaum (*Pandanus utilis*) mit einer gelungenen Unterpflanzung aus Grünlilien (*Chlorophytum comosum* 'Variegatum') und Clivien (*Clivia miniata*).

Gegenüber Die riesige Großblättrige Feige aus der Familie der Gummibäume (*Ficus macrophylla* ssp. *columnaris*) wirkt wie eine prähistorische Tiergestalt.

Folgende Seiten Prächtige Seerosen leuchten im Teich.

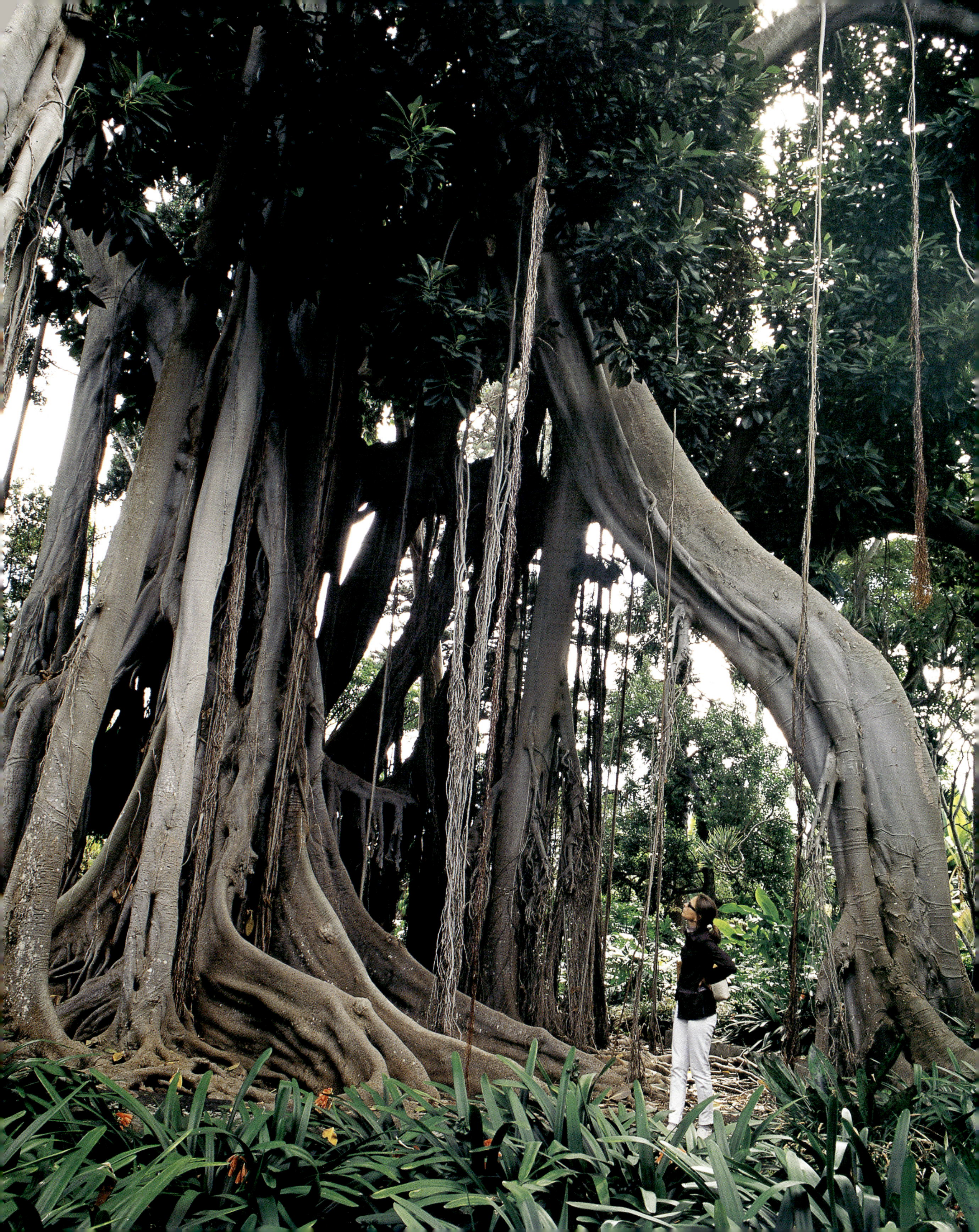

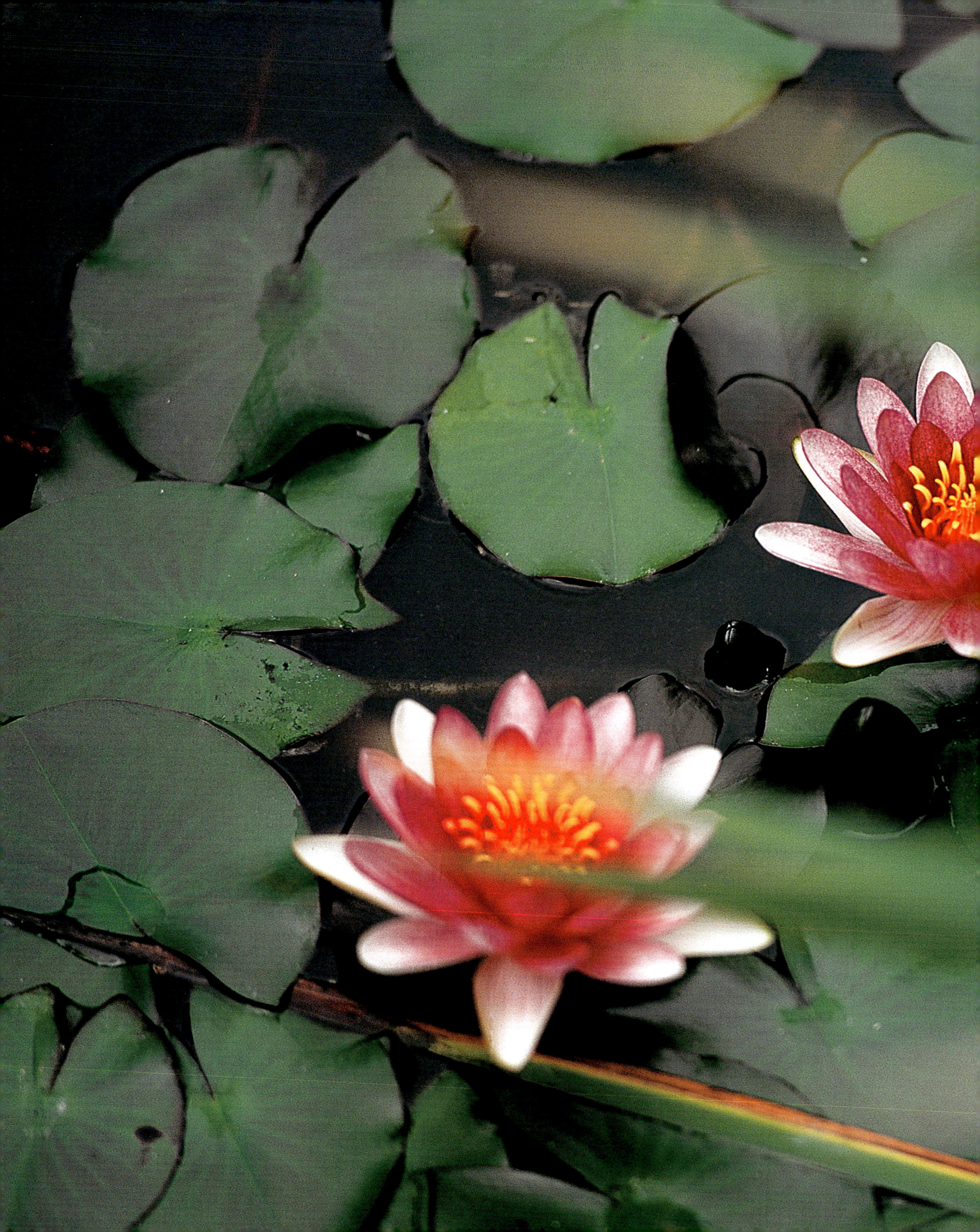

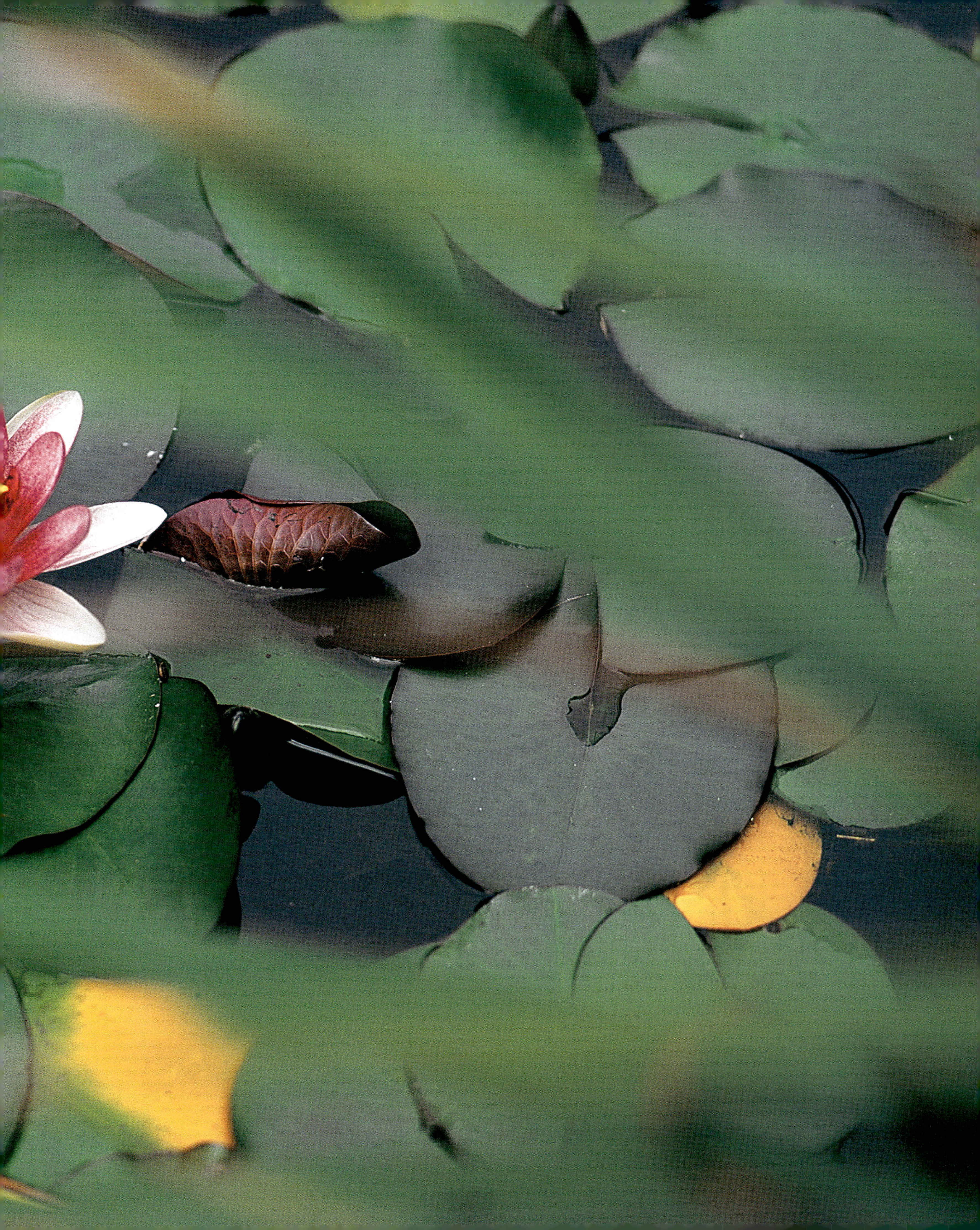

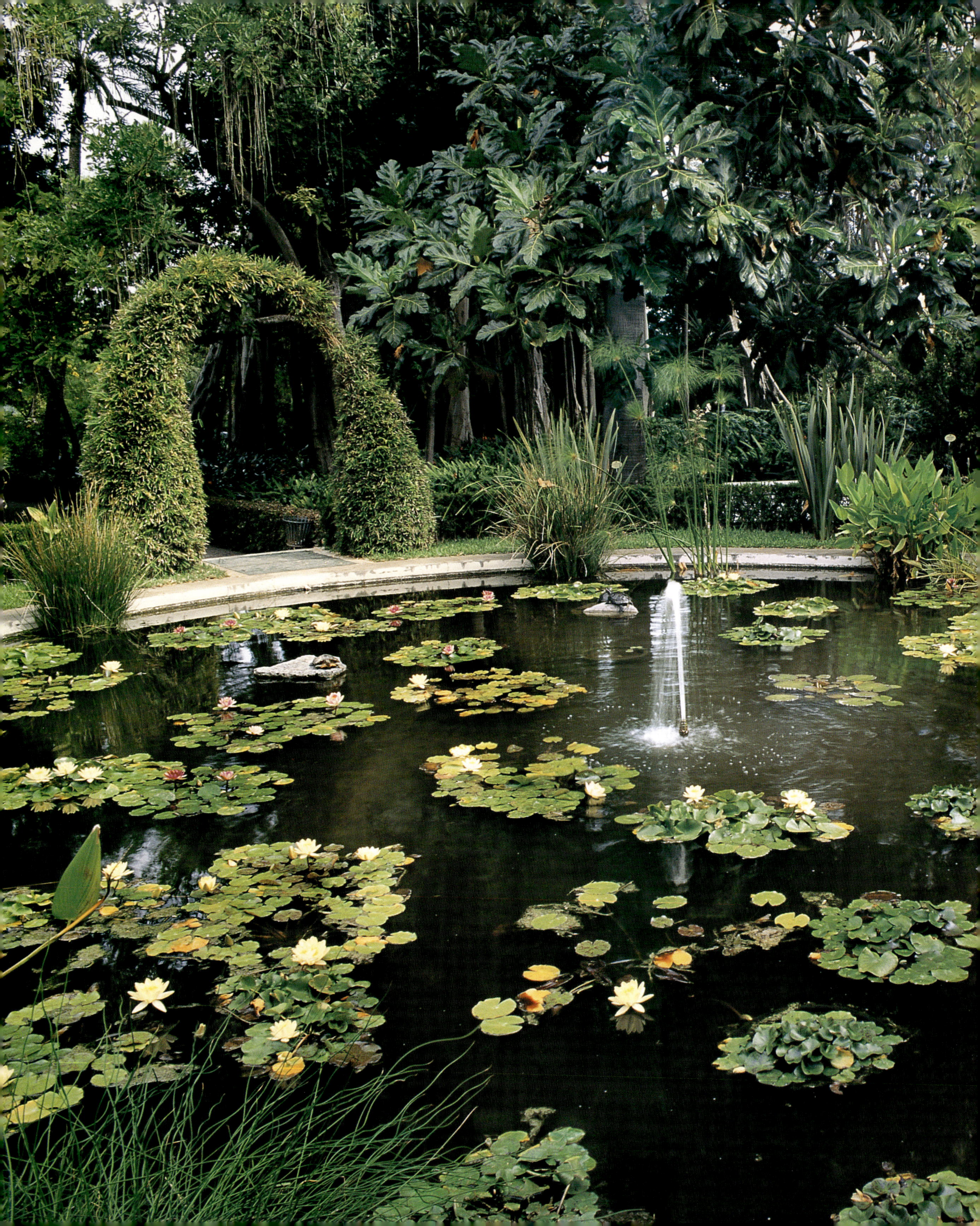

Die große Palette an Pflanzen aus der Neuen Welt veränderte im darauffolgenden Jahrhundert die Gartenlandschaft in ganz Europa. Araukarien, Stechäpfel, Palisander, Narden und Dahlien durchliefen wie viele andere zunächst den Garten von Orotava, bevor sie in weitere königliche Gärten gelangten.

Akklimations-Gärten entstanden auch in einigen größeren Häfen des spanischen Festlands – wie in Cadìz, Puerto de Santamaria, Valencia und Cartagena. Orotava erwies sich dank seines milden, ausgeglichenen Klimas als der erfolgreichste. Allerdings überlebten die auf Teneriffa akklimatisierten Pflanzen, die in die königlichen Paläste von Aranjuez, La Granja und Madrid geliefert wurden, nur selten die trockenen, harten Winter Kastiliens.

Heute beherbergt Orotava mehr als zweitausend Arten tropischer und subtropischer Pflanzen von fünf Kontinenten. Sie werden von einer rund 200 Jahre alten Großblättrigen Feige *(Ficus macrophylla)* australischen Ursprungs bewacht, die mit ihren beeindruckenden Luftwurzeln einen bizarren, ja fast tierartigen Anblick bietet. An keinem anderen Ort in Europa ist die Magie der Tropen so präsent wie in Orotava, wo warme, feuchte Passatwinde der Haut schmeicheln und die Besucher in exotische Gefilde entführen, ohne dass sie die Alte Welt verlassen müssen.

Bambusbögen am Seerosenteich.

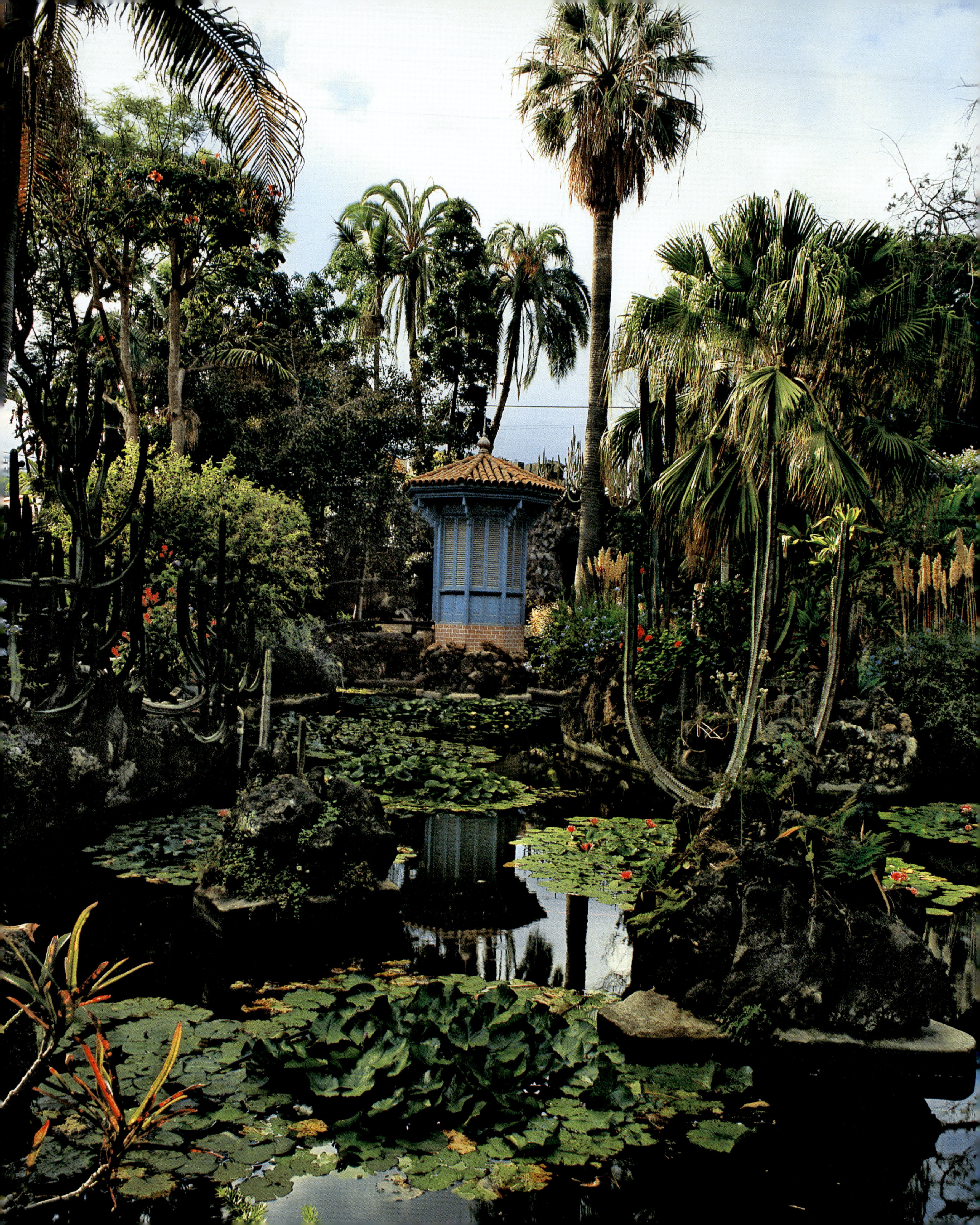

JARDÍN DE LA MARQUESA DE ARUCAS

Arucas, Gran Canaria

Es fällt nicht schwer zu glauben, dass die alten Griechen den sagenhaften Garten der Hesperiden auf den Kanarischen Inseln vermuteten. Denn dort gedeihen die Pflanzen prächtig und das Klima erscheint wie ein ewiger Frühling. Tatsächlich fühlen Sie sich hier in Arucas in jenen Paradiesgarten versetzt, den die Nymphen – Hesperiden genannt – einst pflegten und dessen goldene Äpfel der Unsterblichkeit von dem grimmigen hundertköpfigen Drachen Ladon bewacht wurden. Obwohl der Legende nach der Titan Atlas den Drachen im Auftrag des Herakles zur Strecke brachte, leben sein Nachkommen in Gestalt der Drachenbäume *(Dracaena draco)* fort, die dort sprießen, wo Ladons Blut den Boden benetzte. Ein gewaltiges, etwa 200 Jahre altes Exemplar beherrscht heute den alten Parkbereich. Wird seine Rinde verletzt, tritt ein roter Saft aus – das »Drachenblut«, dem heilende Wirkungen zugeschrieben werden. Bis heute ist der Drachenbaum, der bereits den kanarische Ureinwohnern, den *guanches* heilig war, das Symbol der Insel Gran Canaria.

Der fünf Hektar große Park bei Las Palmas gliedert sich in einen alten und einen neuen Teil. Ersterer wurde 1880 von einem französischen Landschaftsarchitekten angelegt, um den Palast des ersten Marquis de Arucas, Ramón Madam y Uriondo zu vervollkommnen. Dank des milden Klimas ließ sich das »grüne Zimmer« das ganze Jahr über nutzen. Die Gestaltung folgte dem Zeitgeist des ausgehenden 19. Jahrhunderts: Mit örtlichem Lavakies belegte Wege führen an unregelmäßig geformten Rabatten entlang zu einer malerischen moosbewachsenen Grotte am See.

Rechts Dschungelartige Stimmung direkt am Haus: der Seerosenteich.

Links Ein malerischer Pavillon als Blickfang.

Links Ein besonders imposantes Exemplar des legendären Drachenbaums *(Dracaena draco)*, des Wahrzeichens der Kanarischen Inseln.

Unten Ein Urwald aus Farnen und Baumfarnen.

Eine Burgattrappe krönt den künstlich angelegten Berg und dient als Aussichtspunkt.

Der Marquis, Gründer einer florierenden Zuckerraffinerie und enthusiastischer Botaniker, umpflanzte das Haus mit Araukarien. Die schützenden Berge im Norden und das nahe Meer schenken dem Garten ein günstiges Mikroklima, in dem diese und andere exotische Bäume wie Palisander *(Jacaranda mimosifolia)*, Gummibäume *(Ficus elastica)* und Florettseidenbäume *(Ceiba speciosa)* prächtig gedeihen.

Seine Nachkommen erweiterten 1990 den Park und öffneten ihn für Besucher. Zu den zahllosen tropischen und subtropischen Pflanzen, die der Erstbesitzer zusammengetragen hatte, wurden hunderte Palmen verschiedener Sorten gesetzt.

Sie erzeugen ein herrliches Landschaftsbild, das niemand verpassen sollte, der das Wesen Gran Canarias spüren möchte. Eingebettet in Bananenplantagen, deren Früchte das gesamte spanische Festland versorgen, entführt Sie dieser Garten mit seiner samtenen Luft und süßen Düften geradewegs zurück ins Goldene Zeitalter der antiken Mythologie.

Oben Tropisches Flair: die Veranda des Haupthauses. *Folgende Seiten* Ein feines Netz aus Spinnweben umhüllt die Paradiesvogelblumen *(Strelitzia reginae)*.

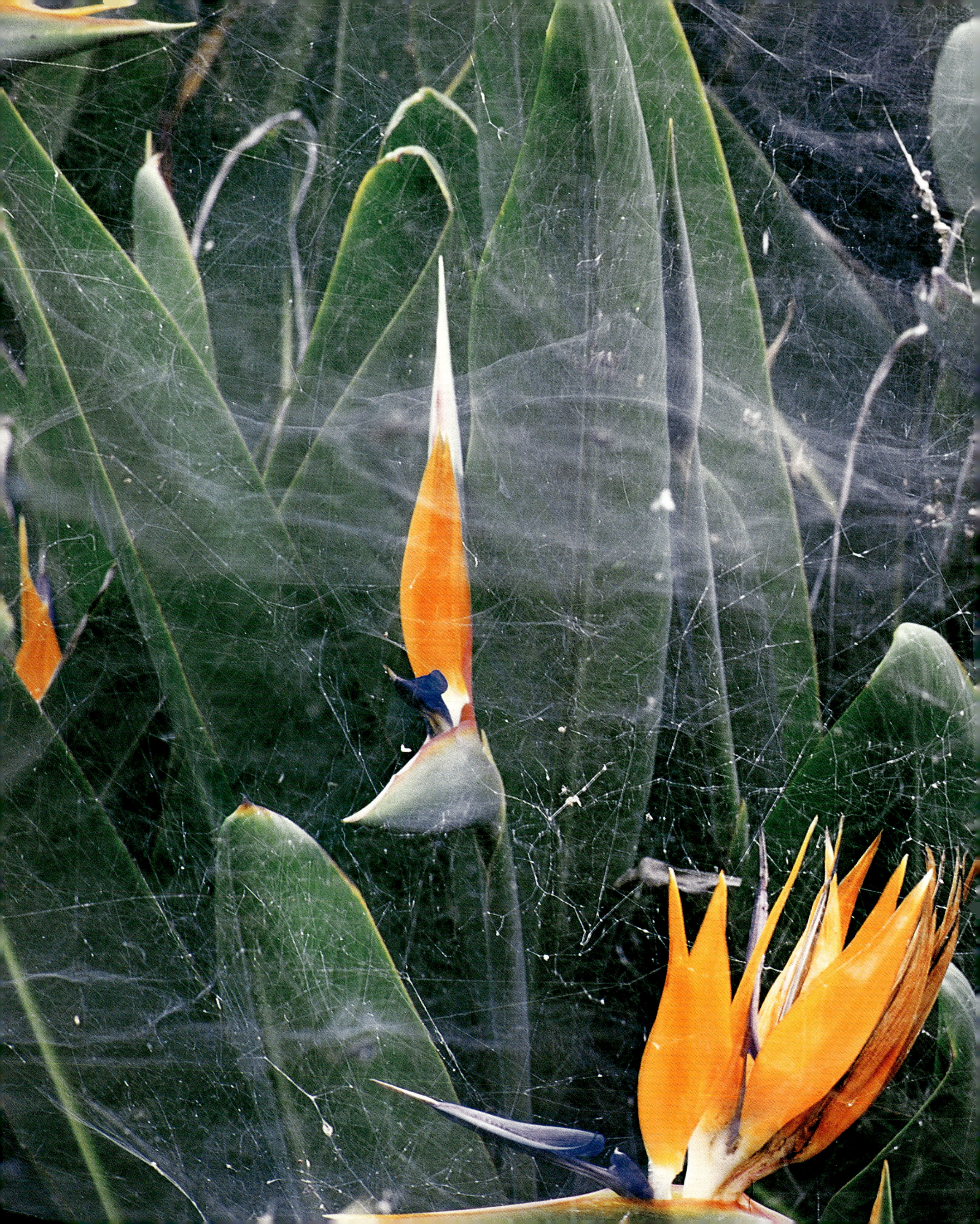

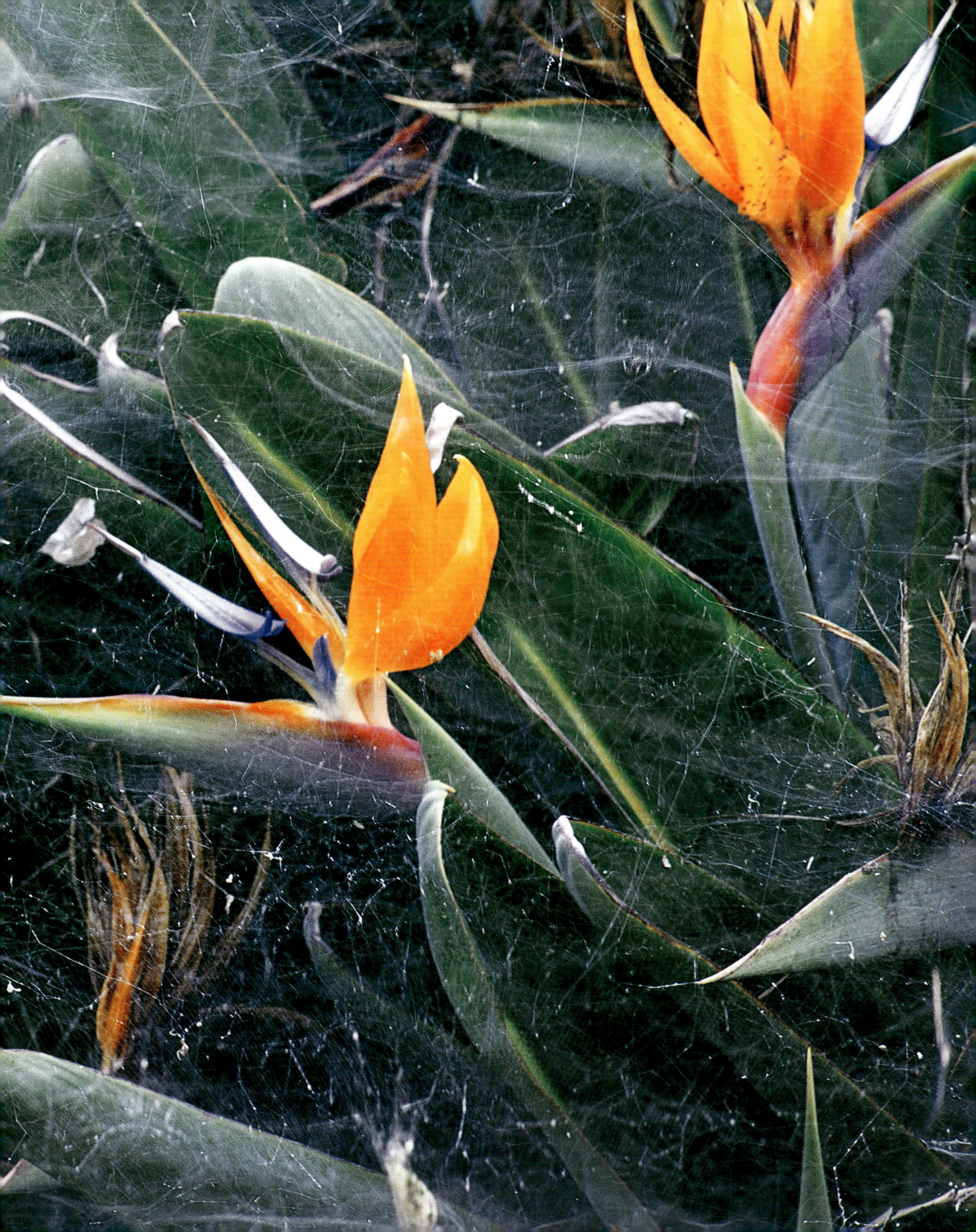

JARDÍN DE CACTUS
Gautiza, Lanzarote

Zwischen den Strömen erkalteter Lava, die Lanzarotes geheimnisvolle Landschaft prägen, finden Sie einen höchst originellen Kakteen-Garten – das letzte Werk des Künstlers César Manrique (1919–1992) auf seiner Heimatinsel*. Deren außergewöhnliche Landschaft wird in allen seinen Werken verehrt. »Lanzarote ist pure Magie … eine makellose Schönheit, nackt und stolz. Eine treue Erzieherin. Diese unbekannte und tiefsinnige Landschaft scheint sich auf irgendeine Art ihres großen Schauspiels bewusst zu sein«, sagte der vielseitige Künstler Manrique einmal. Nach zwanzig hektischen Jahren in Madrid und drei in New York kehrte der vorwiegend abstrakt schaffende Künstler 1966 nach Lanzarote zurück und ging sofort daran, so viel wie möglich von der Natur- und Kulturlandschaft der Insel zu retten. Das heutige Bild Lanzarotes ist untrennbar mit seiner Pionierarbeit für nachhaltigen Tourismus verbunden.

Der 1990 eröffnete Kakteen-Garten vereinigt Kunst, Architektur und Landschaft in der für Manrique typischen Art. Dieser kombinierte sogar in der Sprache der Gegenwartskunst traditionelle mit lokalen Elementen und nannte seine untrennbar mit dem Ort verbundenen Werke »Kunst-Natur/Natur-Kunst« – als Spiegel der Beziehung zwischen den Menschen und ihrer Umwelt.

Tausende bizarr geformte Kakteen und Sukkulenten gedeihen auf dem schwarzen Vulkansand.

Die Wahl des Standorts war wohlüberlegt: Er liegt mitten in Feigenkaktus-Plantagen, die früher die Haupteinnahmequelle für die Inselbewohner darstellten. Die auf den Feigenkakteen gezüchteten Cochenille-Schildläuse dienten der Gewinnung von dunkelroter Karminsäure, einem begehrten natürlichen Farbstoff. Manrique legte seinen Garten in einer verlassenen Sandgrube an, um das abgewirtschaftete Landstück wiederzubeleben. Der dort einst gewonnene *lapillo*, ein vulkanischer Sand, wurde lange im örtlichen Erwerbsgartenbau und in Privatgärten zur Konservierung der Bodenfeuchtigkeit genutzt.

Wie ein natürliches Amphitheater wirkt der als Halbkreis angelegte Jardín de Cactus, auf dessen Terrassen mehr als 10.000 Exemplare fast 1.000 verschiedener Arten gedeihen. Die meisten gehören zur Familie der Kakteen und sind amerikanischen Ursprungs. Die Flora der Kanaren wird hingegen von Wolfsmilcharten und Sukkulenten repräsentiert, darunter dem nur auf Lanzarote vorkommenden Dickblattgewächs *Aeonium lancerottense*, das der Hauswurz ähnelt.

Die bizarr geformten, skulpturhaften Pflanzen sind Meister der Wasserspeicherung und passen perfekt in diese wüstenähnliche Umgebung mit steinigen Böden und spärlichem Regen. Viele von ihnen zeigen spektakuläre, wenn auch kurzlebige Blüten – wie etwa die

Königin der Nacht (*Selenicereus grandiflorus*), die nur wenige Stunden in einer einzigen Nacht blüht.

Die Gestaltung der Terrassen erinnert an die traditionellen Anbaumethoden auf der Insel. Von ihnen überblicken Sie die grandiose Anlage mit ihren Monolithen aus erstarrter Lava, Überbleibseln der Sandgrube, welche Manrique als natürliche Skulpturen einsetzte.

Die gesamte Anlage gestaltete der Künstler selbst, von der Einrichtung und den Wandmalereien des Cafés bis zu dem überdimensionalen Kaktus aus Metall, der am Straßenrand für den Garten wirbt.

In jedem Detail zeigt sich die Natur – die Grundidee von Manriques Leben und Werk: »Meine Lebens- und Schaffensfreude entspringt meinem Studium, meinem Nachdenken und meiner Liebe zu der großen Weisheit der natürlichen Welt.«

Zu den weiteren Werken Manriques auf Lanzarote zählen El Mirador del Río, Jameos de Agua, Casa-Museo del Campesino, das Restaurant Diablo, La Ruta de los Volcanes in Timanfaya, El Castillo San José und sein eigenes Haus, in dem heute die César-Manrique-Stiftung untergebracht ist.

Oben und rechts Die Pflanzen wirken wie lebende Skulpturen.

Gegenüber Beeindruckende Sammlung der legendären Schwiegermuttersessel (*Echinocactus grusonii*).

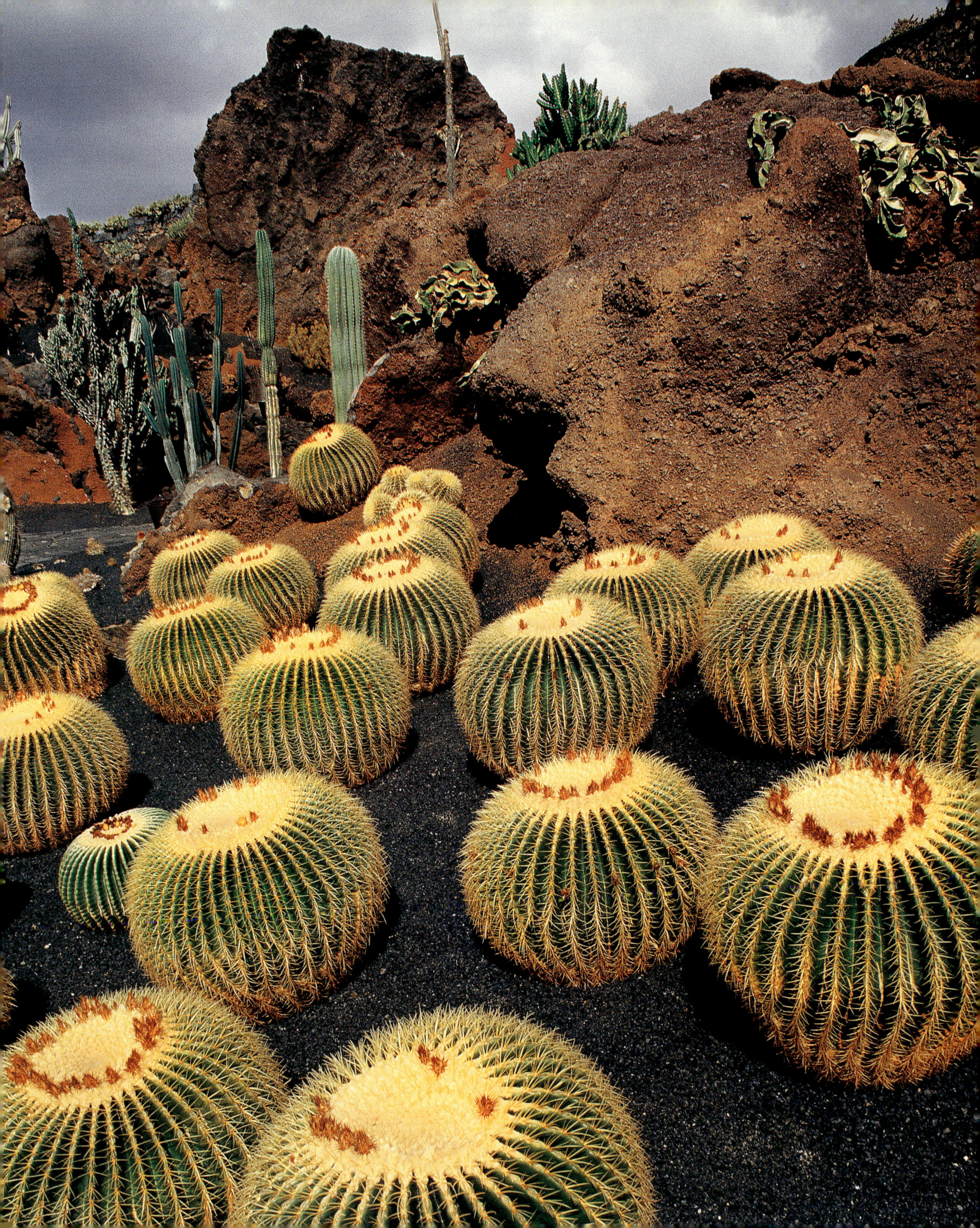

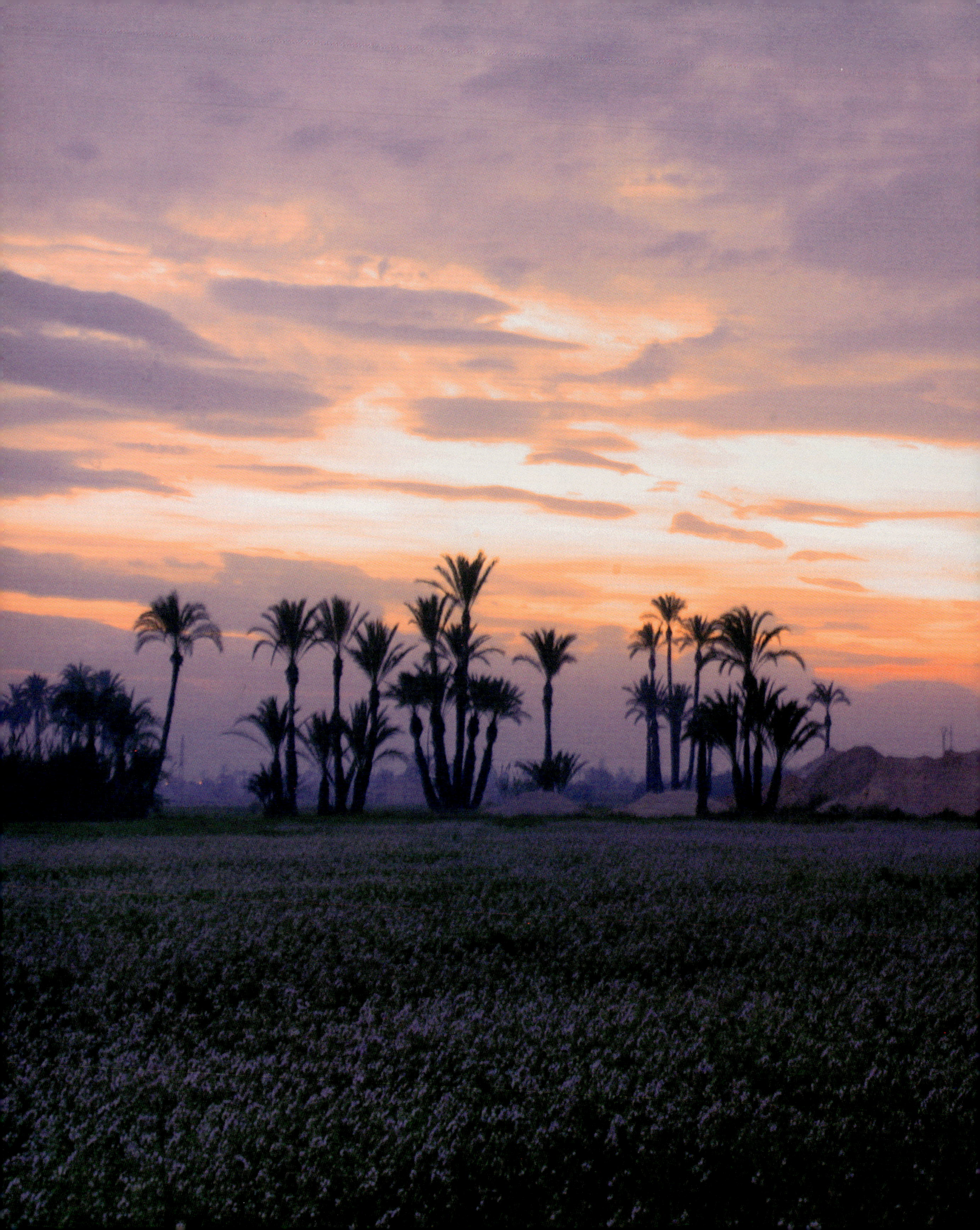

MITTELMEERRAUM

JARDINES ARTIGAS
La Pobla de Lillet, Katalanien

Wie alle Werke des großen Architekten Antoni Gaudí entspringen auch die Gärten von Artigas seiner tiefen Liebe und Kenntnis der Natur. Sich weniger als Schöpfer, sondern mehr als Interpret der Schöpfung verstehend, sagte er einmal: »Originalität bedeutet die Rückkehr zum Ursprung. Ein Werk ist originär, sofern es auf der Einfachheit der ersten Form beruht.« Dieser demütigen Einstellung getreu, unterstrich Gaudí die schroffe, dramatische Schönheit der vorhandenen Felsen in den Gärten von Artigas, indem er rohe Steine aus der Region hinzufügte. Rustikale Brücken, die wie eine natürliche Fortsetzung ihrer Umgebung wirken, überspannen den Fluss Llobregat und verbinden die felsigen, mit Bäumen bewachsenen Steilufer.

Gaudí hatte die Gemeinde La Pobla de Lillet am Oberlauf des Llobregat in den östlichen Pyrenäen erstmals 1902 besucht, um die Arbeiten am Chalet des Catalaris zu überwachen. Den Auftrag für dieses Arbeiterheim eines Zementwerks hatte er von dessen Besitzer, dem wohlhabenden Industriellen Eusebio Güell, erhalten. Über diesen lernte er den Textilmagnaten Joan Artigas i Alart kennen, der ihn – beeindruckt von Gaudís Park Güell in Barcelona – mit der Anlage

Der Blick vom Aussichtspunkt La Glorieta beweist, wie perfekt der Garten mit der natürlichen Umgebung harmoniert.

Rechts Zwei Schlangen beschützen den ursprünglichen Eingang zum Garten.

Unten Blickfang auf der Bogenbrücke *Puente de los Arcos* sind zwei aus Natursteinen gemauerte Menschen, die Gartenkörbe auf ihren Köpfen tragen.

eines Parks hinter dessen Fabrik betraute. Ein Jahr später entsandte Gaudí einige Arbeiter aus dem Park Güell, um mit dem einzigen reinen Gartenprojekt seiner Karriere zu beginnen. Sie bauten zunächst eine riesige Grotte aus unbehauenen Steinen, um die Heilquelle zu überdachen, die dem Park seinen ursprünglichen Namen *Fuente de La Magnesia* (Magnesiumquelle) gegeben hatte. Den weiteren Baufortschritt erlebte der Auftraggeber Artigas i Alart nicht mehr, er starb Ende des Jahres 1903. Sein Sohn Joan Artigas i Casas vollendete das Werk 1906 mit Arbeitern aus der Region, die von Spezialisten des Park Güell angelernt worden waren. Nachdem aber die Textilfabrik im Spanischen Bürgerkrieg (1936–1939) zerstört worden war, zog die Familie der Besitzer nach Barcelona – und der abgelegene Garten geriet in Vergessenheit.

Erst 1992 wurde der Park nach umfangreichen Recherchen der Real Cátedra Gaudí, einer Stiftung zur Erforschung und Bewahrung des Werks Gaudís, restauriert. Das vergessene Juwel künstlerischer Landschaftsgestaltung erstrahlte in neuem Glanz – auch dank der nach Gaudís Originalzeichnungen geschaffenen Skulpturen von Ramón Millet i Domènech.

Obwohl der Garten von Artigas ein Produkt desselben einzigartigen künstlerischen Temperaments ist wie der Park Güell, unterscheiden sich beide deutlich. Denn der Architekt verwendete niemals dieselbe Lösung zweimal, sondern passte sein Werk grundsätzlich seiner natürlichen Umgebung an – auch wenn das harte Arbeit bedeutete. Statt leuchtender Mosaike wie in Barcelona, wählte Gaudí schlichte Steine aus der Region als

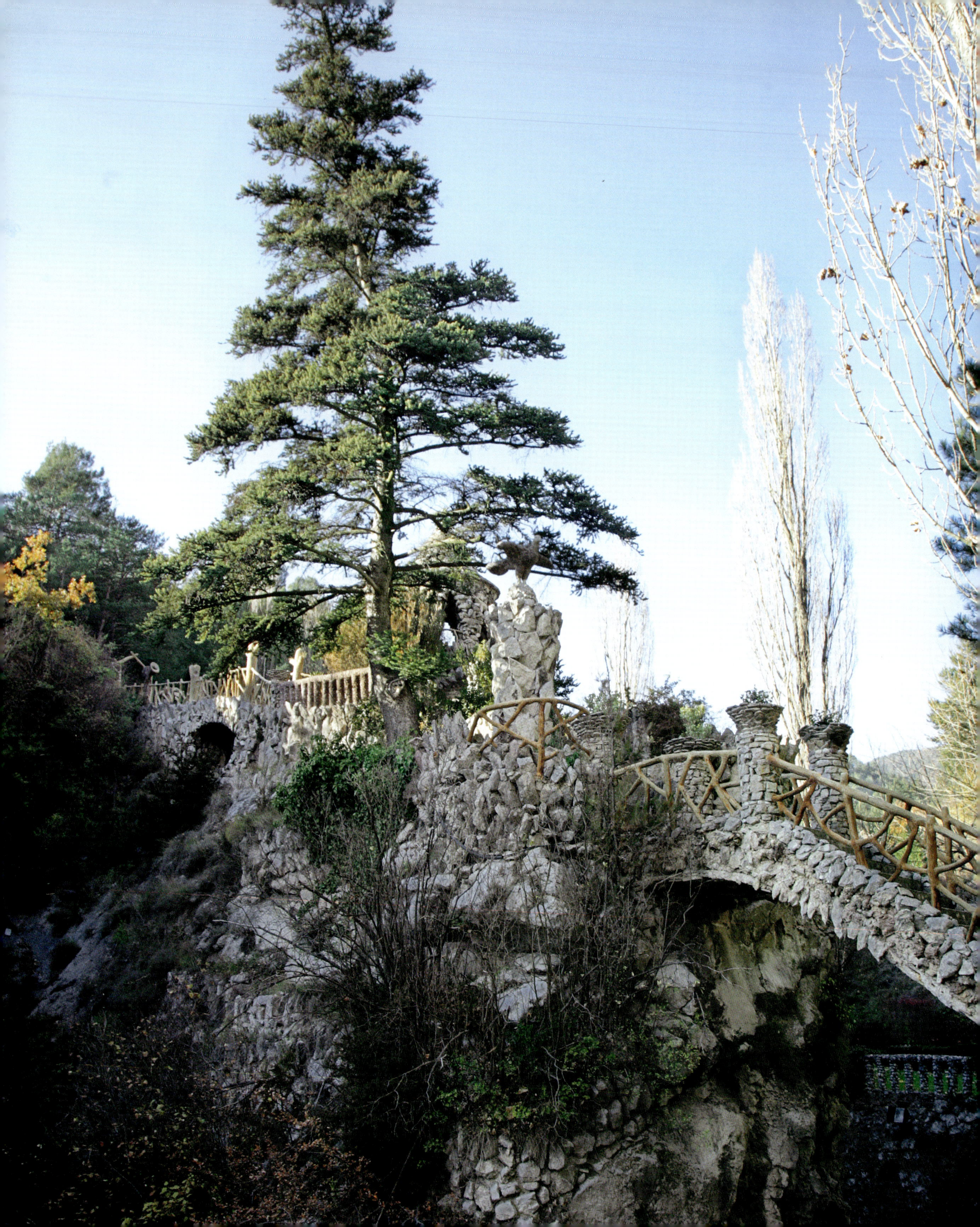

Charakteristikum des Gartens. Sie stehen im Kontrast zum Grün der einheimischen Flora. Während es sich beim Park Güell um einen trockenen Garten handelt, ist Artigas ein Wassergarten, geprägt vom Llobregat und strukturiert durch Brücken, Balkone und Aussichtspunkte aus Stein. Unübersehbar sind die aufrechten Baumstämme am Aufgang zur Brücke Puente de los Arcos, deren menschenähnliche Gestalt – eine weiblich, eine männlich – an die Karyatiden im Park Güell erinnern.

Ein durchgängiges Element in den Werken Gaudís sind religiöse Symbole – Artegas bildet keine Ausnahme. Vier Steinskulpturen stehen für die vier Evangelisten: ein wachender Adler für Johannes, ein Stier als Brunnenfigur in der Piniengrotte für Lukas, ein Löwenbrunnen nahe der Pergola für Markus und für Matthäus ein Engel, der vermutlich ursprünglich an der Steinkaskade platziert war. Aus der Vogelperspektive gesehen bilden die vier Evangelisten ein Kreuz. Die Brücke, die anfangs der einzige Zugang zum Garten war, wird von Baumstämmen in Form von Schlangen bewacht – den mythischen Beschützern heiliger Stätten und kostbarer Schätze.

Links Ein Adler bewacht die Brücke über den Fluss Llobregat, die zum oberen Gartenteil führt.

Oben Rustikale Zäune in Form roher Äste, die aus Beton bestehen, tragen zur gelungenen Verschmelzung von Natur und Architektur bei.

PARK GÜELL
Barcelona

»Das Buch aller Bücher ist die Natur, stets offen und stets eine Lektüre wert. Jedes andere Buch ist eine Version dieses einen, gefüllt mit den Irrtümern und Zutaten des Menschen«, erklärte Antoni Gaudí, Schöpfer einer der eindrucksvollsten Gartenanlagen: des unvergleichlichen Park Güell in Barcelona. Die Natur war stets der Wegweiser des berühmten katalanischen Architekten; in der Natur sah er die heilige Schöpfung auf Erden, in der noch Gott wohnt. Der tief religiöse Gaudí empfand die Wiedererschaffung natürlicher Formen und Strukturen als Stationen einer Pilgerreise, deren Ziel er in der Vermählung von Natur und Architektur sah – ein neues Eden, in dem der Mensch erneut Gott antreffen könne.

Nach der Vorstellung von Gaudís schwerreichem und gebildetem Förderer Eusebio Güell sollte der zwischen 1900 und 1914 erbaute Park Güell eine Gartenstadt nach britischem oder amerikanischem Vorbild werden: eine ideale Gemeinschaft auf einer Anhöhe nahe Barcelona, aber nicht zu der Stadt gehörend; eine exklusive Anlage auf über 15 Hektar, aufgeteilt in 60 annähernd dreieckige Parzellen. Die Käufer der Grundstücke sollten sich verpflichten, keine Bäume zu fällen, nicht mehr als ein Sechstel der Grundstücksfläche zu bebauen und keine Zäune über 80 Zentimeter Höhe zu errichten. Mehr als die Hälfte der Gesamtfläche sollte Grünanlagen vorbehalten sein, um

Die riesige wellenförmige Bank um das Griechische Theater ist ein prachtvolles Beispiel für die fantastischen Mosaike im Park Güell, die aus Porzellan- und Steingutscherben *(Trencadís)* gefertigt wurden.

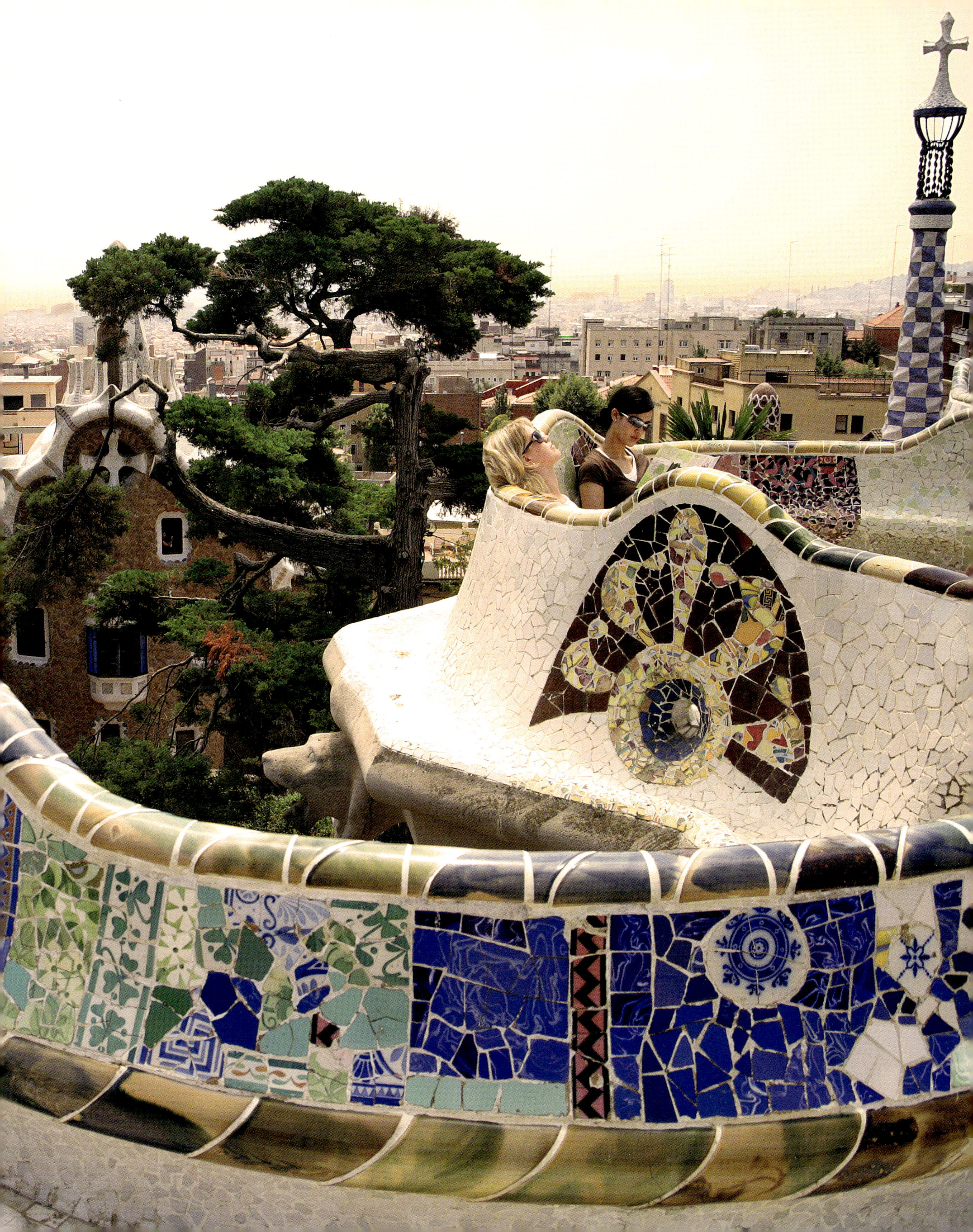

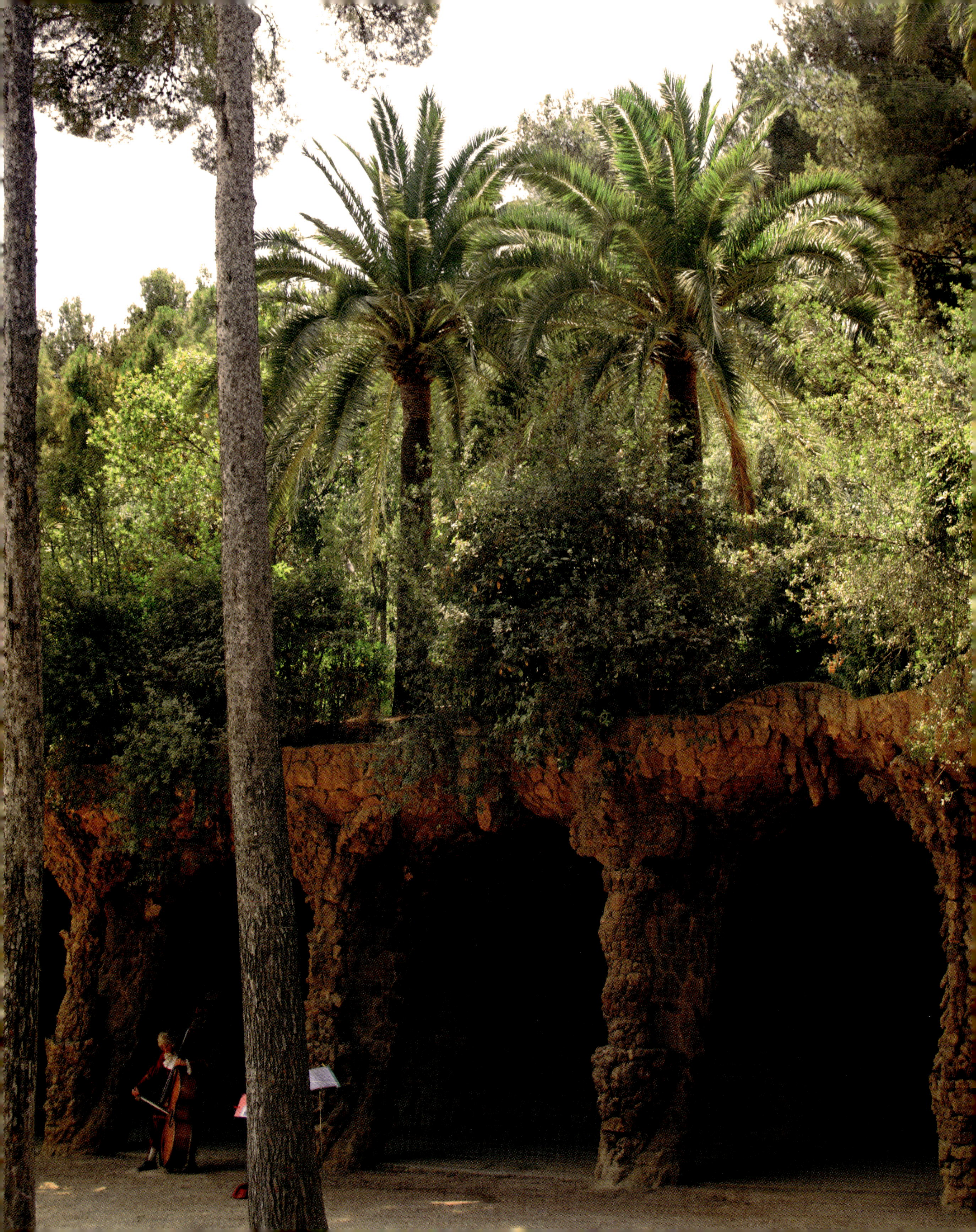

»Schönheit, Erholung, Gesundheit und Hygiene« zu fördern. Dieses himmlische Projekt erwies sich jedoch als finanzielles Desaster: Neben dem bereits vorhandenen Wohnsitz der Familie Güell entstanden nur zwei Häuser – einen dieser beiden von Francisco Berenguer erbauten Prototypen kaufte der befreundete Rechtsanwalt Trais, den anderen erwarb Gaudí schließlich selbst und wohnte dort bis zu seinem Tod 1926. Heute befindet sich dort das Gaudí-Museum.

Die erste Hürde für den Architekten bestand darin, die Grundstücke und Gemeinschaftsanlagen in diesem sehr hügeligen Gelände miteinander zu verbinden. Da er dieses nicht planieren wollte, entwarf er eine doppelstöckige Wegekonstruktion aus Säulengängen. Um sie der Umgebung anzupassen und den Charakter des Ortes zu bewahren, wurden die Arkaden mit Steinen aus der Region verkleidet. Auf die palmförmigen Pfeiler ließ Gaudí Agaven pflanzen. Auf dem

Gegenüber Die mit lokalen Steinen verkleideten Bogengänge passen perfekt in die natürliche Umgebung.

Oben Die Säulen am Eingang zum Wagenpark erinnern an Elefantenbeine.

Oben links Agaven krönen diese urtümlichen Säulen im Park Güell.

Unten links Gebogene Säulen tragen das Viadukt.

Dach der Gänge sollten Kutschen und Autos verkehren, der Säulengang selbst war für Fußgänger gedacht. Überall im Park harmonieren diese mit Sträuchern sowie Kletter- und Hängepflanzen überwucherten Viadukte mit der natürlichen Umgebung: als Nachahmung, als Repräsentant und als Symbol der Natur.

Die spärliche natürliche Vegetation des Parkgeländes auf der Montaña Pelada (nackter Berg) beschränkte sich auf Sträucher und einige Johannisbrotbäume. Passend dazu pflanzte Gaudí trockenheitsverträgliche mediterrane Gehölze und Bäume wie Pinien, Ilex und Dattelpalmen *(Phoenix dactylifera)*. Ohne Übertreibung ist der Park Güell ein im wahrsten Sinne des Wortes natürlicher Garten und gleichzeitig ein umweltfreundliches und nachhaltiges Bauprojekt.

In gewisser Weise nahm Gaudí auch die Idee des Recyclings vorweg: Aus zerbrochenen Fliesen und ausrangiertem Geschirr gestaltete er seine berühmten bunten Mosaike aus *trencadís* (Bruchsteinchen). Indem er die

Ganz links Die Gartenanlage trägt offiziell den Namen »Park«.

Links Die Keramikmosaike dieses Wachturms wirken fast wie Schuppen.

für sein Werk typischen organischen Formen mit dieser leuchtend bunten zweiten Haut überzog, schuf er eine Fantasiewelt. Die verblüffende Wirkung dieser Technik zeigt sich bereits am Eingang zum Park. Hier heißt ein Pförtnerhaus samt Turm die Besucher willkommen – im Stil eines überdimensionalen Pfefferkuchenhauses. Mit Park Güell erschuf Gaudí eine einzigartige Welt aus Andeutungen und Symbolen, tierartigen Formen, pilzartigen Schornsteinen und – auf der Spitze des höchsten Turms – mit einem großen Kreuz. Die beiden tiefgläubigen Katholiken Gaudí und Güell planten auch eine Kirche auf der Anhöhe, die heute den Namen Golgatha trägt. Der Kirchenbau wurde jedoch nicht realisiert.

Eine breite geschwungene Treppenflucht führt vom Eingang des Park zum Zentralplatz La Plaça. Drei Brunnen in Skulpturenform säumen die Stufen: Der erste hat die Form einer Grotte, der zweite Brunnen trägt einen Drachenkopf und der dritte ist der berühmte bunte Salamander, der sich zum Wahrzeichen des Parks entwickelt hat. Im komplexen Symbolismus Gaudís könnte sich dieses schillernde Reptil auf den alchimistischen Salamander – den Repräsentanten des Feuers – beziehen. Es könnte jedoch auch an das Krokodil im Wappen der südfranzösischen Stadt Nîmes erinnern, in der Gaudí studiert hat. Und nicht zuletzt ließe sich der

Oben links und rechts Zwei Brunnen an der Haupttreppe: der bunte Salamander, das Wahrzeichen des Parks, und das Wappen von Katalonien mit einem wasserspeienden Drachenkopf.

Salamander als Drache interpretieren, der den Eingang des Parks bewacht. Entlang der obersten Biegung findet der Besucher eine überdimensionale Bank, in deren geschickt angelegten Buchten er im Winter die Strahlen der Sonne und im Sommer den kühlenden Schatten genießen kann.

Die Treppe endet vor dem beeindruckenden El Templo oder La Sala Hipóstila, dessen flaches Dach von 86 dorischen Säulen getragen wird. Der Tempel sollte ursprünglich als überdachter Markt dienen, auf dem die Bewohner zweimal wöchentlich einkaufen können sollten. Während der untere Teil der Säulen aus hygienischen Gründen mit weißen *trencadís* verkleidet wurde, schmücken imposante Rundmosaike die Decke, welche der katalanische Architekt Josep Maria Jujol (1879–1949) im Auftrag Gaudís anfertigte: Vier große Rosetten aus Porzellan, Steingut und Glasstückchen stellen die vier Jahreszeiten dar, 14 kleinere Rosetten zeigen die Mondphasen.

Gaudí bewies auch hier seine Erfindungsgabe als Architekt: Das Regenwasser wird auf der oberhalb von El Templo gelegenen Plaça gesammelt und durch die hohlen Säulen des Tempels in eine riesige unterirdische Zisterne geleitet. Diese sollte die Wohnhäuser speisen. Überschüssiges Wasser fließt direkt zu den drei Fontänen der Haupttreppe.

Der in der Form eines Amphitheaters gebaute Zentralplatz, auch Griechisches Theater genannt, war als Versammlungs- und Veranstaltungsort gedacht. Er wird von der berühmten wellenförmigen Bank gesäumt, die die Wogen des nahen Mittelmeers symbolisiert. Während ihres Baus ließ Gaudí einen jungen Arbeiter immer wieder probesitzen, bis das Design ein Höchstmaß an Bequemlichkeit erreicht hatte. Beim Verzieren der Bank bauten Gaudí und Jujol die Technik mit *trencadis* zur hohen Kunst aus: Sie schufen ein Meisterstück, dessen erstaunliche abstrakte Kombinationen aus Form und Farbe die Collagen der modernen zeitgenössischen Kunst vorwegnehmen. Im Sonnenlicht wirkt die Bank bisweilen wie eine riesige Schlange in Bewegung, eine lebendige Bewohnerin dieser außergewöhnlichen, von einem herausragenden Meister der Architekturkunst geschaffenen Welt.

Der Park Güell ist seit 1923 der Öffentlichkeit zugänglich und zählt mit über vier Millionen Besuchern pro Jahr zu den wichtigsten touristischen Attraktionen Spaniens.

Oben links und rechts 86 Dorische Säulen tragen das Dach des Griechischen Tempels, auf dem sich das Griechische Theater befindet. Dort gesammeltes Regenwasser fließt durch die Säulen in eine große unterirdische Zisterne. Die wundervollen Deckenrosetten wurden aus Porzellan-, Steingut- und Glasscherben gefertigt.

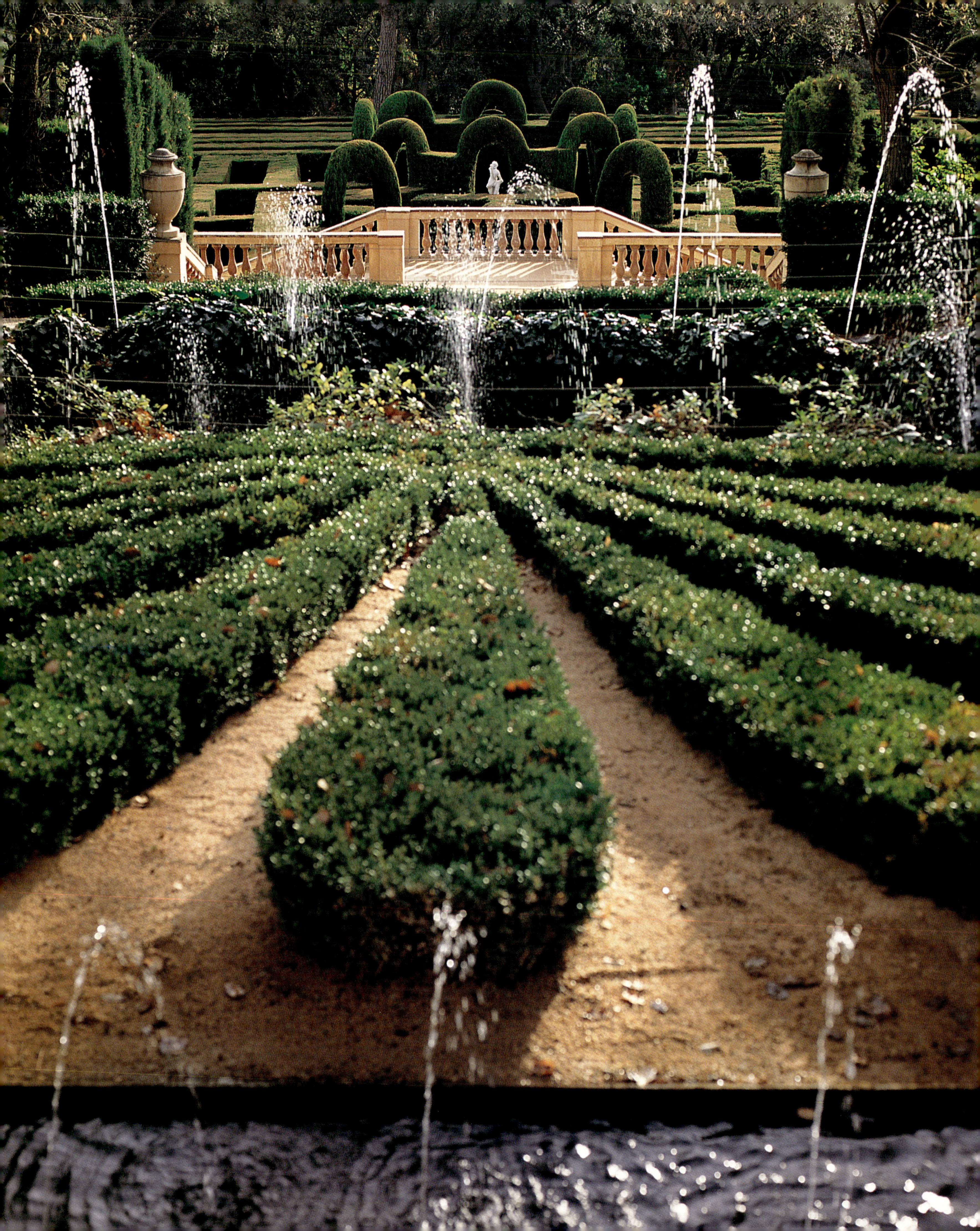

PARQUE DEL LABERINTO DE HORTA

Barcelona

»Ohne Umwege wirst du hinausgelangen; das Labyrinth ist einfach. Der Faden ist nicht nötig, den Ariadne einst dem Theseus gab.« Mit diesem Verweis auf die griechische Sage von Theseus, der nach dem Sieg über den Minotaurus nur mit Hilfe des Ariadne-Fadens aus dem Labyrinth von Knossos hinausgefunden hatte, begrüßt ein Relief den Besucher am Eingang des Irrgartens Laberinto de Horta. Statt des Ungeheuers von Knossos ziert eine Statue des Eros die Mitte des Irrgartens als Symbol für die irdische Liebe. Dieser neoklassische Garten aus dem 18. Jahrhundert ist kein Ort des Schreckens wie in der antiken Sage, sondern lädt zu fröhlichem Versteckspiel ein.

Das Labyrinth aus hohen Zypressenhecken ist das Herzstück dieses von unzähligen mythologischen Verweisen geprägten Parks – und gab der gesamten Anlage ihren Namen. Sie wurde 1791 von Joan Antoni Desvalls, Marquis von Lluià und Alfarràs, auf seinem neuen Landsitz bei Barcelona angelegt, den er wegen des milden Klimas und der optima-

Links Blick auf das Labyrinth; im Vordergrund erstrecken sich niedrige Buchsbaumhecken den Hang hinunter. Wasser spielt in diesem Garten eine tragende Rolle.

Oben Streng geschnittene Zypressenhecken *(Cupressus sempervirens)* bilden die mannshohen Wände des Irrgartens. Das Plätschern des Wassers zeigt den Weg hinaus.

len Wasserversorgung dort hatte bauen lassen. Von Anfang an ließ sich Desvalls, ein profunder Kunstkenner und Intellektueller, von dem italienischen Architekten Domenico Bagutti und dem französischen Gartenplaner Joseph Delvalet beraten.

Labyrinthe sind ein fester Bestandteil der mehr als tausendjährigen Tradition spanisch-arabischer Gartenkunst mit ihren Bezügen zu klassisch antiken Elementen. Gleichzeitig ist dieser Irrgarten aber auch Ausdruck des Zeitgeistes seiner Entstehungsepoche. Hinter dem Labyrinth präsentiert sich der Garten auf drei Ebenen: Stufen, Balustraden und klassische Skulpturen belegen den italienischen Einfluss. Eine riesige Treppe führt auf die Terrasse mit zwei Rundtempeln, von wo der Besucher den Irrgarten überblickt. Eine Ebene höher liegt das Wasserbecken, in dem sich der Pavillon *Pavelló neoclàssic* spiegelt und das als Speicher für die Bewässerungskanäle dient. Es wurde daher als Erstes gebaut. Auf der gegenüberliegenden Seite versteckt sich unter einem efeuberanktem Torbogen die Skulptur der Nymphe Egeria, die der Quellnymphe in dem berühmten englischen Landschaftsgarten Stourhead in Wiltshire verblüffend ähnelt, wie die Marquesa de Casa Valdés in ihrem Buch über spanische Gärten schreibt.

Ein lang gestrecktes Parterre aus formalen Buchsbaumhecken lädt den Besucher dazu ein, über die Treppe den oberen Gartenbereich zu entdecken.

JARDÍ DELS BOIXOS
SENTIT VISITA
↑

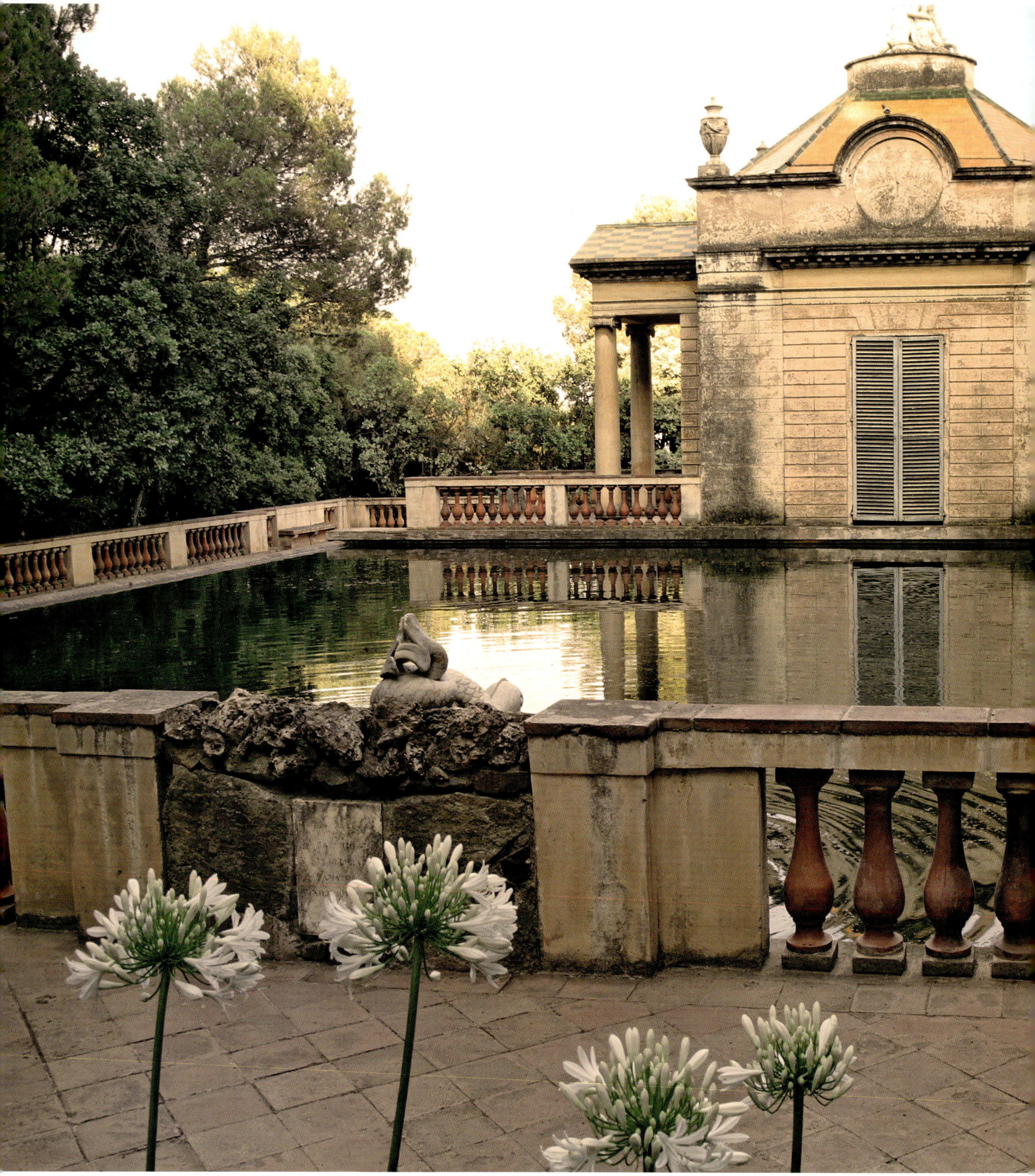

Während die Klarheit und Akkuratesse des neoklassischen Parkteils besonders den Intellekt ansprechen, spielt der im 19. Jahrhundert hinzugefügte romantische Garten mit seinen schattigen, sehr unregelmäßig und asymmetrisch angelegten Bereichen eher mit den Gefühlen des Betrachters. Ein malerischer Friedhof, eine Eremitage und ein künstlicher Wasserfall vervollständigen die Szenerie.

Im Jahr 1968 erwarb die Stadt Barcelona dieses großartige Garten-Museum von den Nachkommen des Parkgründers Devalls, denen es im Laufe von mehr als 200 Jahren als Feriensitz für Familienfeiern, Bälle und Freiluft-Theatervorstellungen gedient hatte. Sogar der spanische König Karl IV. nahm 1802 eine ihrer Einladungen an und bemerkte zu Antoni Desvalls, diese Gartenpracht wäre wirklich zu viel für einen einzigen Menschen. Darauf antwortete der Eigentümer verschmitzt, dass der Park leider viel zu klein wäre, um ihn einem König anzubieten. Desvalls hatte dabei sicherlich das Schicksal des französischen Finanzministers Nicolas Fouquet vor Augen, der den Rest seines Lebens im Gefängnis verbringen musste – der Sonnenkönig Ludwig XIV. hatte es nicht ertragen können, dass ihm der Garten des Ministers in Vaux-le-Vicomte bei seinem Besuch schöner erschien als sein eigener.

Auf der oberen Terrasse erwartet ein neoklassischer Pavillon den Besucher. Das große Wasserbecken, das als Reservoir für die Bewässerung der gesamten Gartenanlage dient, wird von Afrikanischen Schmucklilien *(Agapanthus africanus)* gesäumt.

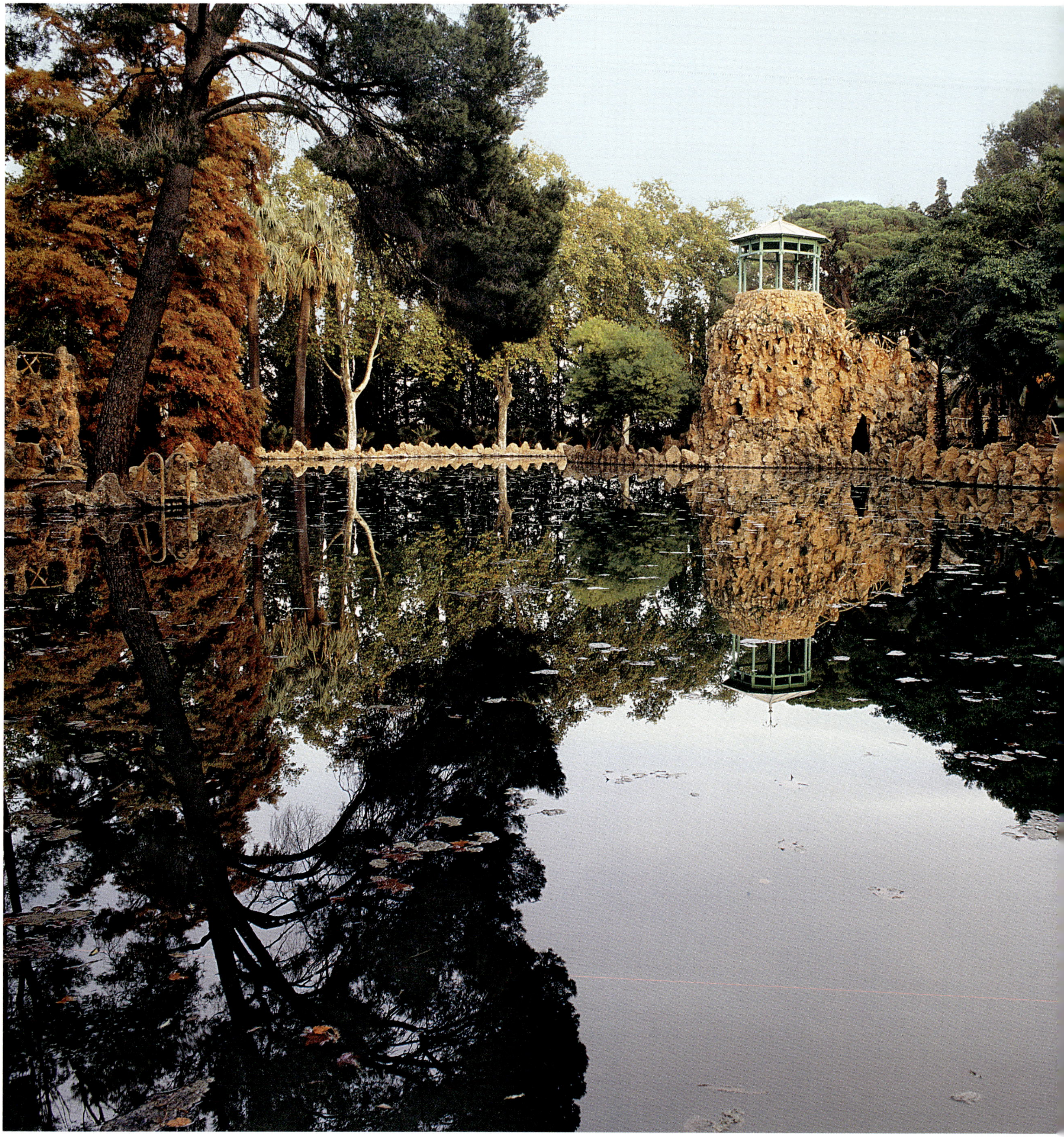

PARQUE SAMÁ
Cambrils, Katalonien

»Alice öffnete eine Tür und fand eine Öffnung, nicht größer als ein Rattenloch: Sie kniete nieder, sah hindurch und erblickte einen der schönsten Gärten.«

Die fantastische Gartenszene, die Alice in Lewis Carrolls *Alice im Wunderland* entdeckt, könnte geradewegs aus dem Parque Samá stammen. Doch anders als Alice muss der Besucher keinen Zaubertrank einnehmen, um in diesen Märchengarten zu gelangen – eine der kuriosesten Anlagen Spaniens.

Der Park ist das Werk von Salvador Samá i Torrents, Marquis von Marianao, dessen Vater im 19. Jahrhundert ein riesiges Vermögen auf Kuba gemacht hatte. 1881 ließ Salvador Samá eine flache Wein- und Obstplantage von 14 Hektar Größe mit einer Mauer umfrieden und erbaute mittendrin ein Landhaus im Kolonialstil. Dessen Architekt, Josep Fontserè i Mestre, der auch den Parque de la Ciudadela in Barcelona entworfen hatte, beschäftigte zu dieser Zeit einen jungen Zeichner in seinem Büro: Antoni Gaudí, der möglicherweise ebenfalls künstlerische Spuren im Parque Samá hinterließ.

Der riesige künstliche See – er ist mehr als ein Hektar groß und drei Meter tief – bildet das Zentrum des Parks. In ihm liegen drei Inseln aus mit Gips verbundenen Kalksteinen, eine typische Modeerscheinung des späten 19. Jahrhunderts. Eine imposante Sumpfzypresse *(Taxodium distichum)* überspannt die kleinste Insel; ihre mächtigen Wasserwurzeln bieten den dort lebenden Wasserschildkröten ein perfektes Heim. Auf der Hauptinsel befindet sich ein hohler Berg mit einer Anlegestelle und einer Bühne, wo früher ein Orchester zum Tee aufspielte.

Oben links und rechts Die drei künstlichen Inseln in dem mehr als einen Hektar großen See verzaubern den Besucher mit ihren fantasievollen Felsarbeiten.

Ein breiter Kanal führt vom See zum Wasserfall, der über eine fünf Kilometer lange, unterirdische Wasserleitung gespeist wird. Auch die überbordende Pflanzenfülle des Gartens wird durch ein künstliches Bewässerungssystem versorgt. Eine umfangreiche Palmensammlung (Phoenix canariensis, P. dactylifera und P. roebelenii, Washingtonia robusta und W. filifera sowie Chamaerops excelsa und C. humilis) prägt zusammen mit Pinien, Zedern, Eukalyptus und Platanen die Anlage. Die Wege, die sich durch die Staudenrabatten schlängeln, sind mit Efeu bewachsen, der auch die Baumstämme hinaufrankt – der gesamte Park wirkt dadurch wie ein Dschungel. Immer wieder begegnet der Besucher seltsamen Tiergestalten, die wie alle Verzierungen im Park aus Kalkstein bestehen und Abbilder der ehemaligen privaten Menagerie des Parque Samá darstellen: Allerdings verschwand der größte Teil der ehemals im Park gehaltenen Affen, Panther, Löwen und Krokodile während des Spanischen Bürgerkriegs (1936–1939). Heute leben hier nur noch Pfauen, Papageien, Enten und Schildkröten.

Oben Einige beeindruckende Exemplare Kanarischer Dattelpalmen umgeben das Rondell mit dem Eisen-Brunnen auf der Rückseite des Hauses.

Rechts Parque Samá beherbergt eine außergewöhnliche Palmensammlung.

Rechts außen Das alte Papageienhaus.

Gegenüber Wasserfall am Kanal zum See.

Folgende Seiten Mit Efeu berankte Stufen führen zu einer imposanten Terrasse im karibischen Stil.

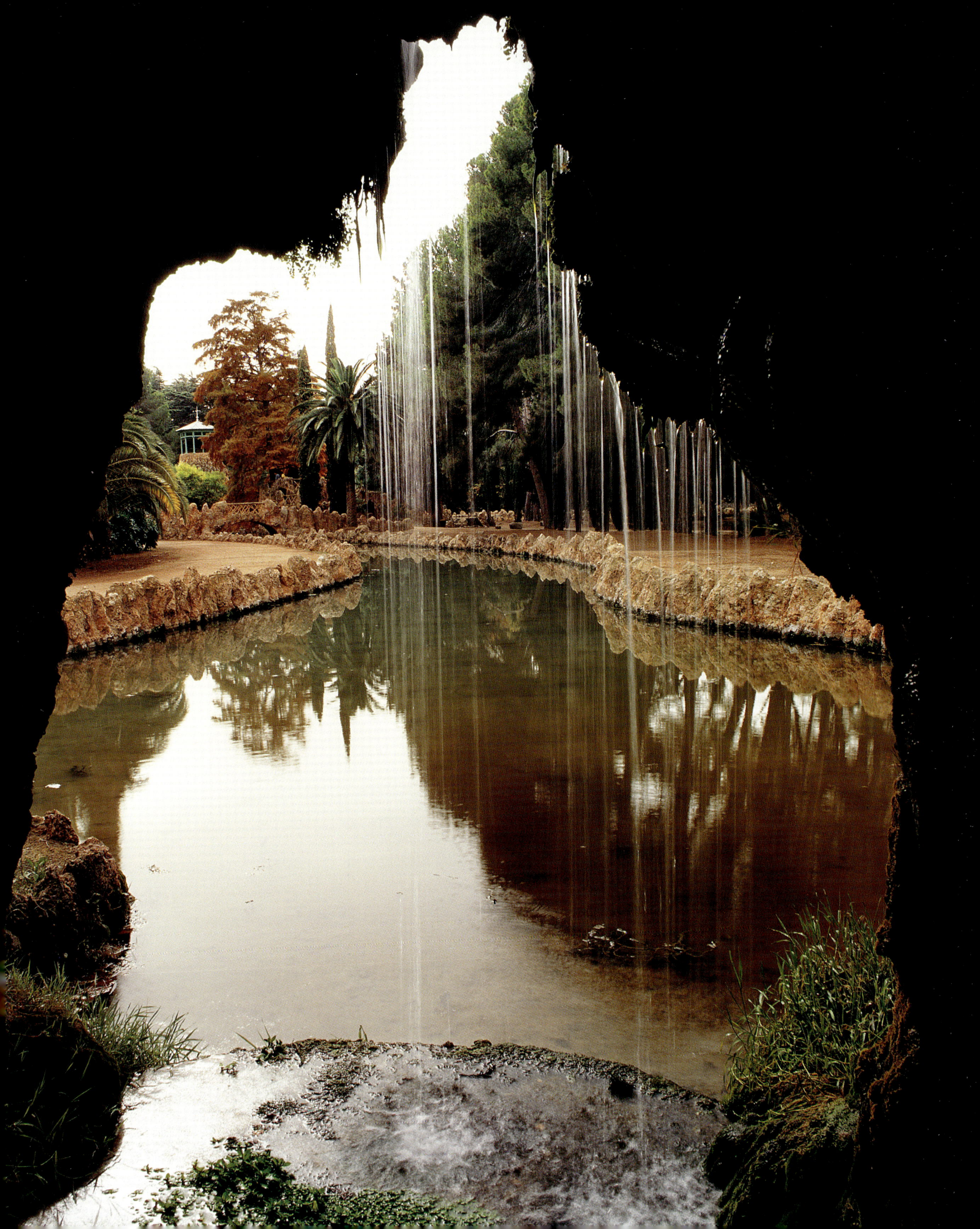

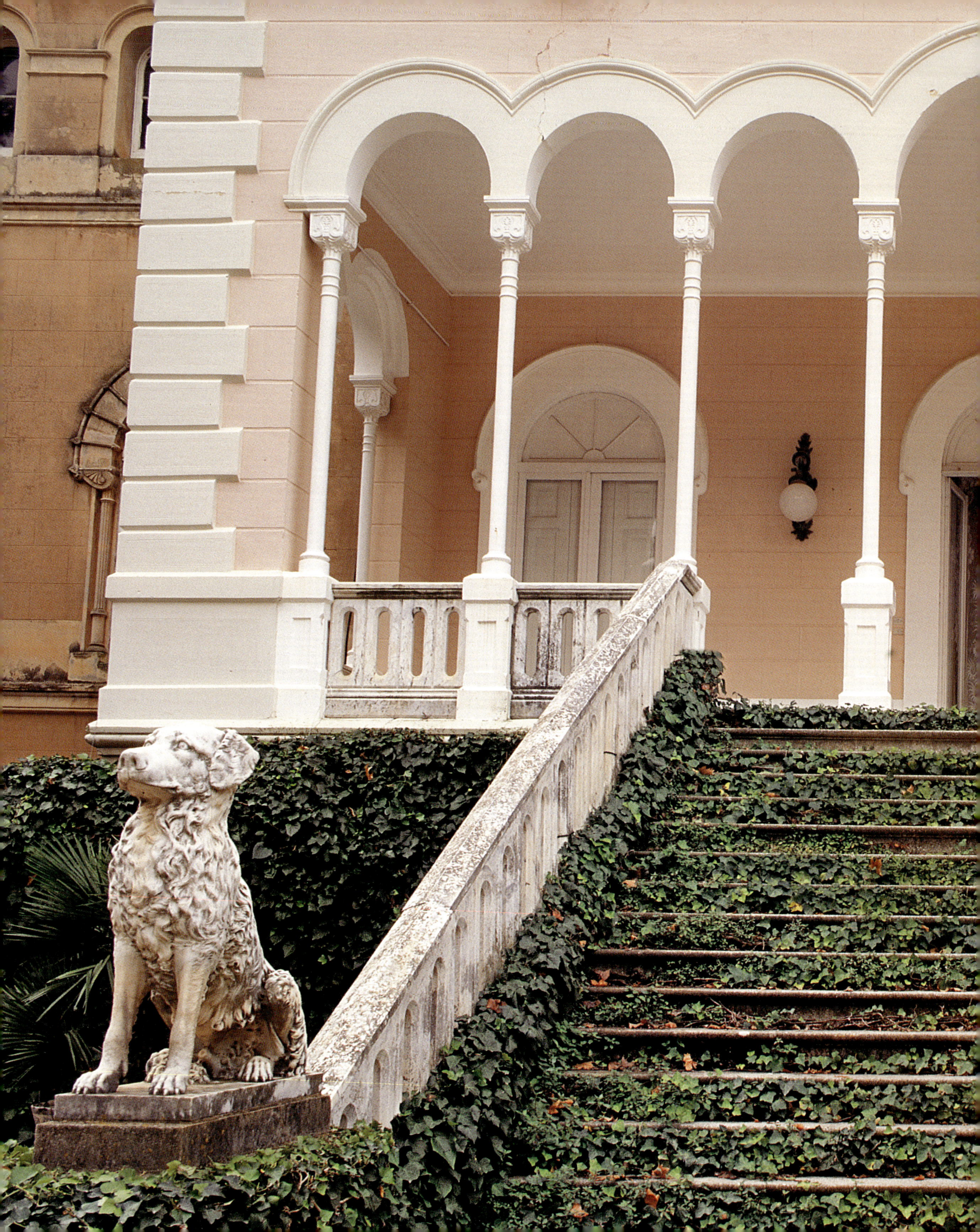

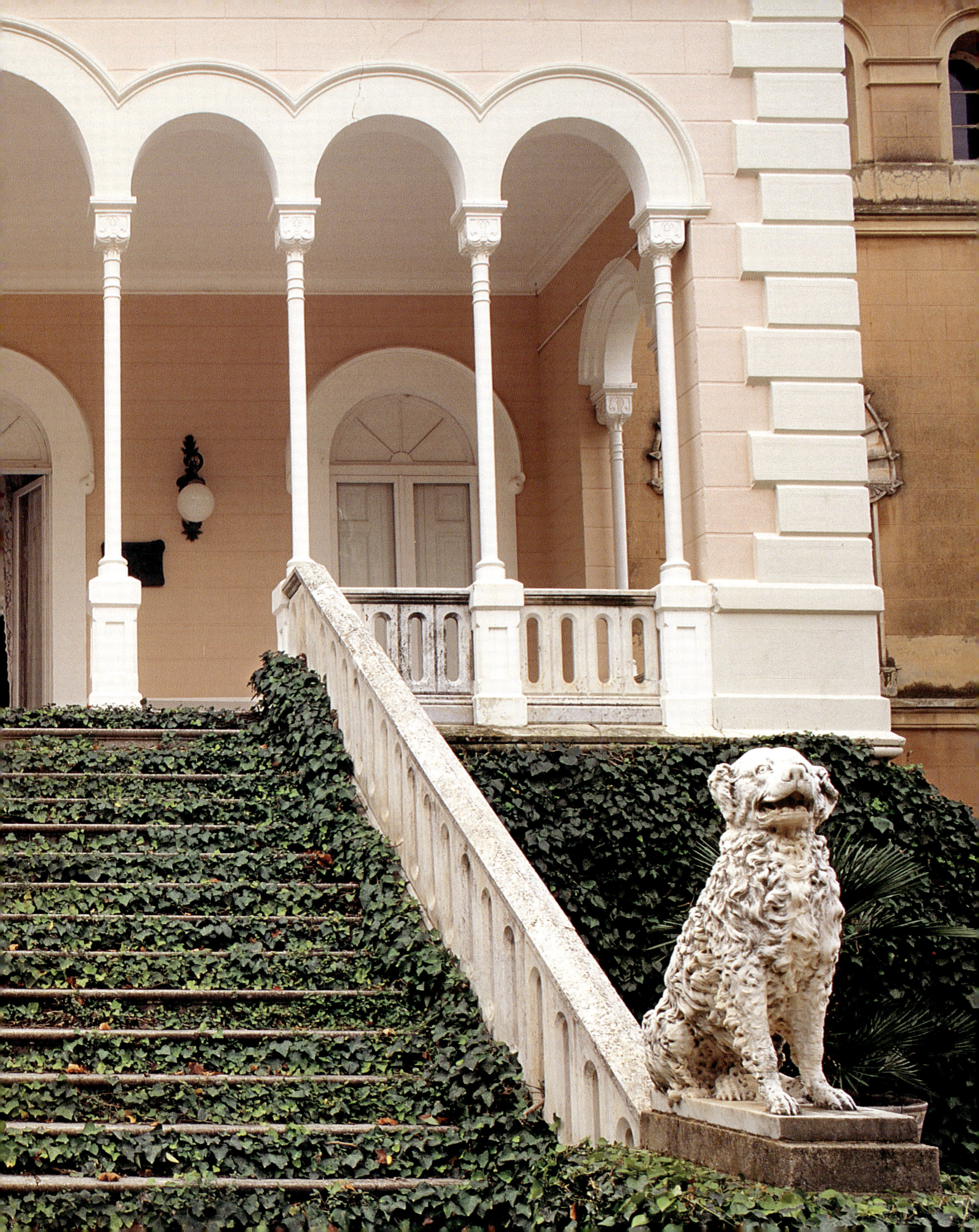

JARDÍN DE MONFORTE
Valencia

Dass der Garten von Monforte das rasante Wachstum der Stadt Valencia überhaupt überlebt hat, grenzt an ein Wunder. Heute wird der Garten umzingelt von der einförmigen Bebauung ehemaliger Felder und Gärten. Er aber ist der Inbegriff dessen geblieben, was die Römer einen *locus amoenus* nannten: ein irdisches Paradies, fantastisch und unwirklich, fern des Alltags – ein Ort, an dem die Zeit stillsteht.

Garten und Landhaus wurden 1848 im Auftrag des Industriellen Juan Bautista Romero, späterer Marqués von San Juan, nach den Plänen des Architekten Sebastian Monleón aus Valencia angelegt. Der heutige Name des Gartens stammt von einer späteren Besitzerin, einer Nichte des Marquis, die einen Monforte geheiratet hatte.

Viele Künstler verfielen der Schönheit des Gartens, darunter Santiago Rusiñol, der ihn als »klein, verborgen und friedvoll« beschreibt. »Marmorbüsten stehen vor hohen Zypressen, Statuen erheben sich aus Buchsbaumhecken. Begrünte Torbögen, Fontänen, Weiden, Moos … und Symmetrie. Ein klassischer Garten, der mit der Zeit romantisch geworden ist.«

In der Tat sind beide Stile im Garten gegenwärtig – die formale Strenge mit Zypressen und akkurat geschnittenen Hecken sowie das legere Ambiente eines Landschaftsgartens. In Hausnähe findet sich ein klassisches grünes Zimmer mit Wänden aus Zypressen,

Formhecken aus niedrigem Spindelstrauch strukturieren das Parterre, in dessen Mitte eine Statue wacht. Entlang der Gartenmauer erstreckt sich eine einladende Pergola, die über und über mit Bougainvillea bewachsen ist.

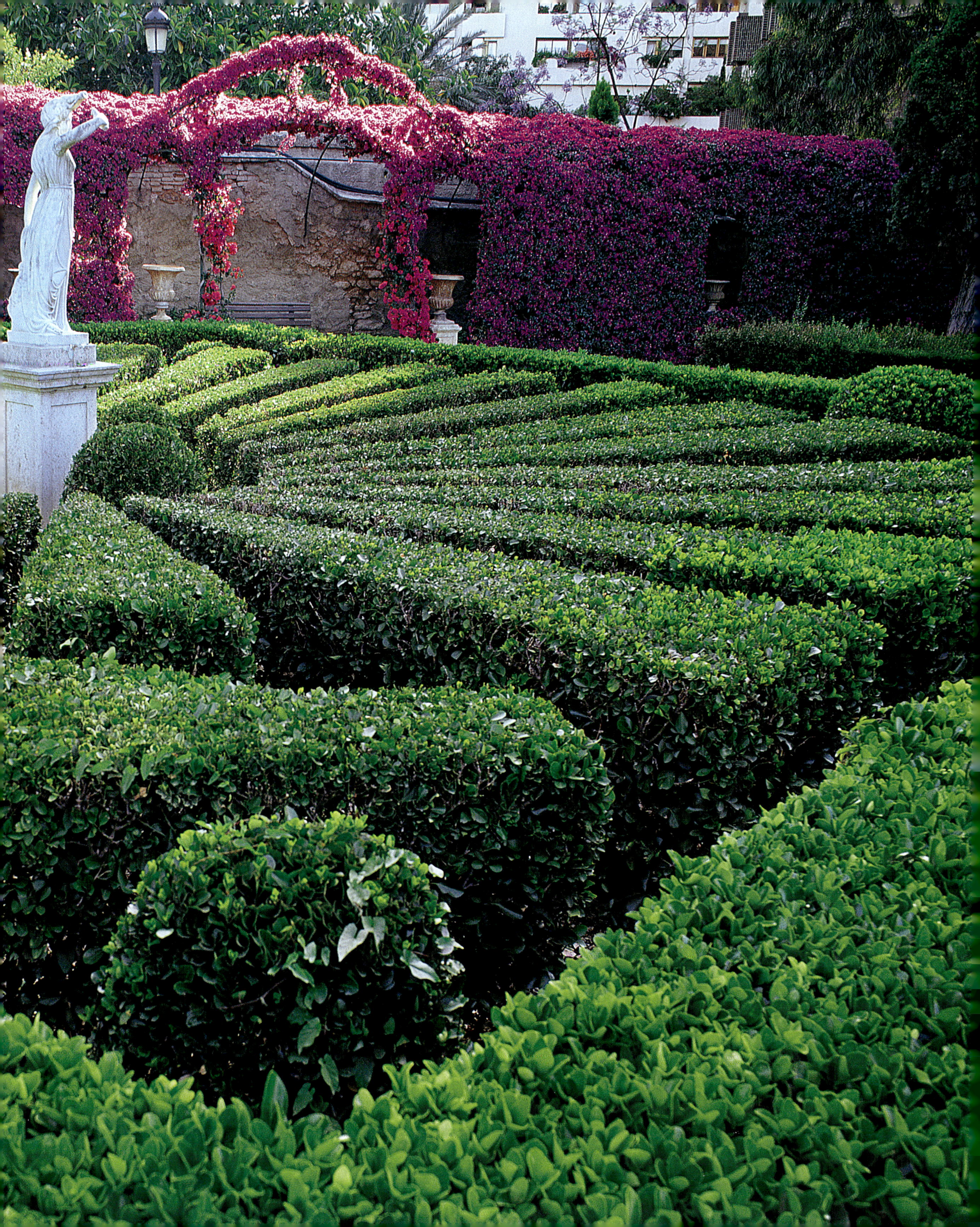

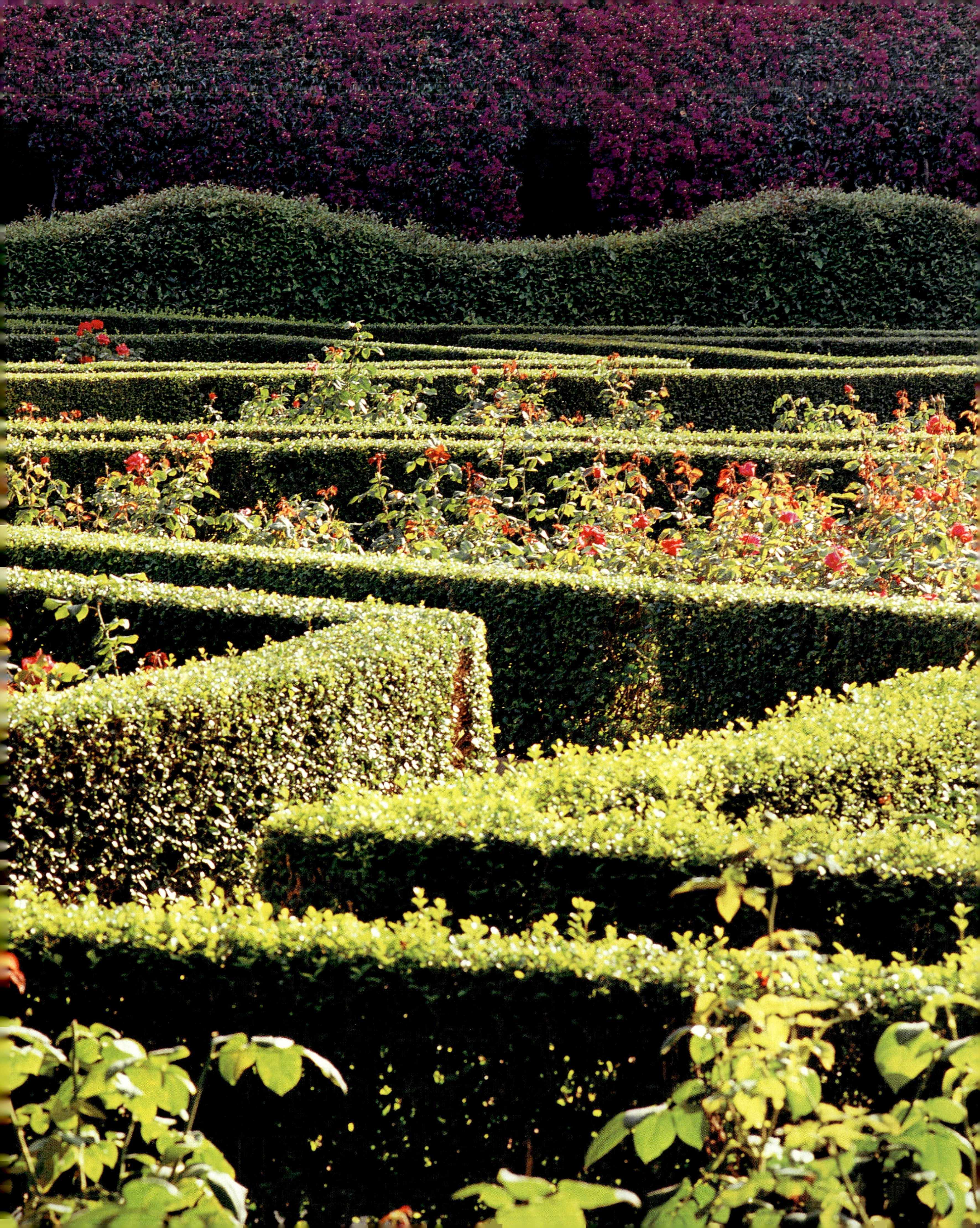

weiter entfernt liegen im Schatten die geheimnisvolleren Bereiche: ein großes Wasserbecken, ein Mini-Wald und ein künstlicher Hügel, der einen Wasserspeicher verbirgt.

Der Garten wurde nach dem Spanischen Bürgerkrieg 1940 sorgfältig restauriert und befindet sich seit den 1970er-Jahren im Besitz der Stadt Valencia. Diese fügte damals die beiden formalen Parterres am Eingang hinzu.

Beeindruckend wirken die Statuen aus weißem Carrara-Marmor, die mit ihren sanften Formen in einem perfekten Kontrast zum Grün der formalen Pflanzung stehen. Büsten antiker Philosophen und Figuren aus der Mythologie erzählen uns die Geschichte des Gartens. Ceres, die Göttin der Landwirtschaft und der Fruchtbarkeit, und Flora, die Göttin der Blumen und der Bäume, künden von der Umwandlung des ehemaligen Ackers in die Parkanlage. Und die beiden Nymphen Daphne und Chloe betonen, dass der Garten eine echte Idylle darstellt, eine Wohnstätte der Seligkeit, weit entfernt von der profanen Mittelmäßigkeit der Außenwelt.

Links Blick auf das mit Rosen bepflanzte formale Parterre; den Hintergrund bilden eine wellenförmige Hecke und die Pergola mit Bougainvillea.

Rechts, oben und unten Architektonische Elemente und Skulpturen, wie die Statuen von Bacchus und Merkur am Torbogen, verleihen diesem Gartenteil ein klassisches Flair.

Folgende Seiten Im neuen Garten von 1971 zeigen Hortensien *(Hydrangea macrophylla)* ihre überbordende Farbenpracht. Die formale Einfassung der Beete besteht aus Spindelstrauch.

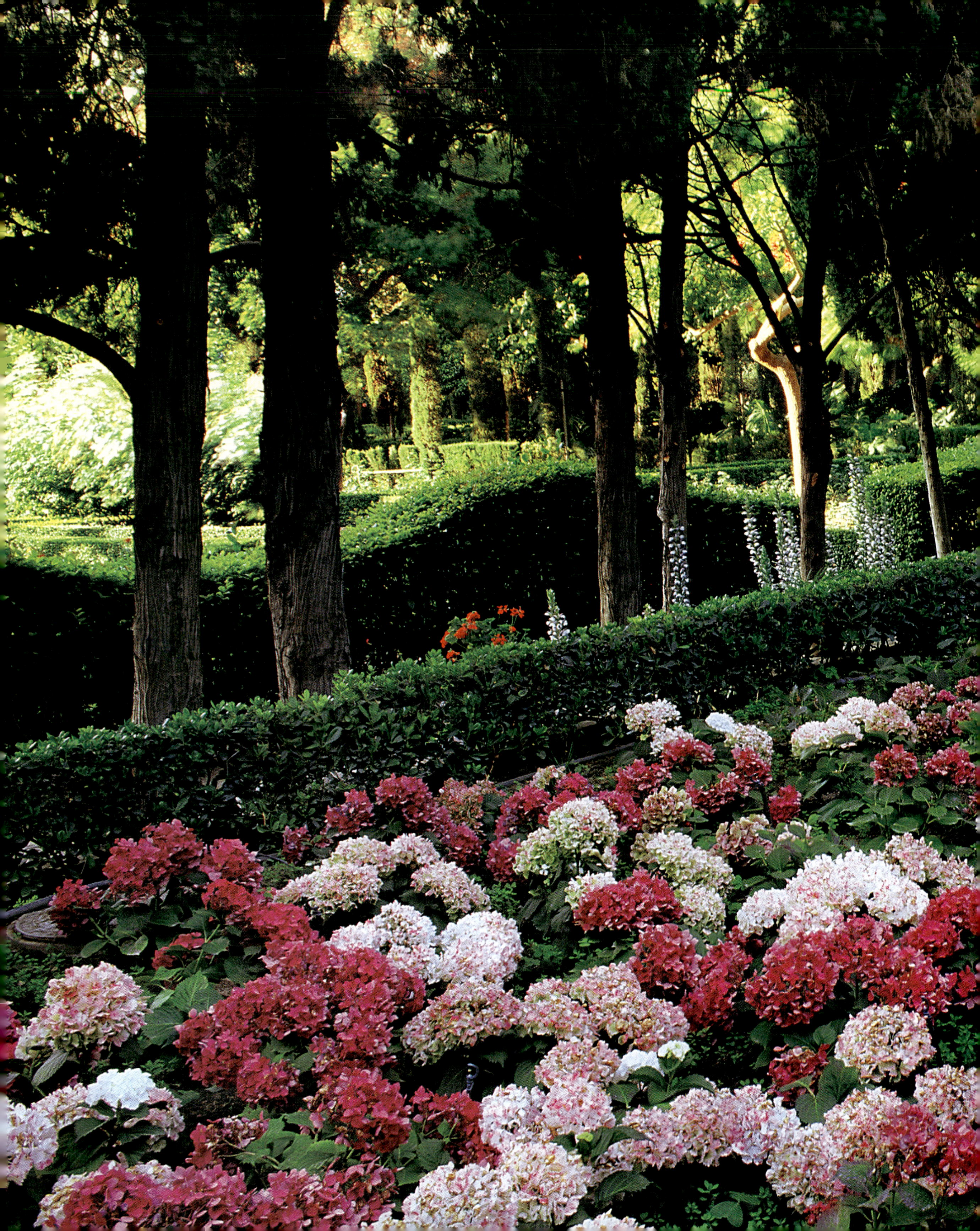

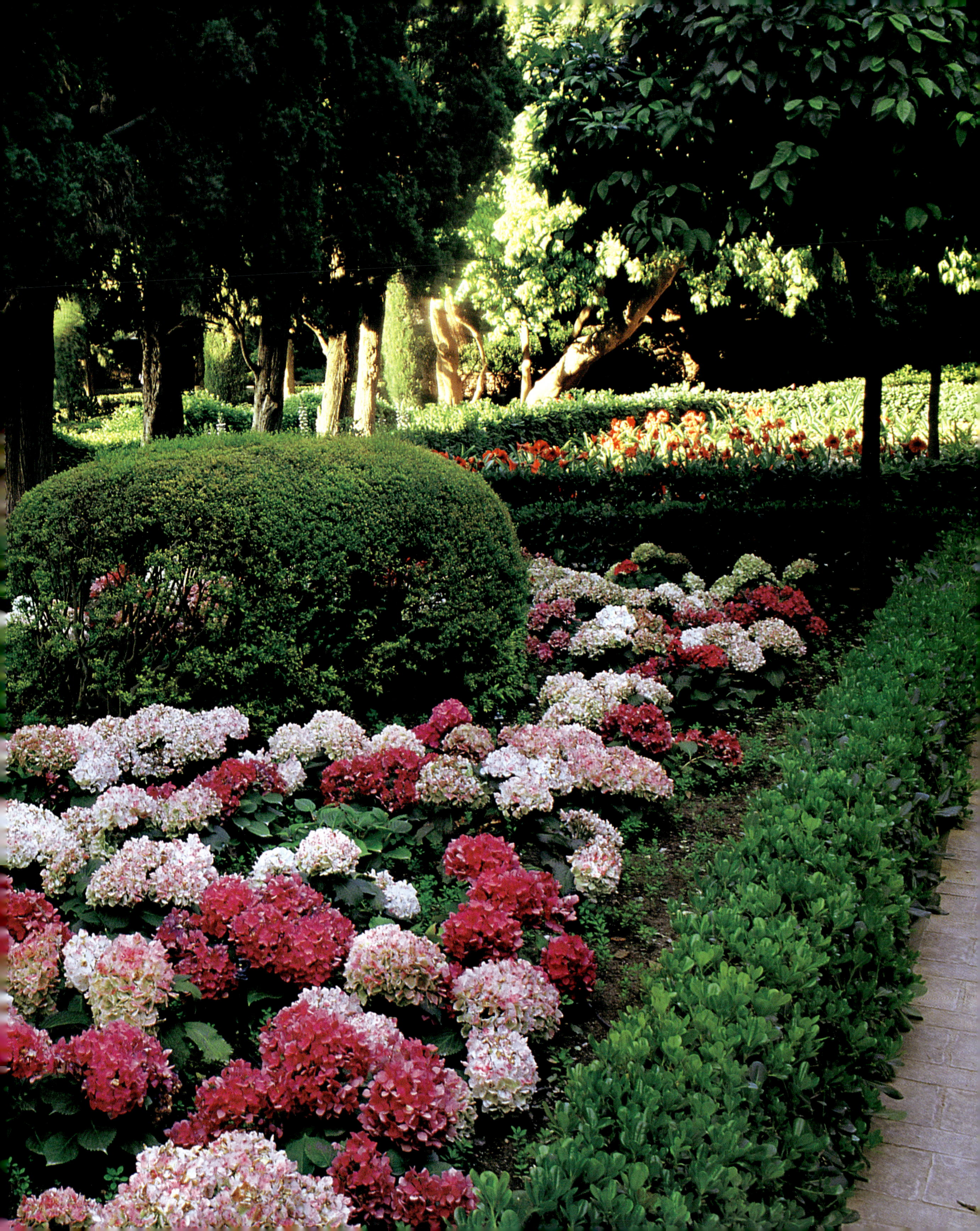

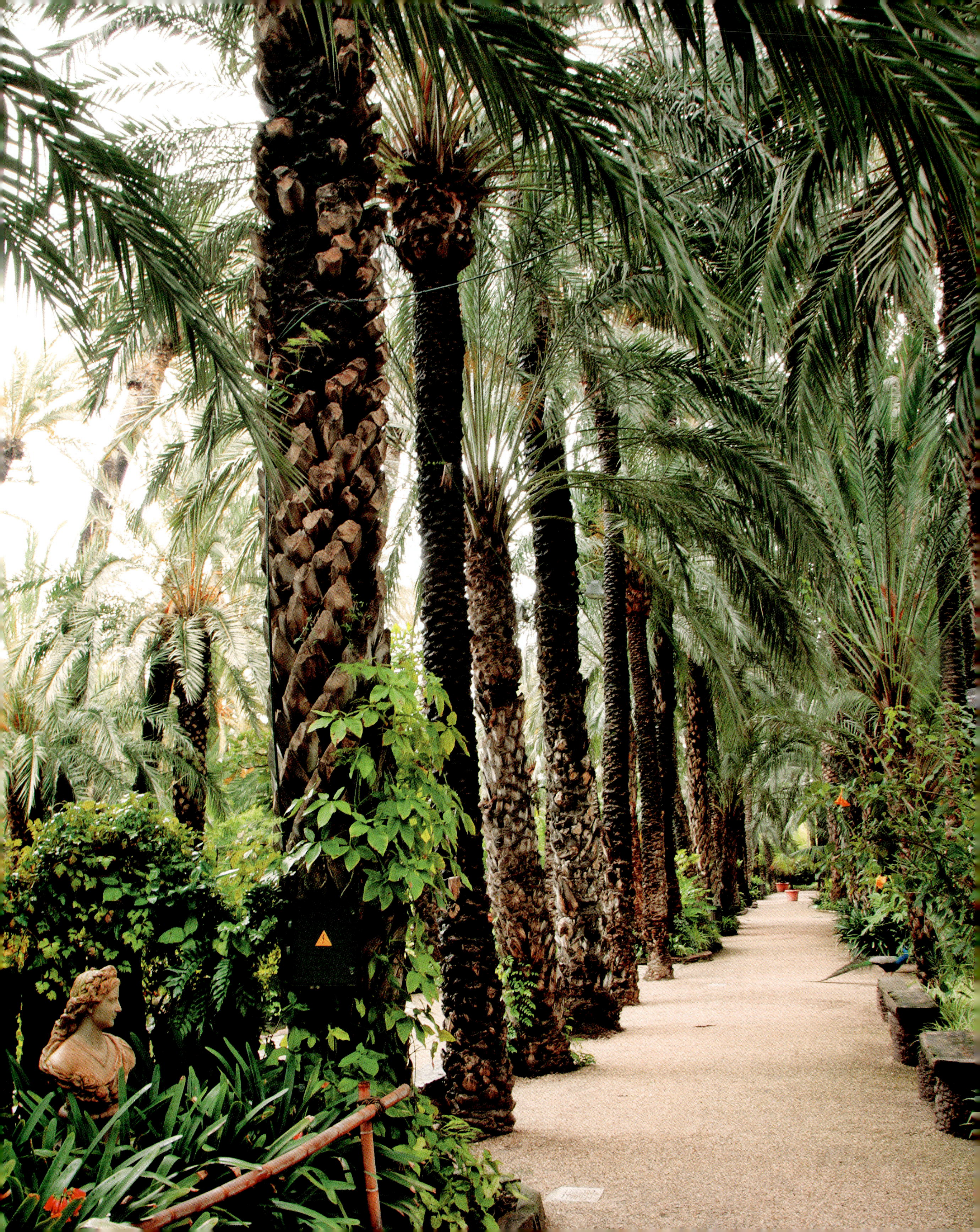

EL HUERTO DEL CURA
Elche, Valencia

»Und Gott, der Herr pflanzte einen Garten in Eden …«, lautet die Schöpfungsgeschichte im ersten Buch Mose. Das biblische Eden muss eine Oase in der Wüste, eine friedvolle, schattige Zuflucht in Mitten einer unfruchtbaren, feindseligen Umgebung gewesen sein. Im Zentrum dieses ersten umfriedeten Gartens stand der Baum des Lebens, vermutlich eine Dattelpalme *(Phoenix dactylifera)*. Aus Dattelpalmen besteht auch der berühmte Palmenhain von Elche, in dem sich der Garten Huerto del Cura versteckt.

»Mir war, als wäre ich in die Prärie von Alexandria oder Kairo versetzt worden«, beschrieb der französische Kolonialbeamte Jean François Peyron diesen verblüffenden Ort in seinem Reisebericht *Essais sur l'Espagne: Voyage fait en Espagne en 1777 et 1778*. Der heute mehr als 500 Hektar große Palmenhain präsentiert mit mehr als 200.000 Bäumen die größte Palmensammlung in Europa. Seine Ursprünge lassen sich 2.500 Jahre zurückverfolgen, bis zu den Händlern aus Phönizien, welche die ersten Palmen nach Spanien brachten. Die heutige Form der Anlage geht auf die Mauren zurück, die sie ab dem 8. Jahrhundert pflegten und weiterentwickelten. Die Araber, Meister in der Gewinnung von Wasser auch an den trockensten Orten, installierten ein ausgedehntes Netz von Bewässerungskanälen – das bis heute in Betrieb ist – und säumten jene mit Palmen, die ihrerseits fruchtbare Ackerparzellen umgrenzten. Mit ihrem Schutzdach aus überhängenden Wedeln sorgten die Palmen für ein günstiges Mikroklima, in dem Obst, Getreide und Gemüse gedeihen konnten.

El Huerto del Cura, die Parzelle des Priesters, entstand auf einem solchen Acker. Der Garten trägt den Namen des Priesters Andrès Castaño, der 1900 Eigentümer des Geländes wurde und es zur Touristenattraktion machte, indem er jeden seiner Bäume nach einer bekannten Persönlichkeit benannte - oder wie er sagte, »die Palmen taufte«. Nach seinem Tod fiel das Grundstück an die heutigen Besitzer, die Familie Orts, die es ab 1940 in einen Garten verwandelten. Dabei erhielten sie die ursprüngliche Struktur mit den Palmenreihen, fügten jedoch neue Wege und Wasserbecken sowie eine große Auswahl an Pflanzen hinzu, darunter eine Kakteensammlung und einen Bambushain.

Der Star des Gartens ist fraglos die Kaiserliche Palme, *Palmera Imperial*, eine riesige Dattelpalme, die der Kaiserin Elisabeth von Österreich – »Sisi« genannt – nach ihrem Besuch 1894 gewidmet wurde. Dieser »Prinz im Königreich des Gemüses« wie Carl von Linné die Dattelpalme nannte, ist ein über-

Gegenüber Die Palmen-Alleen erinnern an die ursprünglichen Parzellen, die früher hinter den Bänken aus Palmenstämmen lagen. Links zeigt eine Büste »Sisi«, die Kaiserin Elisabeth von Österreich.

Links außen Die beeindruckende 160 Jahre alte »Kaiserliche Palme« – eine Dattelpalme, die 1894 nach Kaiserin Elisabeth benannt wurde.

Links Agaven und in Gruppen gepflanzte Riesen-Palmlilien *(Yucca elephantipes)*.

dimensionaler siebenstämmiger Baum und wirkt wie ein Kerzenleuchter. Die vielseitige Dattelpalme ist übrigens eine der ersten Pflanzen, die der Mensch planvoll kultiviert hat: Ihre Früchte dienen als Nahrung, ihre Kerne als Tierfutter und aus ihren Wedeln werden Körbe, Besen, Hüte oder – wie hier in Elche – religiöse Objekte für die Feierlichkeiten während der Karwoche hergestellt.

In der Antike galt die Dattelpalme als heiliger Baum; im alten Ägypten symbolisierte sie Ewigkeit und Fruchtbarkeit, im alten Rom stand sie für Sieg, was sich in der christlichen Religion in Form des Palmsonntags, dem Tag des Sieges über den Tod, erhalten hat. Ihr botanischer Name *Phoenix* ist eine Anspielung auf den mythischen Vogel Phönix, der aus der Asche aufsteigt – genauso wie die Dattelpalme scheinbar aus dem Nichts sprießt. Sie ist der Inbegriff der Schöpfung.

Seit Menschengedenken schmücken prachtvolle Pfauen die Gärten in Ost und West.

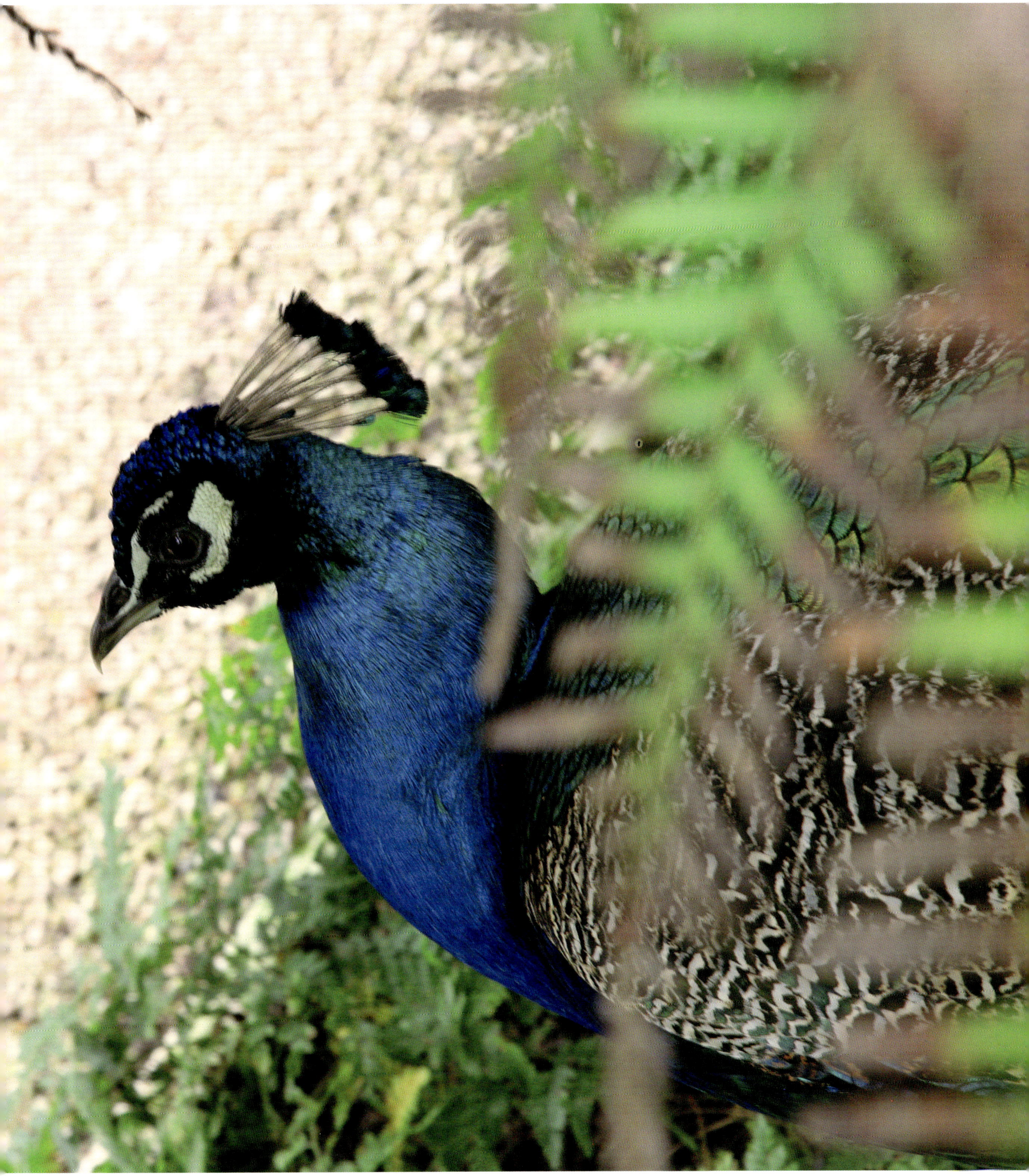

RAIXA
Buñola, Mallorca

»Das einzige Paradies ist das verlorenes Paradies« – diese Worte von Marcel Proust, das Leitthema des 1983 hier in Raixa gedrehten Films *Bearn o la sala de las muñecas* mit Fernando Rey, passen perfekt auf diesen romantischen, verblichenen Ort: Jedes Fleckchen hier erinnert sehnsuchtsvoll an vergangene Zeiten.

Der italienisch anmutende Garten Raixa, ein Zeuge der goldenen Ära Mallorcas und ihrer einflussreichen Familiendynastien, liegt in den Ausläufern der Sierra de la Tramontana mit Blick über die Bucht von Palma. Seine heutige Form entstand im Übergang vom 18. zum 19. Jahrhundert und wurde von Kardinal Antonio Despuig i Dameto (1745 bis 1813) gestaltet.

Wie viele andere Landhäuser oder *sones* auf Mallorca war auch diese Anlage ursprünglich ein maurisches Landgut. Um 1229 erhielt der Graf von Ampurias das Anwesen von König Jakob I. von Aragón, der ihn damit für seine Unterstützung im Krieg gegen die Mauren belohnte. Im Jahr 1660 erwarb es der

Oben Ein neo-maurischer Ausguck schmückt den romantischen Garten.

Rechts und gegenüber Bäume spiegeln sich im riesigen Wasserspeicher. Auf der Terrasse rechts wurde früher diniert.

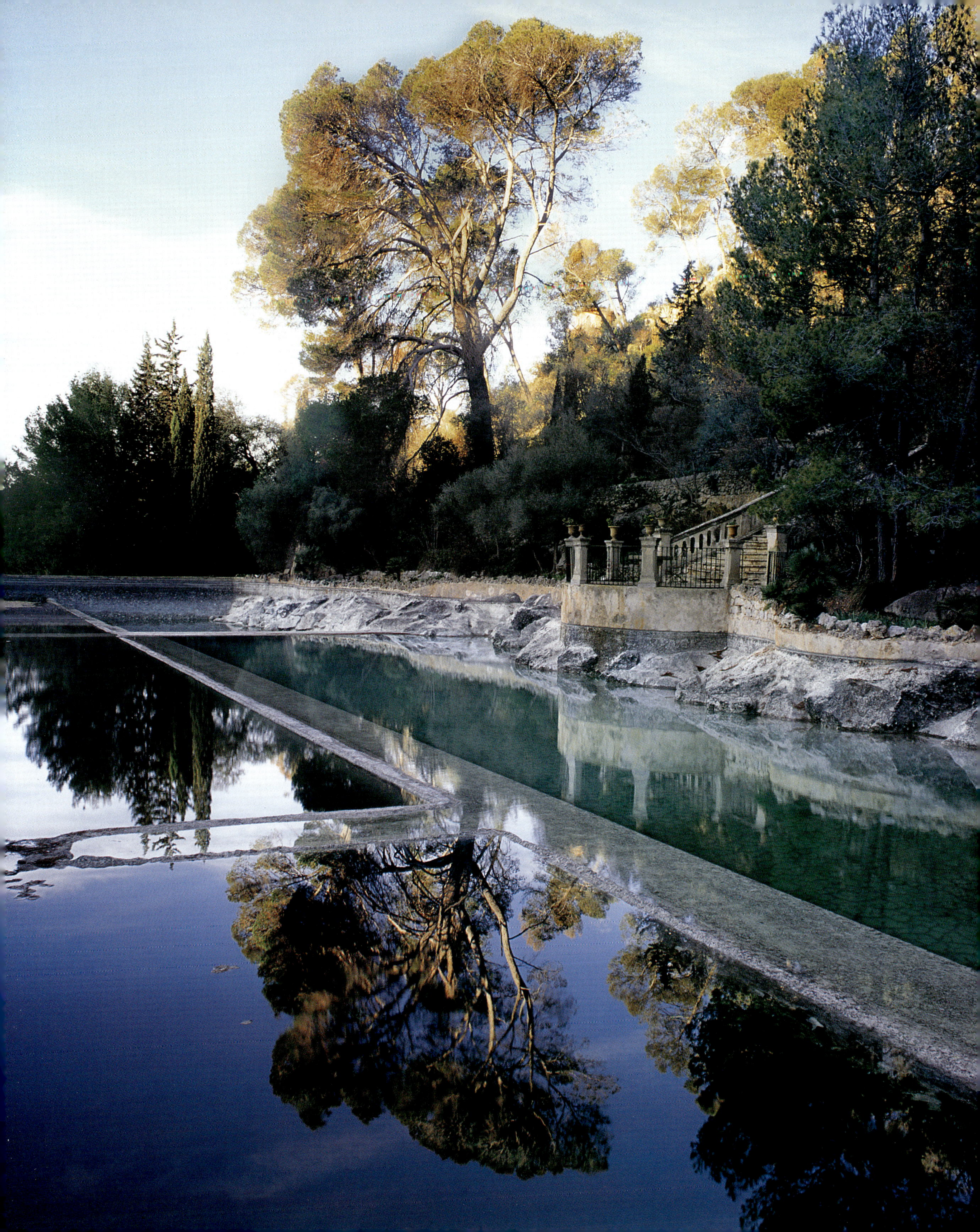

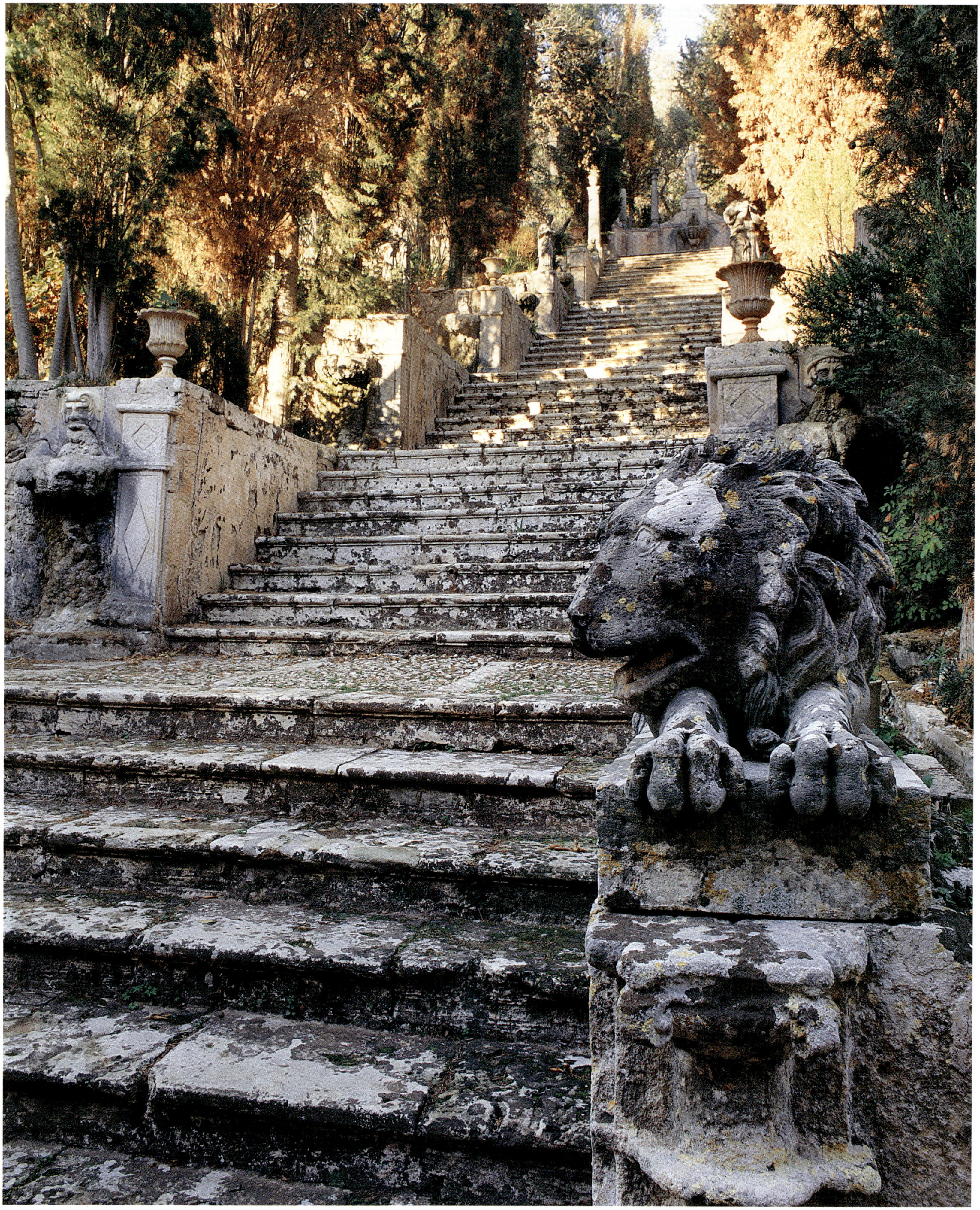

erste Graf von Montenegro, dessen Nachfahren das Gut bis zu ihrem Bankrott Anfang des 20. Jahrhunderts behielten. Seit 2002 ist es als geschütztes Kulturdenkmal in Staatsbesitz.

Kardinal Antonio Despuig i Dameto, Sohn des dritten Grafen von Montenegro, verwandelte das heruntergekommene Gutshaus einst in eine moderne Landvilla. Er stützte sich dabei auf Vorlagen aus Italien, wo er die meiste Zeit seines Lebens verbracht hatte. Der Kunstliebhaber und begeisterte Altertumsforscher besaß eine große archäologische Sammlung, die auch eigene Ausgrabungsfunde aus der Nähe von Rom enthielt. Diese Schätze befinden sich heute im Historischen Museum des Castillo de Bellver in Palma. Im Jahr 1802 beauftragte der Kardinal den italienischen Architekten Giovanni Lazzarini mit dem Entwurf eines ambitionierten Gartenplans, der allerdings nie umgesetzt wurde.

Wie die Marquesa de Casa Valdes berichtet, trug der Kardinal – dank seiner Beziehungen zu den Botanischen Gärten in Madrid – eine beachtliche Sammlung exotischer Pflanzen des amerikanischen Kontinents auf Mallorca zusammen. Allerdings hat keine davon im Garten von Raixa überlebt, der sich heute als Kombination aus der neoklassischen Anlage des Kardinals und aus den später hinzugefügten romantischen Elementen präsentiert, inklusive eines malerischen Belvederes.

Der Garten teilt sich in eine untere Hälfte vor dem Haus und eine obere Hälfte, die sich hinter dem Gebäude den Hang hinauf erstreckt. Letztere wird von einer gigantischen Treppe dominiert, das imposanteste Bild des Gartens. Ihre Stufen führen über sieben Absätze zu einer Apollo-Statue hinauf, die den Eindruck vermittelt, als sei der Gott des Lichts gerade eben mit seinen Musen vom Berg Parnass hinabgestiegen. In diesem Gartenteil erinnert alles – von den altehrwürdigen Zypressen bis zu den zahllosen Skulpturen – an das antike Abendland. Kanäle und Fontänen, die von Gebirgswasser gespeist werden, kühlen die Luft. Ein weiteres Wahrzeichen des Gartens ist ein wunderschönes Wasserbecken, das ursprünglich als Wasserspeicher diente. Man erreicht es über einen Pfad, der von der Haupttreppe zu einer bestuhlten Aussichtsterrasse führt. Die Marquesa de Casa Valdés stellte fest, dass der steinerne Tisch auf dieser Terrasse an die Abendmahlszene eines Freskos der Villa Lante in Rom erinnert, die der Kardinal sehr liebte.

Der untere Gartenteil vor der italienischen Loggia, einer für die *sones* auf Mallorca typischen Außengalerie, ist terrassenförmig gestaltet. Vier große Bögen aus beschnittenen Zypressen prägen das Bild. Araukarien, Palmen, Orangenbäume und uralte Zypressen mildern die ursprünglich strenge Linienführung, was den Charme dieser bemerkenswerten Anlage ausmacht. Der katalanische Maler und Theaterautor Santiago Rusiñol (1861 bis 1931), der diesen Garten in zahlreichen Ölbildern verewigte, schrieb einmal: »Die alten Gärten sterben auf solch noble Art, dass sie eine neue Form der Poesie entstehen lassen: die Poesie des großartigen Niedergangs.«

Oben links Eine fantasievolle Maske aus Terrakotta.

Unten links Statuen und klassische Dekorationen in Hülle und Fülle entführen die Gartenbesucher nach Italien.

Gegenüber Die monumentale Treppe hinter der eleganten Landvilla erstreckt sich über sieben Absätze.

ALFABIA
Buñola, Mallorca

»Wenn du das Paradies ertragen kannst, geh nach Mallorca«, hatte einst die Schriftstellerin Gertrude Stein ihrem englischen Freund und Dichterkollegen Robert Graves geraten. Mehr als 50 Jahre – bis zu seinem Tod 1985 – verbrachte er schließlich auf der Insel. In den Gärten von Alfabia, deren Ursprünge bis zu den Mauren zurückreichen, lässt sich ein Stück Eden auf Erden erahnen. Trotz späterer Veränderungen folgt die Anlage noch heute getreu dem islamischen Ideal des Obstgartens als Metapher für das Paradies: Ziergewächse zusammen mit Obstbäumen, weite Ausblicke im Wechsel mit umfriedeten Räumen und überall Wasser in jeder erdenklichen Form.

Ihren Überfluss an Wasser, das durch *acequias* (spanischer Name für Bewässerungskanäle, arabisch: *sakiya*) zum herrlichen Seerosenteich geleitet wird, verdanken die Gärten ihrer Lage am Fuß der Sierra de Alfabia, nördlich der Hauptstadt Palma. König Jakob I. von Aragón schenkte 1229 das Anwesen dem maurischen Wesir Ben-Abet als Dank für seine Unterstützung bei der Eroberung der Balearen. Die Inschrift aus dem 12. Jahrhundert »Allah ist groß, Allah ist allmächtig, Allah ist der einzige Gott« am Eingang zum Patio erinnert an die ferne Vergangenheit.

In der berühmten Pergola erfrischen Wasserstrahlen den überraschten Besucher.

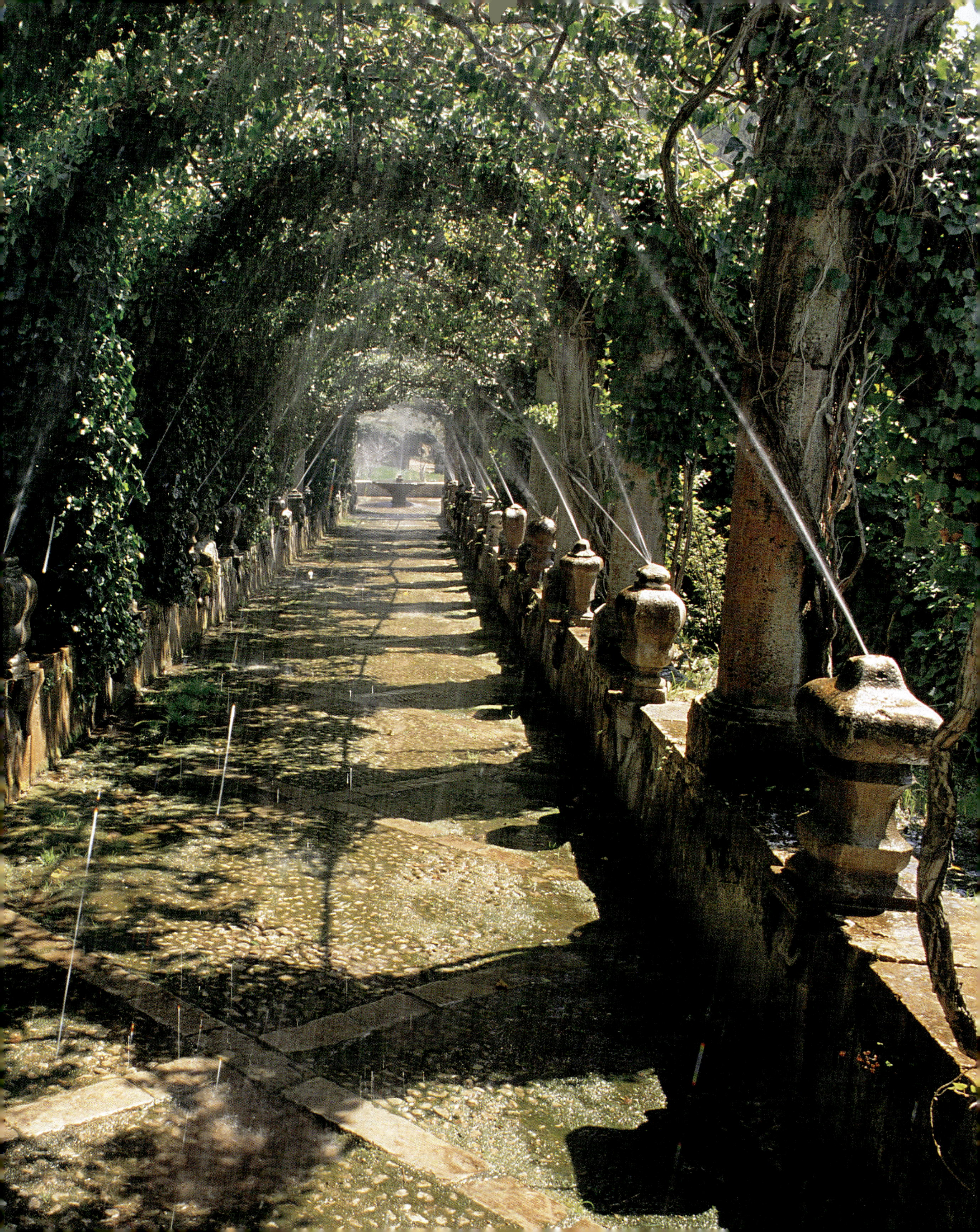

Links Eine majestätische Platane dominiert den vorderen Hof.

Rechts Der künstliche See verbirgt sich hinter Palmen und Bambus.

Unten Hinter dem Haus liegt der romantische Garten. Im Vordergrund wachsen zwei riesige Fensterblätter *(Monstera deliciosa)* und eine Zwergpalme *(Chamaerops humilis)*.

Der Innenhof selbst ist eine typisch mallorquinische *clastra* (Klosterhof), die von einer riesigen Platane beherrscht wird.

Die heutige Erscheinung von Alfabia ist weitgehend von Gabriel de Berga y Zaforteza geprägt, der die Anlage im 19. Jahrhundert mit barocken Fassaden versehen und zahlreiche klassische architektonische Details hinzugefügt hat. Auch die beeindruckende Pergola, einer der Höhepunkte des Gartens, gehört dazu. Dieser efeuumrankte Bogengang verbirgt ein typisches Beispiel für die Wasserspiele *giochi d'acqua* aus der italienischen Renaissance, die sich in den folgenden Jahrhunderten in ganz Europa großer Beliebtheit erfreuten: An beiden Enden der Pergola besprühen feine Wasserfontänen den arglosen Besucher – eine angenehme Überraschung an heißen Sommertagen. Die Wasserstrahlen werden aus einem riesigen Tank gespeist, der wie ein gigantisches Torgewölbe gestaltet ist: Der Blick hindurch auf die üppige Vegetation im Hintergrund entführt den Besucher in eine fremde, geheimnisvolle Welt.

Die imposante, von Palmen und Wasserläufen gesäumte Freitreppe stellt einen gelungenen Stilmix aus spanisch-arabischer und italienischer Gartenarchitektur dar. Der Garten hinter dem Haus zeigt dagegen einen deutlich anderen Charakter: Er wurde im 19. Jahrhundert in der Tradition des englischen Landschaftsgartens angelegt. Mit seinem großen künstlichen Teich, seinen verschlungenen Wegen und den Schattenbereichen aus dicht gepflanzten Palmen, Bambus und Eukalyptusbäumen bildet er einen perfekten Rückzugsort – einen »Garten, in dem die Seele frei ist«, wie der irische Dichter William Butler Yeats solche Plätze beschrieb.

Folgende Seiten Von Agaven und Palmen gesäumte Stufen führen vom Patio am Eingang in den Garten.

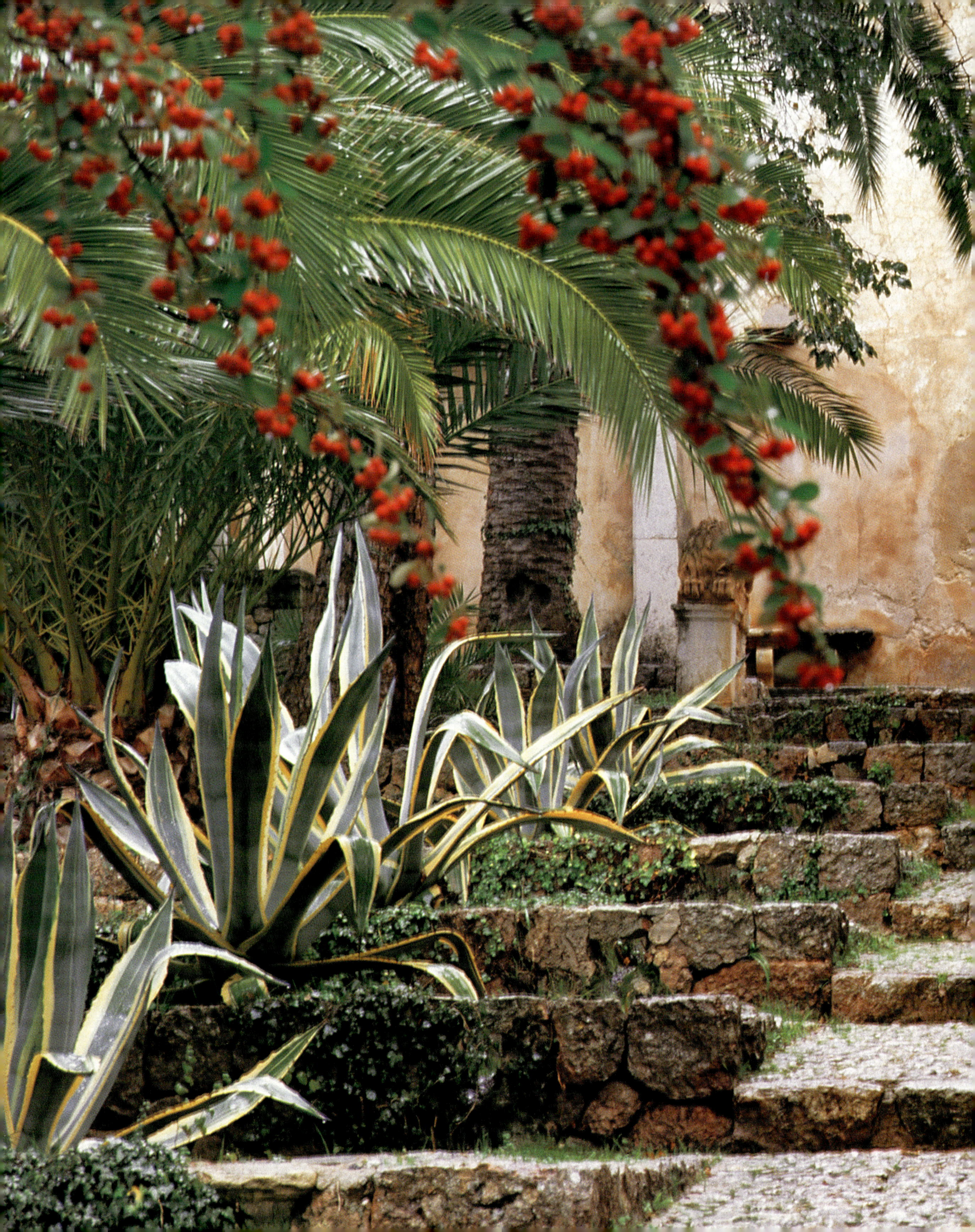

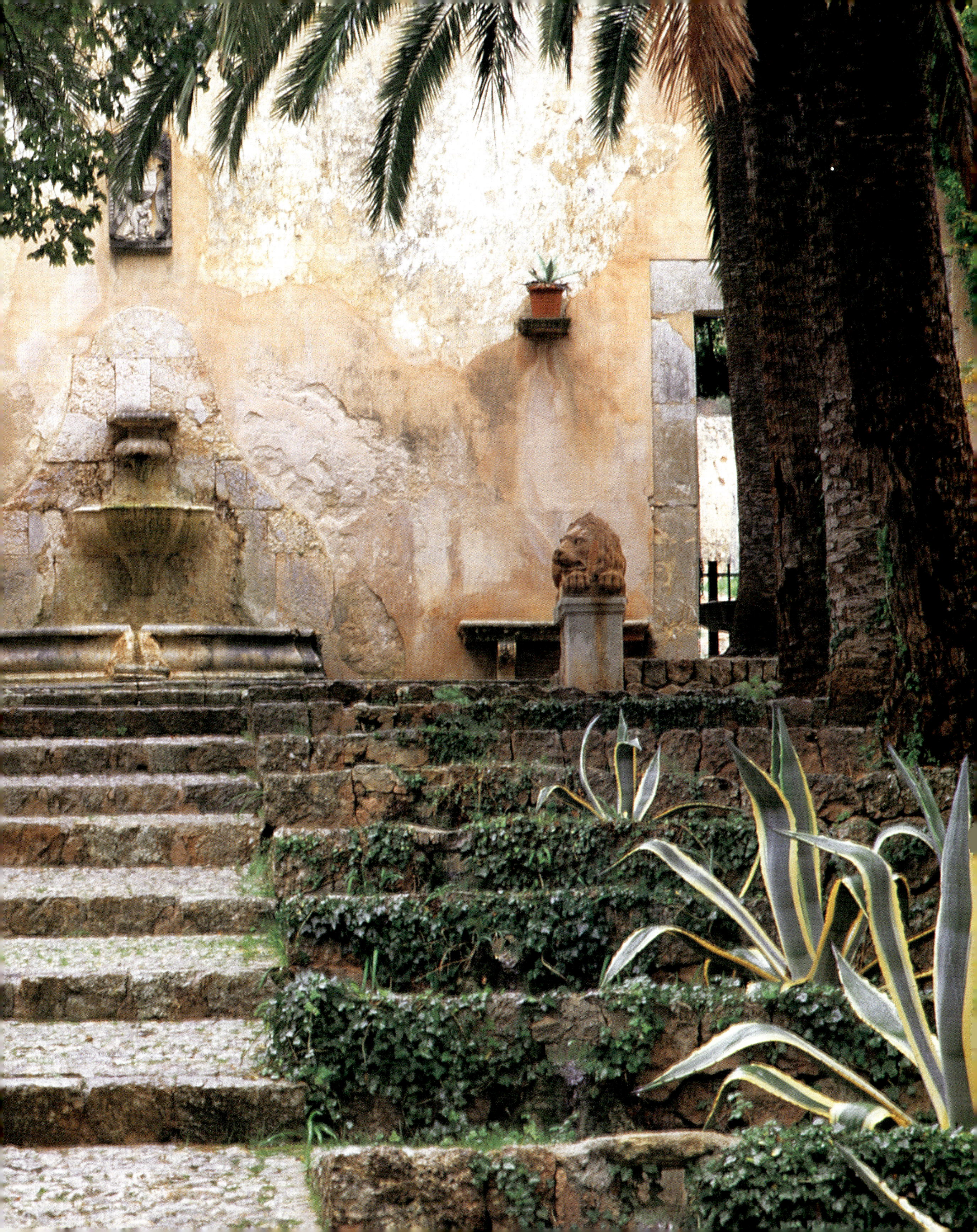

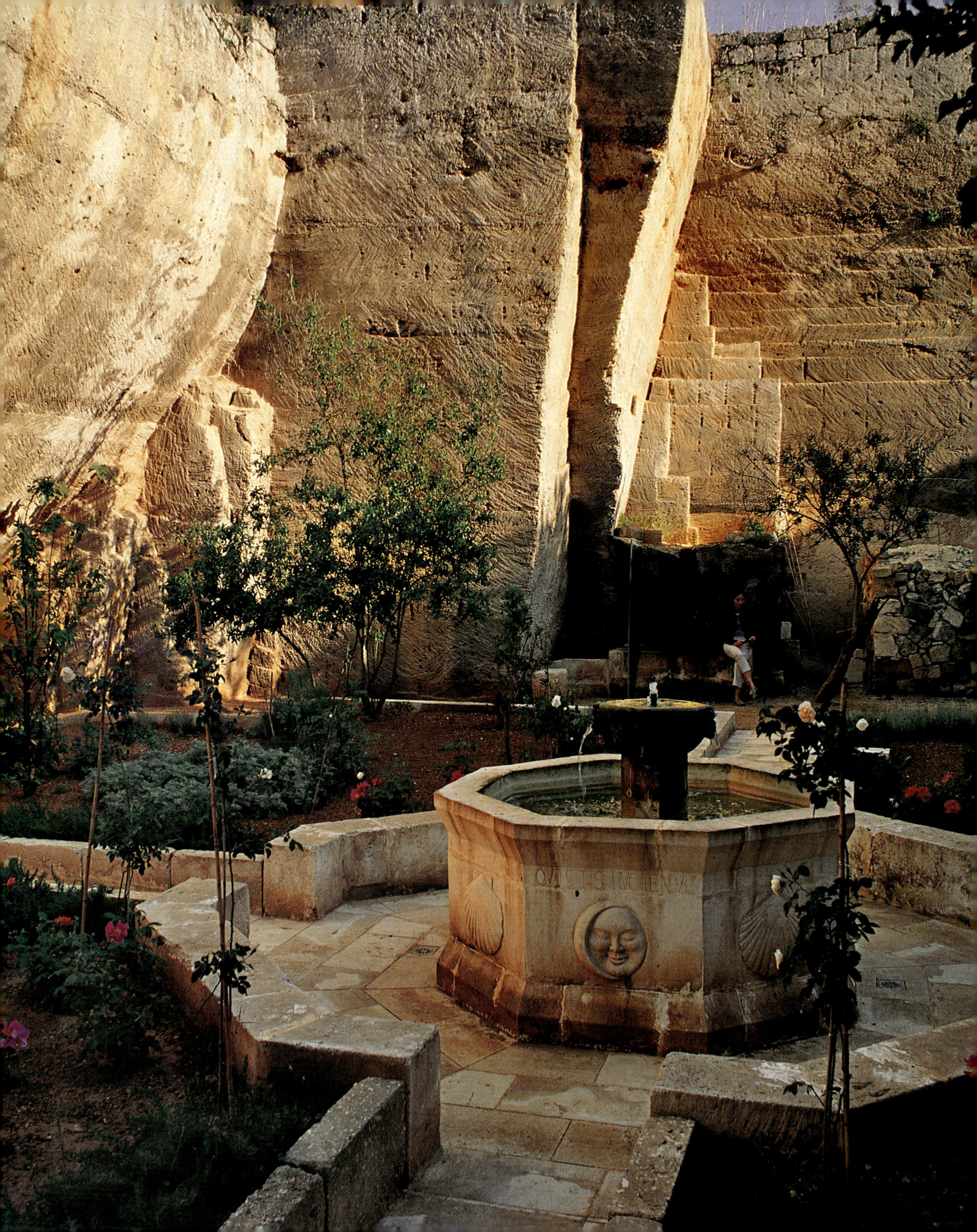

PEDRERES DE S'HOSTAL
Ciudadela, Menorca

Ein Besuch der Gärten in den alten Steinbrüchen bei Ciudadela auf Menorca wird zu einer erstaunlichen Reise zum Inneren der Erde, in eine traumhafte Landschaft mit geheimnisvollen Wegen und mystischen Plätzen.

Als »mit dem Meißel geformten Körper der Landschaft« empfindet die französische Bildhauerin und Architektin Laetitia Sauleau diesen aufgelassenen Steinbruch. Im Jahr 1994 gründete sie den Verein Lithica, der sich dem Erhalt der alten Steinbrüche von Menorca als Begegnungsstätte zwischen Mensch und Stein, Geologie und Ökologie verschrieben hat und der verhindert, dass sie als Müllplätze verkommen.

Senkgärten haben eine lange Tradition auf Menorca. »In ehemaligen Steinbrüchen wurden wegen der windgeschützten Lage meist Obst, Gemüse und Wein gezogen«, erläutert José Bravo, der die Gärten inmitten der Pedreres de S'Hostal angelegt hat. Die einzelnen Gärten, deren rohe Steinmauern von Hand aufgeschichtet wurden, bieten die typische Palette mediterraner Früchte und Gemüse sowie einige lokale Besonderheiten, wie Johannisbrot- und Essigbäume, Rosmarin und Kamille. Tief im Bauch der Erde versteckt, herrscht hier vollkommene Stille.

Der sich zwischen den Gärten entlang schlängelnde Weg führt den Besucher zu einer schmalen Öffnung im Felsen. Wer sich hindurchzwängt, findet sich plötzlich in einem herrlichen Klostergarten wieder. Der Brunnen in seiner Mitte trägt die Inschrift: »Tretet näher ihr Durstigen. Falls die Quelle versiegt, wird euch die Göttin ewig Wasser spenden.« Altmodische Rosen und Heilpflanzen unterstreichen das Bild eines symbolischen Gartens, einer Metapher für das verlorene Paradies.

Der ältere Teil des Steinbruchs, in dem mit Hand und Meißel gearbeitet wurde, wirkt geschützt und intim. Der jüngere Teil, der mittels Maschinen abgebaut wurde, wirkt mit seinen einfarbigen, abstrakten und schroffen Wänden wie ein gigantisches Kunstwerk – ein faszinierendes Spiel von Form und Leere. Er ist das perfekte Bühnenbild für die zahlreichen Veranstaltungen, die der Verein Lithica anbietet: Konzerte, Partys, Workshops für Bildhauerei und sogar für Tai-Chi.

Dort befindet sich auch der steinerne Irrgarten, eines der ältesten und rätselhaftesten Symbole der Welt. Ich selbst bin überzeugt, dass das gesamte Gelände ein Labyrinth ist, eine rituelle Passage, die in das Herz der Erde führt. Oder wie Laetitia Sauleau sagt: »Es nimmt Sie mit auf eine fantastische Reise, auf der Sie ständig an vergangene Zivilisationen erinnert und durch die schiere Macht der steilen, verwitterten Felsen überrascht werden; Sie wollen der Wein sein, der die Felsen emporklettert und die Erde schmückt.«

Oben Dieses Labyrinth in einem der alten Steinbrüche ist das Werk von Maschinen.

Links Ein Hauch von Mittelalter: Der Brunnen im Zentrum des kleinen Obstgartens wird von schlichten Essig- *(Rosa gallica)* und Albarosen *(R. × alba* 'Alba Maxima') gesäumt.

Folgende Seiten Die faszinierenden abstrakten Strukturen der senkrechten Wände entstanden ohne jegliche ästhetische Absicht.

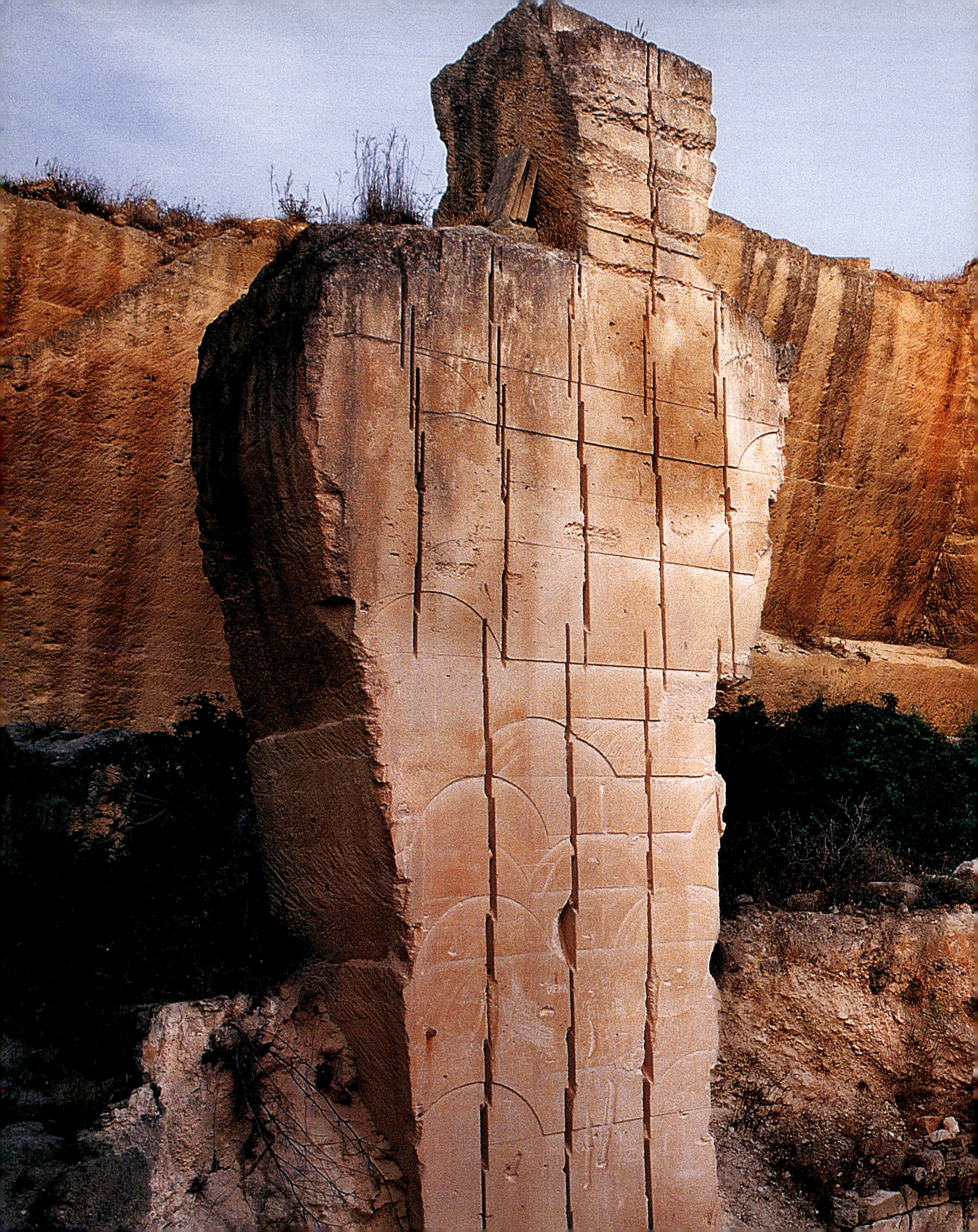

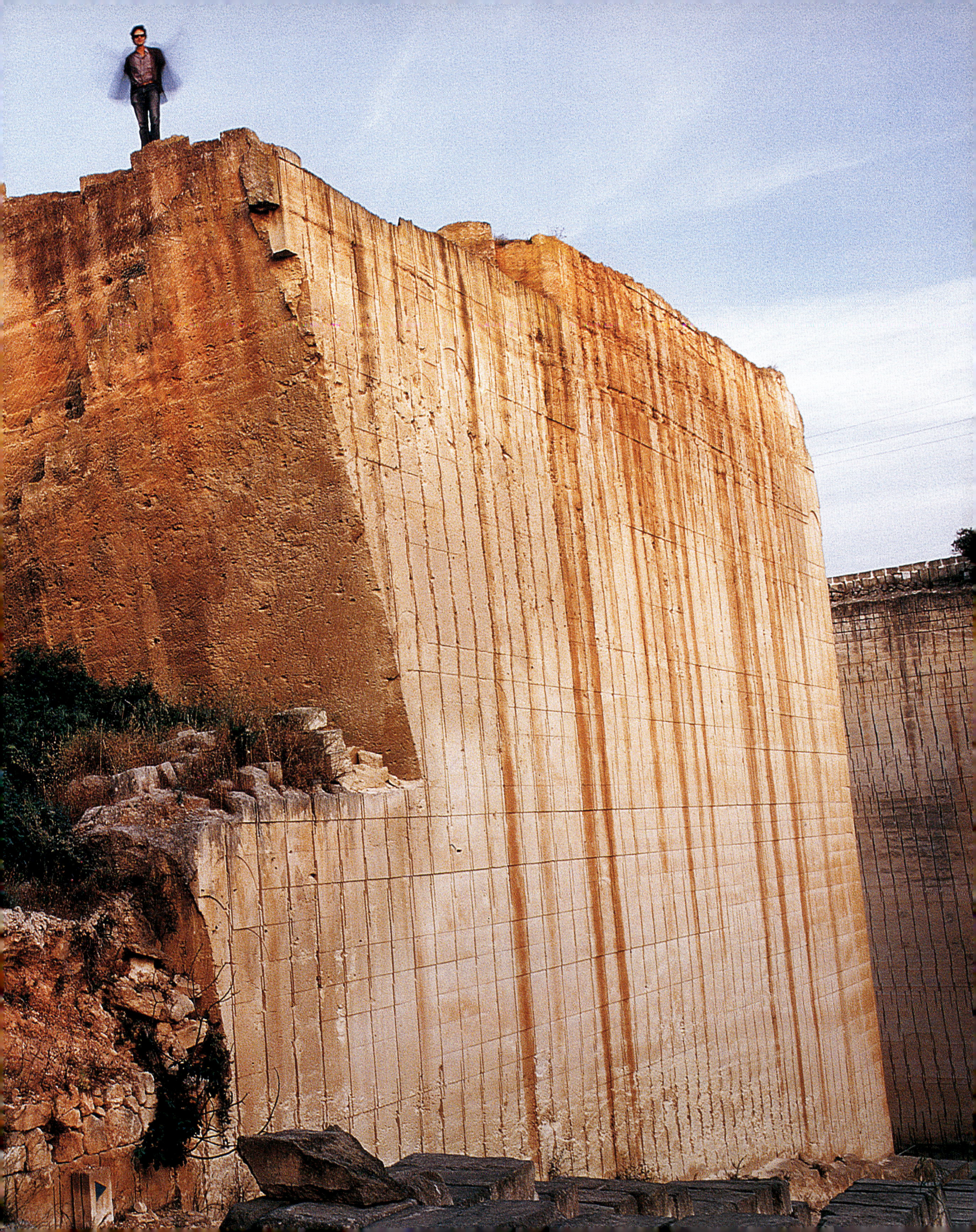

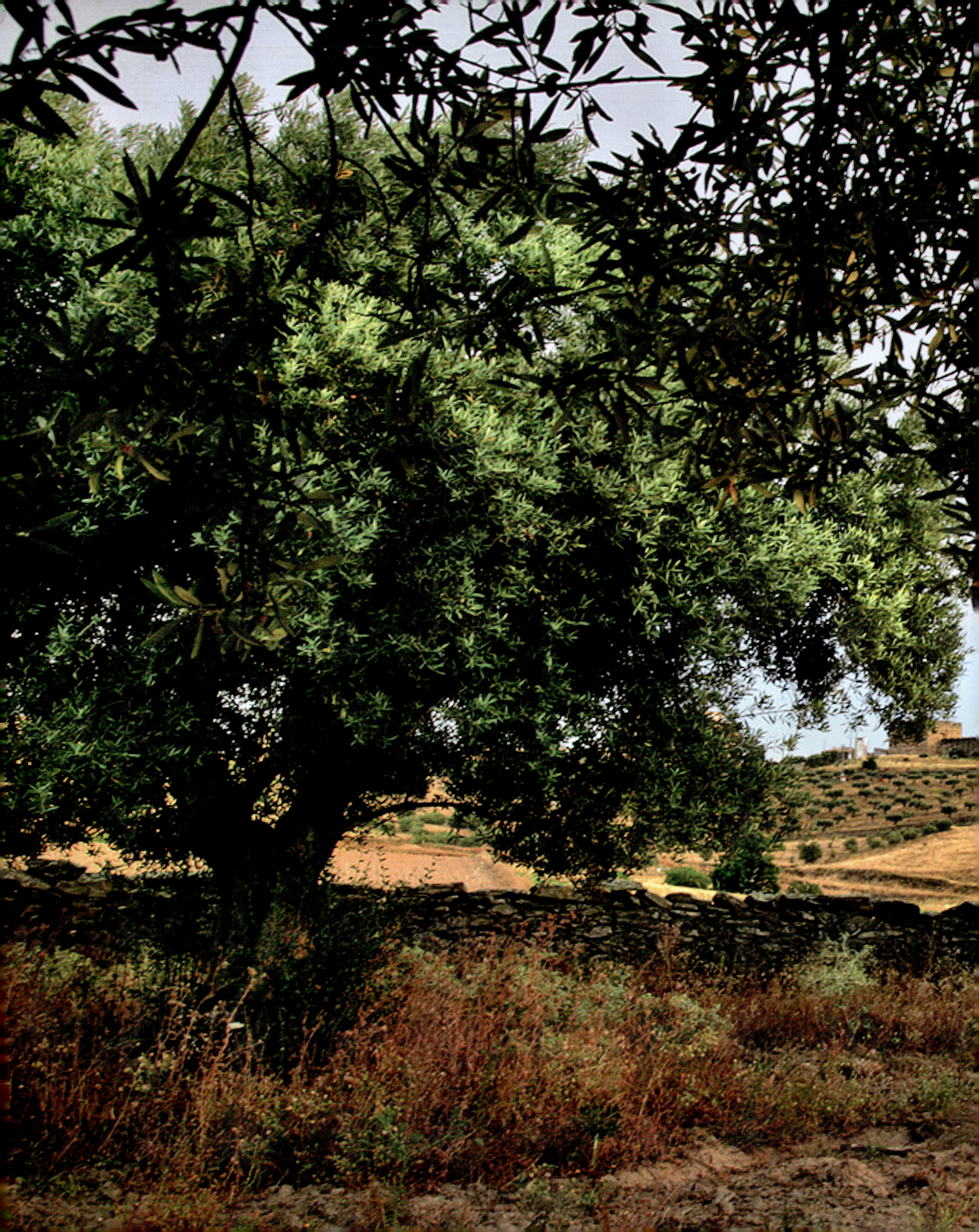

ZENTRALSPANIEN

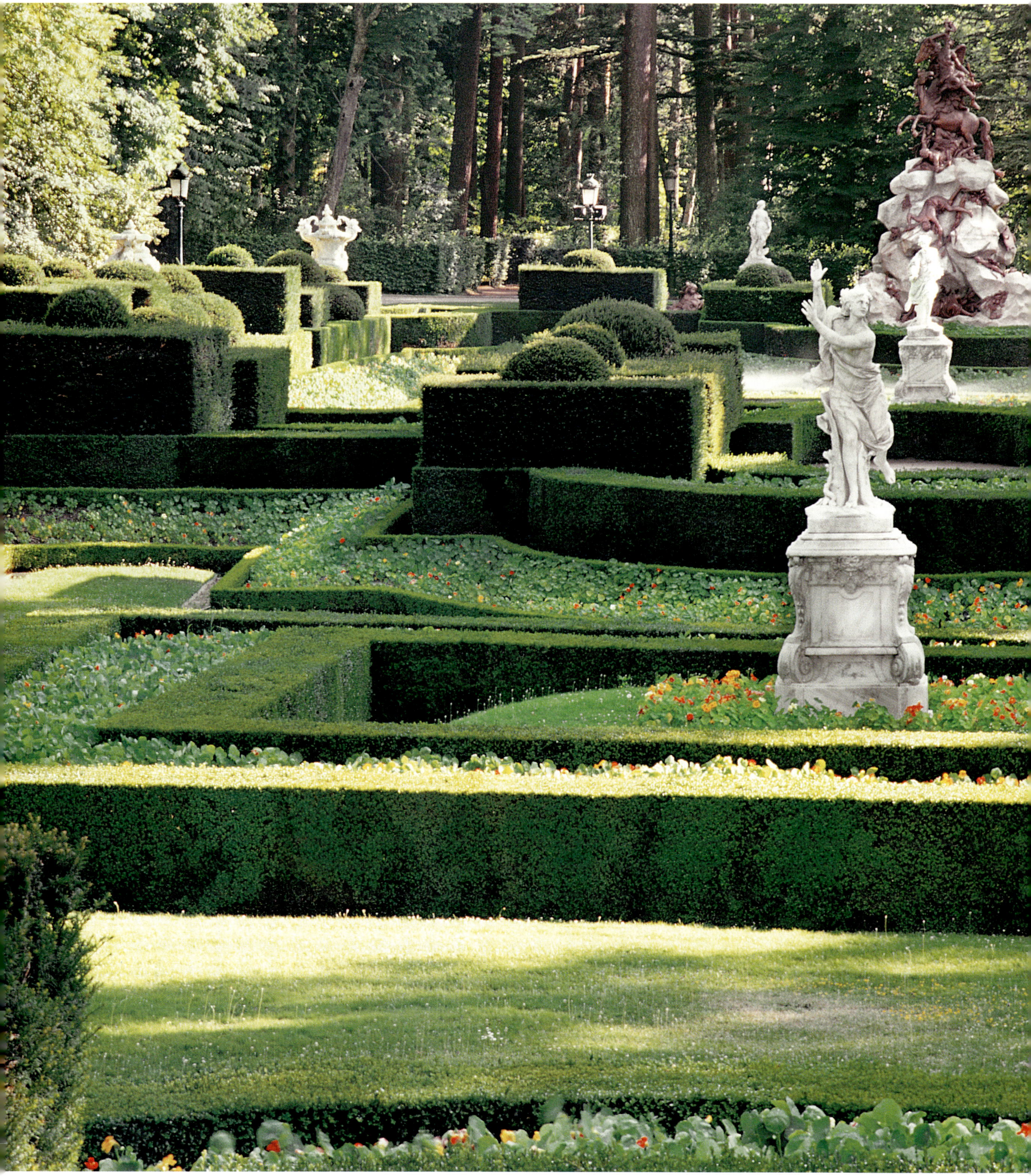

PALACIO REAL DE LA GRANJA DE SAN ILDELFONSO
Segovia

»Deine erste Pflicht ist es, ein guter Spanier zu sein. Aber vergiss nicht, dass du ein gebürtiger Franzose bist.« Mit diesen Worten ermahnte der französische Sonnenkönig Ludwig XIV. seinen Enkelsohn, den Herzog von Anjou (1683–1746), anlässlich dessen Krönung als König Philipp V. von Spanien. Dieses Motto bestimmt auch die großartigen Gärten von La Granja, wo die französischen Einflüsse den Ton angeben.

Während einer Jagd hatte König Philipp V. im Jahr 1718 Station in der klösterlichen Herberge von San Idelfonso gemacht, zu der auch eine kleine Wallfahrtskapelle gehörte. Auf der Stelle hatte er sich in die endlosen Pinienwälder mit ihren klaren Gebirgsquellen verliebt – eine perfekte Zuflucht für den Herrscher über das karge Kastilien, der doch in der grünen Landschaft Frankreichs aufgewachsen war. Er litt an schweren Depressionen und wollte sich – trotz seines jungen Alters – vorzeitig von den Regierungsgeschäften zurückziehen. Nur zwei Jahre später begann er mit der Anlage seines Altersruhesitzes La Granja auf einem über 600 Hektar großen Gelände, das er den dortigen Hiero-

Oben Vor dem Haus erstreckt sich ein weitläufiges Buchsbaumparterre mit weißen Rosen.

Links Das Parterre de la Fama (Parterre des Ruhms) aus Buchsbaum- und Eibenhecken ist mit zahlreichen Statuen aus der Mythologie geschmückt. Im Hintergrund erhebt sich die berühmte Fuente de la Fama (Fontäne des Ruhms).

nymitaner-Mönchen abgekauft hatte. Nach Fertigstellung des Schlosses übergab Philipp im Januar 1724 den Thron an seinen Sohn Ludwig I. von Spanien. Allerdings war der Ruhestand nur von kurzer Dauer: Sechs Monate später starb der Thronfolger und Philipp musste erneut die Regierungsgeschäfte aufnehmen – bis zu seinem Tod 1746. Das hatte auch erhebliche Auswirkungen auf La Granja: Ursprünglich als Ruhesitz geplant, wurde die Anlage nun zum Regierungssitz des Königs und seines Gefolges.

Mit der Gartenplanung wurde der französische Architekt René Carlier beauftragt. Er ließ sich von der französischen Sommerresidenz Marly inspirieren, die später während der Französischen Revolution zerstört wurde. Nach dem Tod von Callier 1722 übernahmen die beiden Spanier Esteban Boutelou und Esteban Marchand die Ausführung seiner stark französisch geprägten Pläne: Diese sahen klar definierte Linien und eine strenge Einteilung der Gartenräume vor, obwohl die gewünschten Sichtachsen häufig von der hügeligen Landschaft unterbrochen wurden.

Die Gärten wirken wie eine Aneinanderreihung grüner Bühnen für die zahllosen Skulpturen französischer Bildhauer, die auch

Links Mit ihren 50 Metern Höhe gilt die Fontäne des Ruhms als höchste in Europa.

Rechts Die hintereinander liegenden Becken des Wasserspiels La Carrera de los Caballos (Fontänen des Pferderennens), die eine wichtige Achse im Garten bilden, erinnern an den Grand Canal in Versailles.

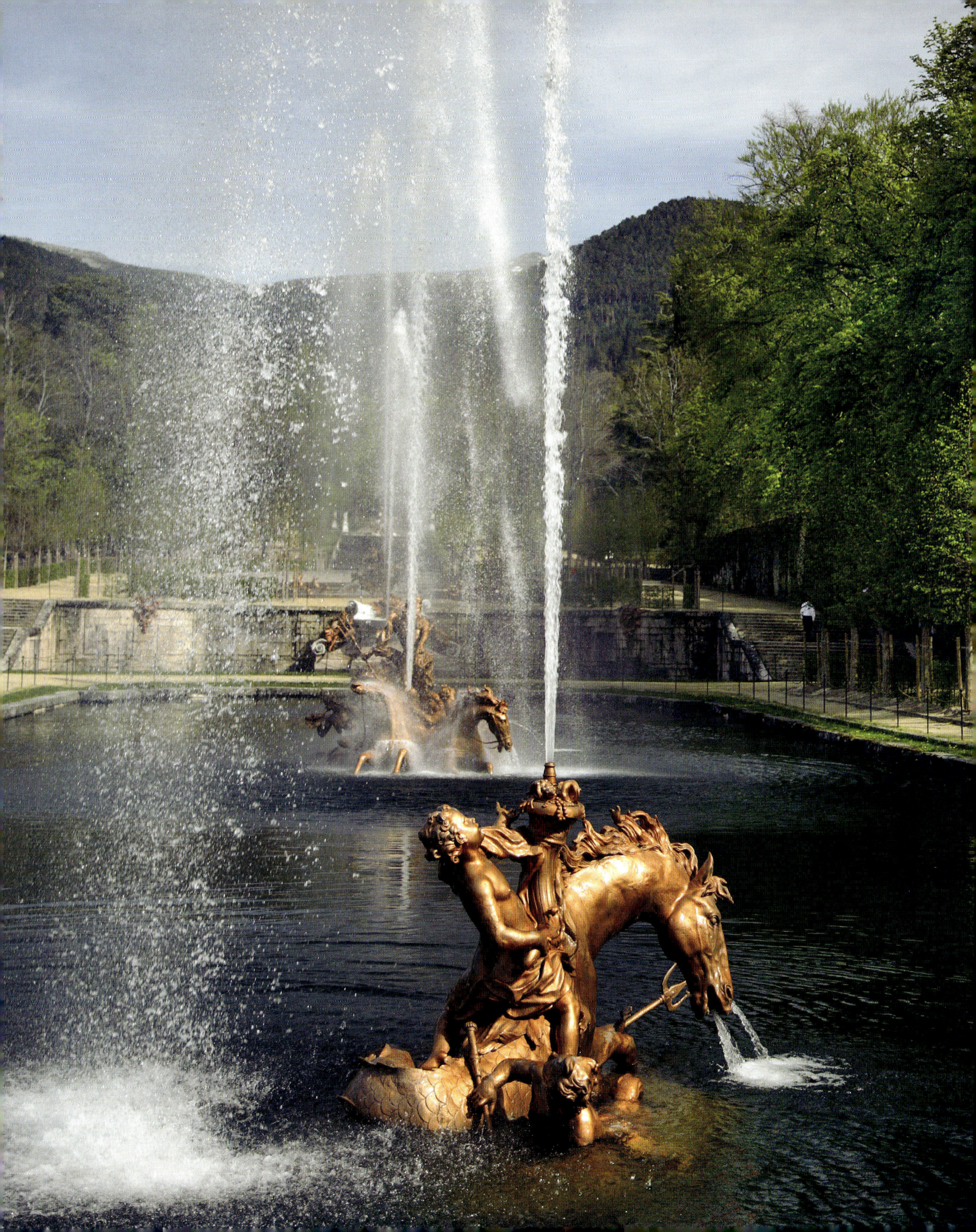

Unten Typisch französisch: Ziersträucher eingefasst von streng geschnittenen Hainbuchenhecken.

bereits Marly ausgestattet hatten. Um Zeit und Geld zu sparen, wurden die Statuen in Blei gegossen und anschließend mit Bronze, Gold und Marmor verkleidet. Mit ihren asymmetrischen Formen, fließenden Linien und mythologischen Themen entstammen sie unverkennbar dem Rokoko.

Gigantische Wasserspiele bilden auch heute noch den absoluten Höhepunkt der Gärten. Sie werden vom künstlichen See El Mar im oberen Teil des Parks gespeist, der extra angelegt wurde, um den notwendigen Wasserdruck zu erreichen. Die Fontäne Fuente de la Fama gilt mit ihren 50 Metern Höhe als größte in ganz Europa; sie schießt aus der Trompete der Fama, Göttin des Ruhms, zu Ehren des spanischen Königsreichs. Die Statue der Diana, Göttin der Jagd, im Brunnen Fuente de Baños de Diana ist vermutlich eine Hommage an die zweite Frau des Königs, Isabel de Farnesio – eine begeisterte Jägerin. Diese Fontäne war das letzte Wasserspiel, das vor dem Tod des Regenten fertiggestellt wurde. Zu der Premiere bemerkte er: »Der Brunnen kostete mich drei Millionen und erfreute mich für drei Minuten.« Während sein Vorbild in Marly stand, orientierte sich das grandiose Wasserspiel La Carrera de los Caballos (die Fontänen des Pferderennens) am Grand Canal von Versailles.

In den Formhecken aus Hainbuche *(Carpinus betulus)* und Eibe *(Taxus baccata)*, die beide aus Frankreich importiert und erstmals in Spanien verwendet wurden, zeigt sich ebenfalls der französische Einfluss. Jedoch sind auch zahlreiche Elemente aus der spanisch-arabischen Gartenkunst in La Granja zu finden: geschlossene Gartenräume, das Wasserbecken im höher gelegenen Gartenabschnitt und die offenen Bewässerungskanäle.

Ein Nutzgarten versorgte die königliche Apotheke mit Arzneipflanzen, und im Garten der Königin Isabel bemühten sich mutige Gärtner aus Italien, Obstbäume aus ihrer Heimat an das raue Klima Kastiliens zu gewöhnen. Nach dem Tod ihres Mannes zog sich die Königin dauerhaft nach La Granja zurück, das sie zur Winterszeit liebevoll *pastel de nieves* nannte, eine Eistorte. Die nachfolgenden Königsfamilien nutzten La Granja wegen des harten Klimas nur als Sommersitz – bis zu einem verheerenden Brand im Jahr 1918. Heute ist das Schloss ein Museum.

Im 19. Jahrhundert fanden zahlreiche neue Spezies Eingang in den Garten, darunter Mammutbäume und Zedern, die mit dem ursprünglichen Geist der Anlage wenig gemein haben. Das riesige Wirbel-Labyrinth aus Hainbuchen- und Buchenhecken von 1725 im Parterre vor dem Schloss wurde erst kürzlich restauriert. Auch wenn die Schlossanlage ursprünglich als Bühne für romantische Spiele diente, fällt es selbst dem heutigen Besucher schwer, sein Herz nicht an diesen verführerischen Ort zu verlieren.

La Granja ist das Meisterstück eines Mannes, der eigentlich nicht mehr König sein wollte und der trotz – oder vielleicht sogar als Flucht aus – seiner Schwermut dieses wunderschöne Andenken an seine französische Kindheit schuf. Seine Wasserspiele und seine angenehm schattige Lage lassen an das spanische Sprichwort denken: »Kindheit ist der Patio, in dem wir den Rest unseres Lebens spielen.«

Oben Die Sierra de Guadarrama in der Ferne bildet eine großartige Kulisse für die Marmorkaskade auf der Hauptachse.

Rechts Blick auf den Arzneipflanzengarten; im Vordergrund zeigt ein Gerber-Sumach *(Rhus coriaria)* seine leuchtende Herbstfärbung.

Folgende Seiten Das im Schnee versunkene Hauptparterre des Schlossgartens.

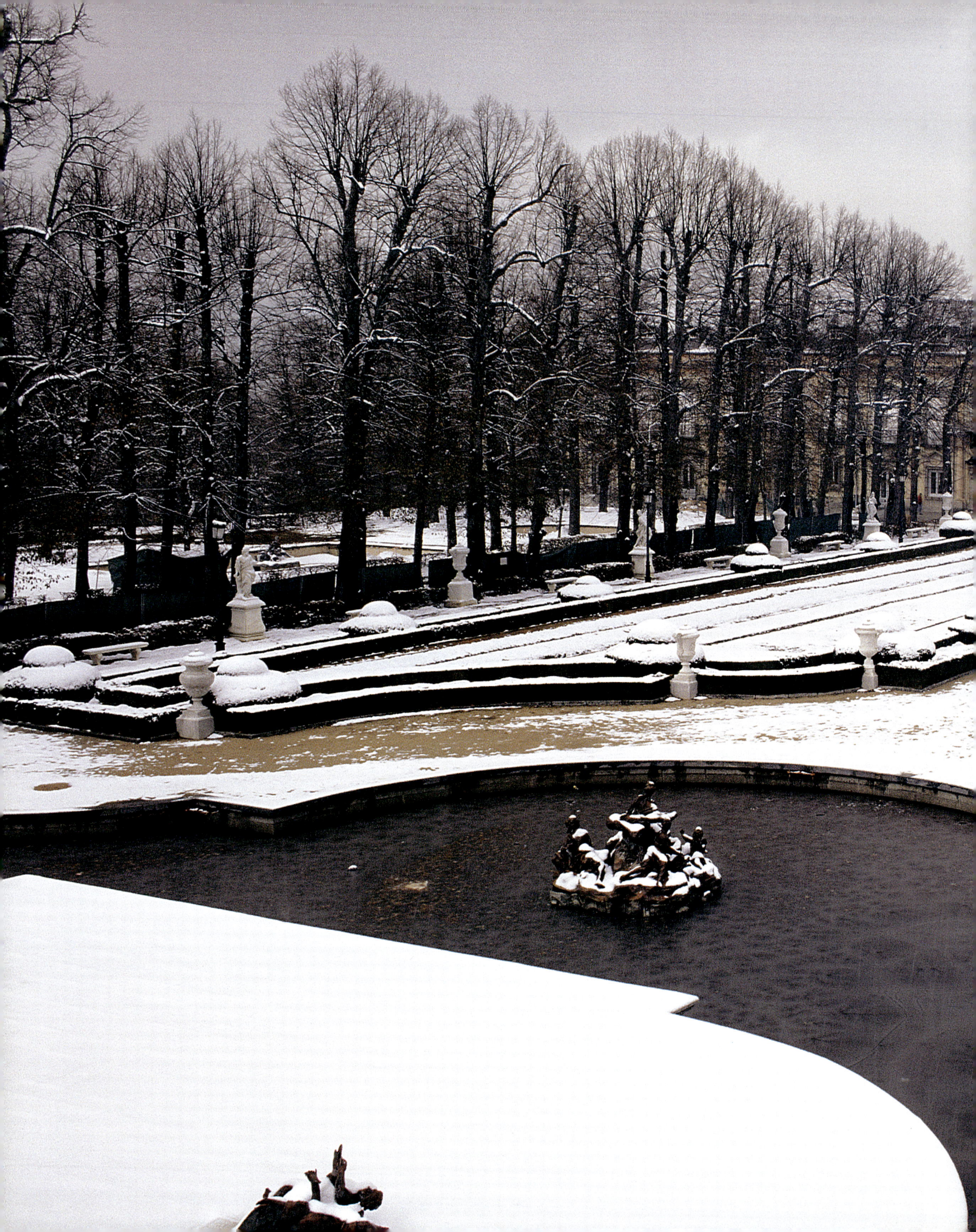

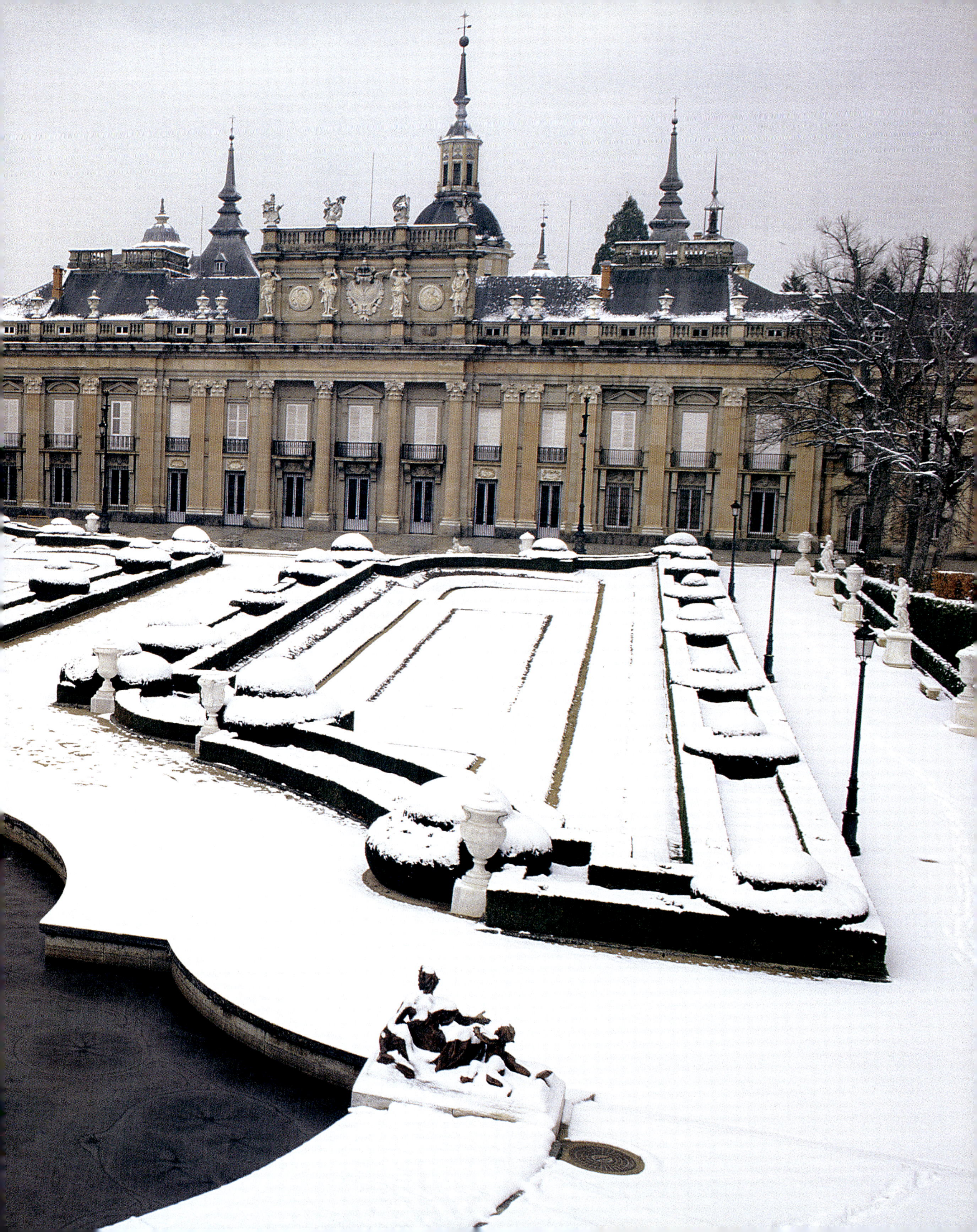

EL ROMERAL DE SAN MARCOS
Segovia, Castilla y León

»Bei diesem Projekt hatte ich fast unbewusst die Sehnsucht, die spanisch-arabischen Gärten auferstehen zu lassen, die ich bei meiner Ankunft in Spanien kennengelernt hatte: Die Kombination aus Terrassen, Wasserkanälen und Wasserbassins, das Wechselspiel zwischen Licht und Schatten sowie Pflanzungen, die meine Vorliebe für Zypressen, Buchsbaum, Myrrhe und Rosen verraten, wollen diesen Wunsch Wirklichkeit werden lassen«, erläuterte der uruguayische Landschaftsarchitekt Leandro Silva Delgado (1930–2000) sein persönlichstes Werk – seinen eigenen Garten –, den er in über 30 Jahren am Ufer des Eresma zu Füßen der Stadt Segovia hat entstehen lassen.

Der Garten umfasst einen halben Hektar, seine Terrassen gliedern das steile Gelände

Oben Im Winterkleid: der von Eiben gesäumte Treppenpfad mit seiner zentralen Rinne.

Rechts Die achteckige Zisterne, umpflanzt mit Großblütigem Johanniskraut *(Hypericum calycinum)*, bildet das Herzstück des Gartens.

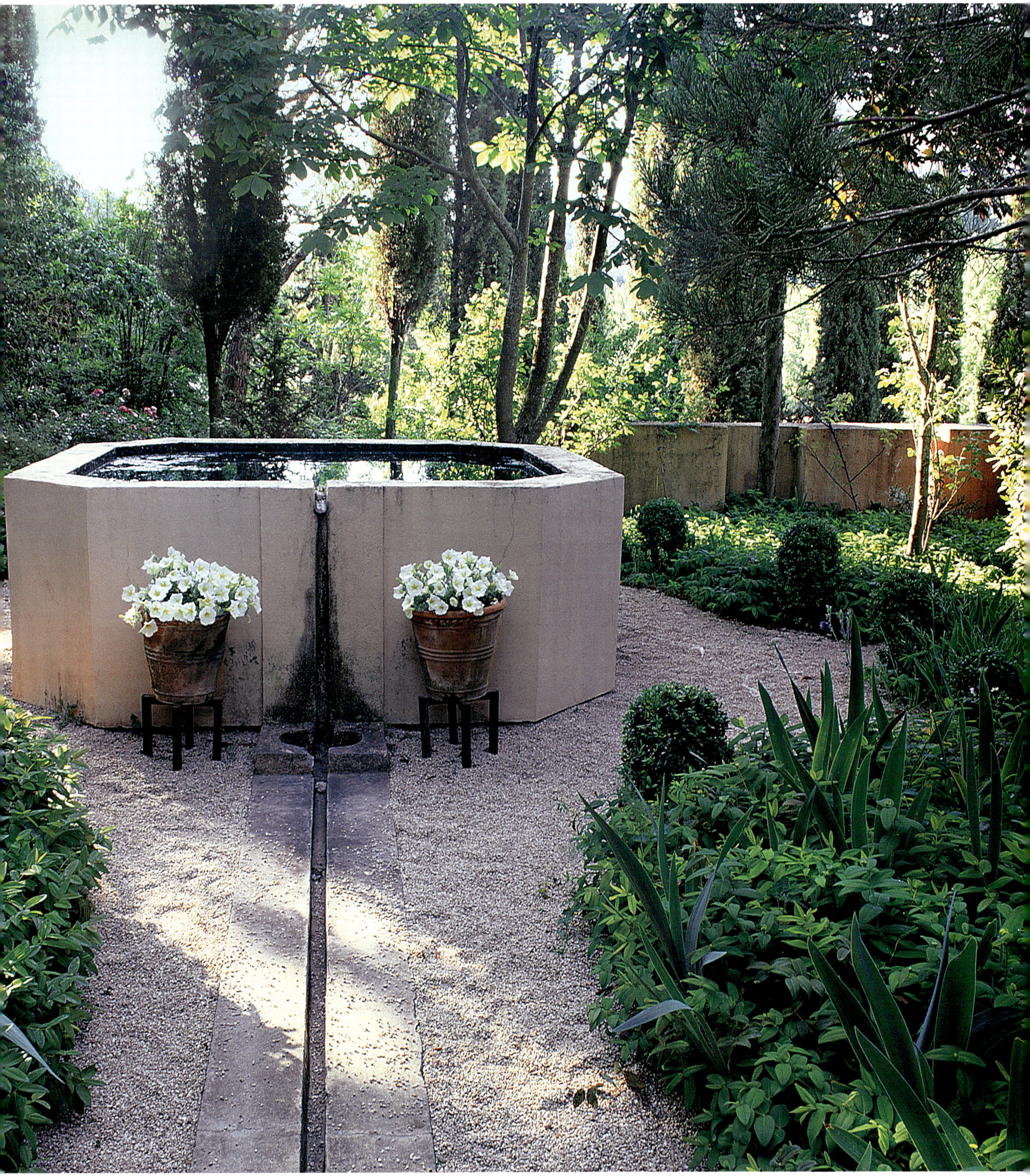

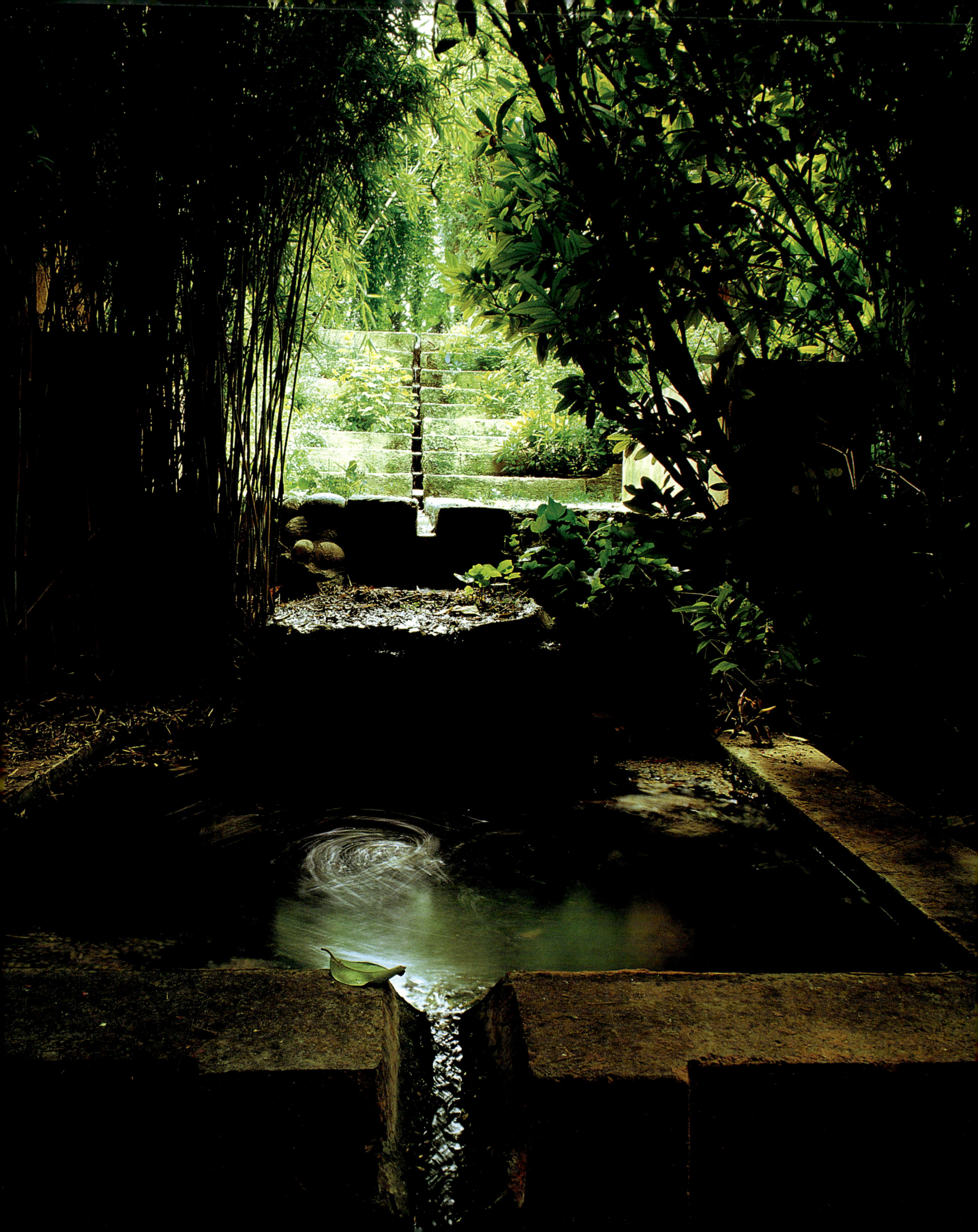

und bilden ein Labyrinth verwunschener Orte. Entlang des Hauptwegs mit seinen zahllosen Stufen laden kleine grüne Zimmer den Besucher ein, sich auszuruhen und dabei die beeindruckende Silhouette des *alcázar*, des Schlosses der mittelalterlichen Stadt Segovia, zu betrachten. In der anderen Blickrichtung schützen gigantische Kalkfelsen den Garten vor den kalten Nordwinden. Getreu der spanisch-arabischen Tradition spricht die gesamte Anlage alle Sinne an: Duftpflanzen betören die Nase, die Textur des Bodenbelags regt zum Berühren an, Vogelgesang schmeichelt dem Ohr, reife Früchte verführen den Gaumen und das großartige Farbenspiel der Bepflanzung begeistert das Auge.

»Eine der schönsten Seiten dieses Ortes ist der Überfluss an Wasser. Man kann es aus dem Gestein sprudeln hören, früher wurde es in Bassins gesammelt. Das brachte mich auf die Idee, noch mehr Wasserbecken anzulegen und sie durch offene Kanäle miteinander zu verbinden«, erklärte Silva einmal. Wie in allen spanisch-arabischen Gärten ist auch in El Romeral de San Marcos Wasser das Lebenselixier. Der Besucher findet es in vielfältigen Formen: So rinnt es etwa an den Seiten achteckiger Bassins hinunter und sammelt sich in kleinen Kanälen, bevor es einige Treppenstufen hinabplätschert.

Der Garten spiegelt die meisterlichen Talente seines Schöpfers wider: seine künstleri-

Links Das Wasser aus der Zisterne speist die unzähligen Brunnen des Gartens.

Oben rechts Eine versteckte Wohlfühlecke mit Buchsbaumkugeln und Schwertlilien.

Unten rechts Eins der zahlreichen grünen Zimmer des Gartens – ebenfalls geschmückt mit Kugeln aus Buchsbaum.

sche Seele, seine große Wissbegierde und seine profunden technischen Kenntnisse. Silva, der auch als Maler und Graveur arbeitete, stammte aus Uruguay. Nach seinem Kunst- und Architekturstudium ging er Anfang der 1950er-Jahre nach Brasilien, um mit dem berühmten Gartengestalter Roberto Burle Marx zusammenzuarbeiten. Nach einigen Jahren in Frankreich, wo er die Landschaftsgestaltung von Versailles intensiv studiert hatte, kam Silva 1969 nach Spanien, um sein künstlerisches Schaffen mit einer Dozententätigkeit zu verbinden. Jede seiner zahlreichen öffentlichen und privaten Gartenanlagen steht in der spanisch-arabischen Tradition, weist jedoch stets viele individuelle Elemente auf – etwa seine magischen Treppenfluchten.

Sein Garten war Silvas Zuflucht und Labor, wo er »die Stärken und Grenzen des Klimas studierte, die Schwierigkeiten bei der Aufzucht der einen Spezies und die problemlose Anpassung von anderen«, wie er es einmal formulierte. Inmitten der kargen, trockenen Landschaft Kastiliens schuf er diesen überbordenden Garten: eine Symphonie der Farben, ein ewiges Wechselspiel von Licht und Schatten, je nach Tages- und Jahreszeit – immer derselbe und doch immer wieder anders. Der sympathische Maestro starb im Jahr 2000, doch sein Geist lebt in diesem Klassenzimmer unter freiem Himmel weiter.

Die grandiose Silhouette des Alcázar von Segovia erscheint hinter den schlanken Zypressen *(Cupressus sempervirens)* und den 'Clair Matin'-Rosen.

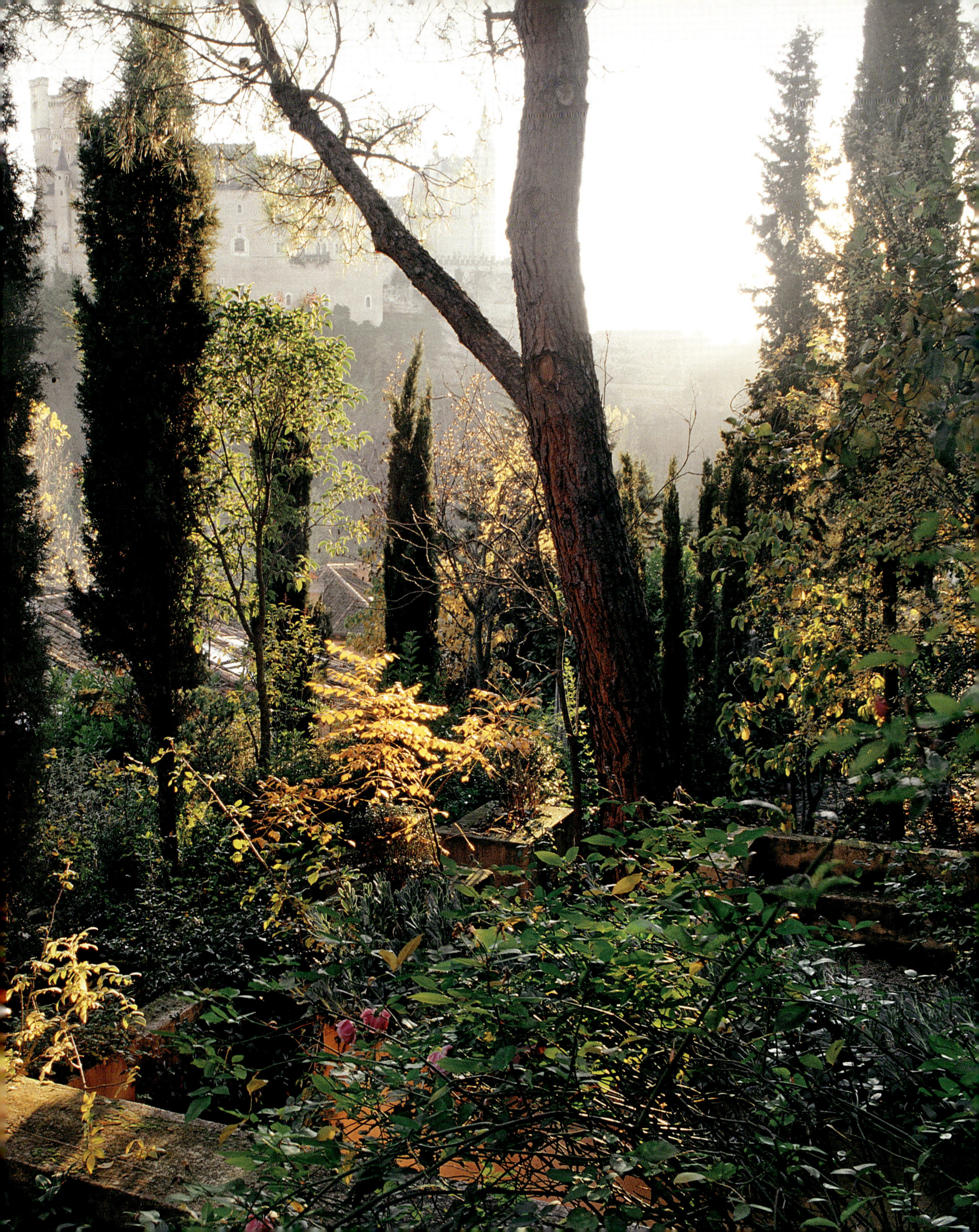

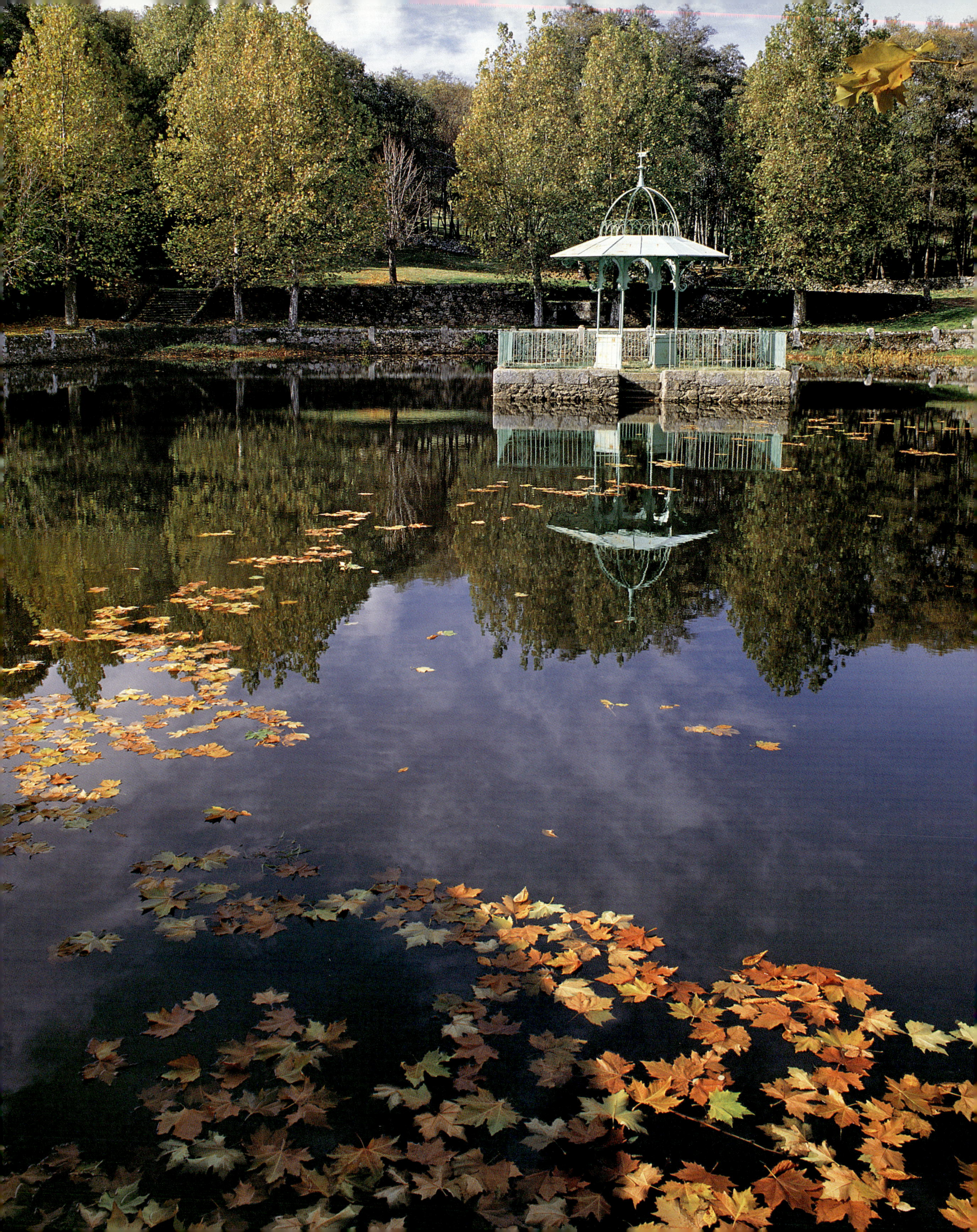

EL BOSQUE
Béjar, Castilla y León

»Ich habe mir dieses Gut nicht angeschafft, um Getreide anzubauen, sondern um meine Seele zu kultivieren«, schrieb Cosimo de' Medici im Jahre 1462 über seine elegante Landvilla bei Florenz.

El Bosque (Der Wald), im Jahr 1567 vom zweiten Herzog von Béjar namens Francisco de Zúñiga y Sotomayor errichtet, gehörte zu den spanischen Besitzungen der Medici: Das Landgut im Stil der Renaissance diente seinen Besitzern zur Erholung und zum Genuss des Landlebens. Bis heute hat sich im *palacete* – dem Park, den Obstgärten, Wiesen und Wäldern – der Geist des italienischen Humanismus erhalten, wie ihn Cicero und Plinius der Jüngere in ihren Briefen über römische Landgüter beschrieben. Das Landhaus wurde nach den Empfehlungen des Architekten Leon Battista Alberti (1404 bis 1472) in seinem Klassiker *De Re Aedificatoria* (Über die Baukunst) auf einem Hügel unweit der Stadt angelegt – es liegt heute etwa einen Kilometer von Zentrum der Stadt Béjar entfernt –, und das Gebäude steht mit dem Garten in einer engen stilistischen Beziehung: Die Gartenanlage wurde in Terrassen gegliedert, die eine Fülle von Stufen und Treppen, Brunnen, Bänken, Nischen und kleinen Plätzen enthalten. Diese Kleinode sind heute von Moos überwachsen und liegen versteckt unter altehrwürdigen Platanen und Kastanienbäumen.

In dieser klassisch-italienischen Anlage wirkt das riesige Wasserbecken vor dem Haus – die Hauptattraktion des Gartens – wie ein Exot aus Nord-Indien oder Pakistan. Mit seiner kleinen Insel, die im 19. Jahrhundert mit einer Laube aus Metall versehen wurde, erinnert das Becken an die Gärten von Großmoguln, etwa an den Seegarten des Palastes von Udaipur und seine schwimmenden Pavillons. Dieser fernöstliche Einfluss geht möglicherweise auf den Nachbarn Portugal zurück, der nach der Entdeckung Indiens durch Vasco da Gama als erster Staat Europas Handelsbeziehungen dorthin unterhielt. In ganz Portugal sind solche Seeanlagen mit Schwimm-Pavillons anzutreffen – etwa im wunderschönen Park von Quinta de Torres.

Die unerschöpflichen Gebirgsquellen der nahe gelegenen Sierra de Candelaria ermöglichten diese Anlage aus Wasserelementen, großzügigen Obstgärten und einem dichten Eichen- und Kastanienwald. Die Balance zwischen natürlicher und kultivierter Landschaft, zwischen Wald und Park, stimmt bis ins kleinste Detail.

Gegenüber Seit dem 19. Jahrhundert schmückt eine filigrane Laube aus Eisen die kleine Insel in dem großen Wasserbecken am Haus.

Links Zu den zahllosen Dekorationen aus Stein gehört auch dieser Brunnen mit dem Wappen des Begründers der Anlage.

Der Blick auf die Terrasse unterhalb des Wasserbeckens berichtet von romantischeren Zeiten. Im Jahr 1669 hatte der letzte Herzog von Béjar das Anwesen verkauft und die neuen Eigentümer verwandelten die ursprünglich streng geometrische Anlage in eine Art modernen Landschaftsgarten – mit gewundenen Wegen und seltenen Gehölzen wie Mammutbäumen, Fichten, Spanischen Schwarzkiefern und einer riesigen *Magnolia grandiflora*.

Darunter erstreckt sich ein Obstgarten, in dem einst Erdbeeren, Johannisbeeren, Äpfel und Birnen wuchsen. Diese wurden von Kanälen gewässert, die von dem großen Wasserbecken zu einem kleinen See am Fuß des Hügels führten. Diese Anlage, deren ursprüngliche Gestalt trotz einiger Veränderungen immer noch klar erkennbar ist, verbindet praktische und dekorative Elemente auf einzigartige Weise.

Seit 1996 befindet sich El Bosque im Eigentum der Stadt Béjar. Mitten in El Sistema Central gelegen, dem Gebirgszug, der mit seinen Granitfelsen die Provinz Kastilien zweiteilt, bietet El Bosque eine Oase der gelassenen Heiterkeit und Schönheit – ein fernes Echo orientalischer Märchen.

Oben Architektonische Gestaltungselemente lassen die Renaissance wiedererwachen.

Rechts Das riesige Wasserbecken erinnert an die prächtigen Gärten nordindischer Großmogule.

121

REAL MONASTERIO DE SAN LORENZO DE EL ESCORIAL   Madrid

Der kolossale Granitbau Real Sitio de San Lorenzo de El Escorial – grandios und herb zugleich – ist für viele Menschen der Inbegriff Kastiliens. Er enthält neben dem Kloster mit Basilika und Priesterseminar mehrere Paläste, einen Pantheon und eine Bibliothek. Das Bauwerk und seine Gärten spiegeln die komplexe Persönlichkeit des spanischen Königs Philipp II. (1527–1598) wider. Der »Philipp der Düstere« genannte König galt als mürrisch. Er liebte jedoch die Natur und ließ deshalb die monolithische Kloster- und Palastanlage mit unerwartet freundlichen Gärten schmücken.

Im Jahr 1563 legte König Philipp II., Herrscher über das größte Reich in der Geschichte – es war zwanzigmal größer als das Römische Imperium –, ein Reich »in dem die Sonne nie unterging«, den Grundstein für den Bau in El Escorial. Damit löste er ein Gelübde ein, das er sieben Jahre zuvor geleistet hatte: Am 10. August 1557, dem Tag des heiligen Laurentius, hatte er in der Schlacht von Saint-Quentin die Franzosen besiegt und daraufhin versprochen, dem Heiligen ein Kloster zu weihen. Als Architekten beauftragte er Juan Batista de Toledo, der nach dessen Tod im Jahr 1584 von Juan de Herrera ersetzt wurde. Letzterer gab dem Stil der Anlage – der auf jegliche überflüssige Dekoration verzich-

Rechts Der einzige grüne Fleck innerhalb der Klostermauern ist der Patio de Los Evangelistas mit seinem kleinen Tempel und den Statuen der vier Evangelisten.

Gegenüber Blick in den Garten der Mönche mit der Galerie der Erholung im Hintergrund und dem tiefer gelegenen Wasserbecken, das als Fischteich und zur Bewässerung des Obstgartens diente.

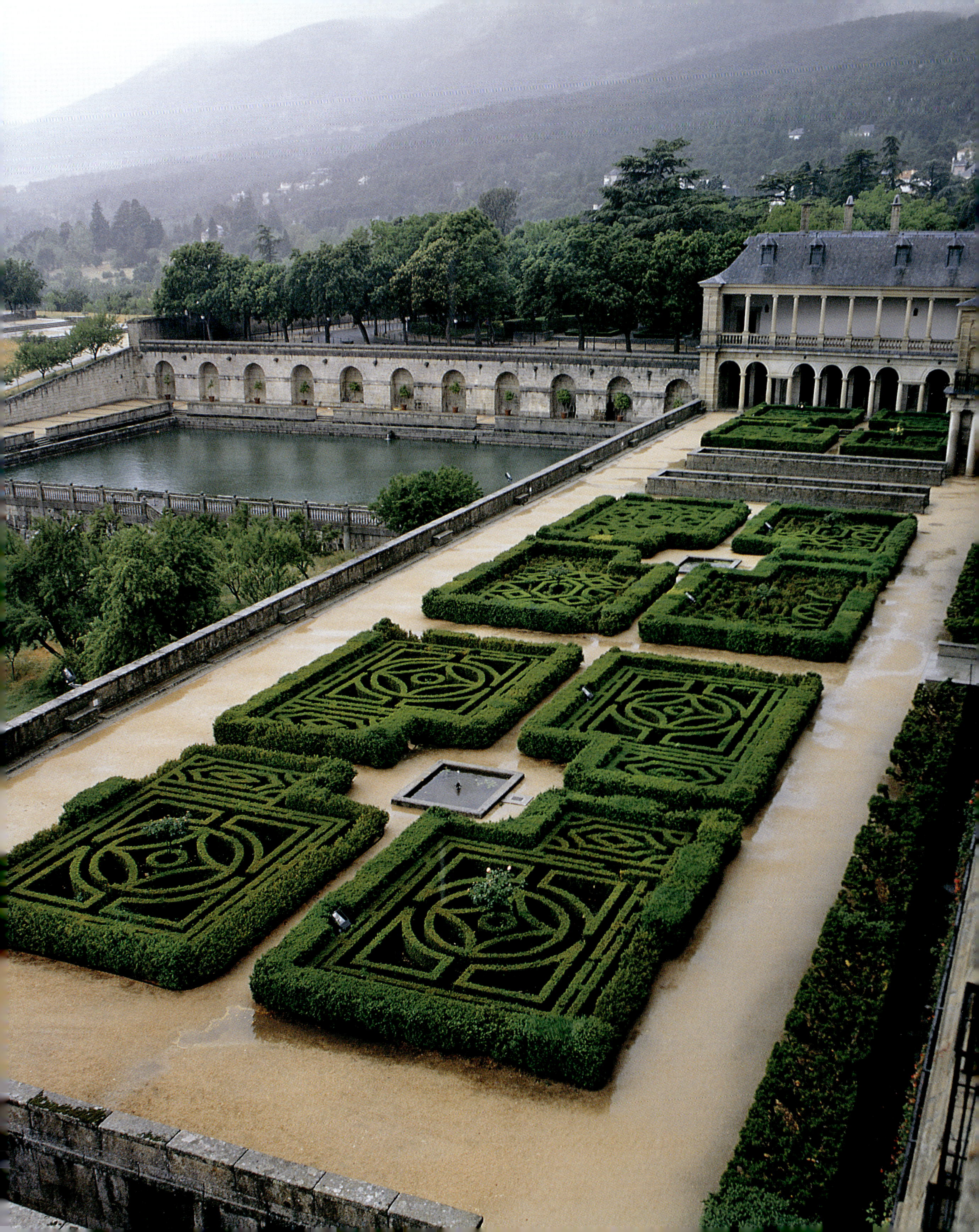

124

tet und streng dem Klassizismus der Renaissance folgt – seinen Namen: *arquitectura herreriana*.

Auch Philipps Vater, König Karl V., hatte in Yuste ein eigenes Kloster besessen, wohin er sich nach seiner Abdankung zurückzog. Die Klosterräume Philipps lagen in direkter Nähe zum Hochaltar der Basilika und waren so spärlich ausgestattet wie Mönchszellen – auch hier orientierte er sich am Vorbild des Vaters. Von der einen Seite der Räume blickte er auf die Basilika, von der anderen direkt auf den Klostergarten und den Garten des Königspaars an der Süd- und Ostseite.

Heute wirken die Gärten starr und ernst; zu Philipps Zeiten zeigten sie jedoch eine überbordende Blumenpracht, darunter viele Pflanzen aus der Neuen Welt. »Hier sind so viele weiße, blaue, gelbe und rote Blumen und andere so kluge Kombinationen, dass sie wie ein orientalischer Teppich aus der Türkei, aus Kairo oder aus Damaskus wirken«, schrieb der Prior des Klosters José de Sigüenza (1544–1606) in seinem Werk *La fundación del monasterio de El Escorial*. Diese sinnlichen Orte folgten der Tradition der spanisch-arabischen Gartenkunst, die Rosen, Veilchen, Stiefmütterchen, Tulpen und Lilien miteinander zu einem farbenfrohen Dufteppich verwob. Orangen- und Zitronenbäumchen, die unter Holzgerüsten und dicken Schichten Eichenlaubs überwintert wurden, wuchsen hier ebenfalls. Unterhalb dieser langen, schmalen und erhöhten Gärten erstreckten sich Nutzgärten, die mit Hilfe eines großen Wasserbeckens bewässert wurden.

Der Geist der katholischen Gegenreformation, in dessen Tradition dieses Kloster stand, ist am besten im Patio der Evangelisten spürbar, dem eigentlichen Klostergarten. Als Symbol des ersehnten Paradieses sollte er den Mönchen zur Erholung und inneren Einkehr dienen. Die Anlage basiert auf der Ziffer vier, die für die biblischen vier Ecken der Welt und der Schöpfung steht. Der quadratische Hof ist daher in vier weitere Quadrate unterteilt, in deren Mitte ein achteckiger Pavillon mit Statuen der vier Evangelisten aufragt. Jeder Evangelist blickt auf ein quadratisches Wasserbecken, das von einer Brunnenfigur in Gestalt seines jeweiligen Symbols – Löwe, Stier, Engel und Adler – gespeist wird.

Der ursprünglich farbenfrohe Blumenschmuck des Patios und der übrigen Gärten wurde im 18. Jahrhundert durch strenge Formschnitthecken ersetzt. Obwohl historisch nicht korrekt, setzt diese kühle Gestaltung die nüchterne Linienführung des Klostergebäudes fort, was in einer einzigartigen Verschmelzung von Garten und Architektur mündet – ein Werk von gelassener Schönheit.

Links Der ernste Eindruck stammt aus dem 18. Jahrhundert. Ursprünglich war der Garten ein buntes Blumenmeer.

Folgende Seiten Der gigantische Klosterpalast – im Vordergrund sind der Fischteich und die schneebedeckten Obstbäume zu sehen.

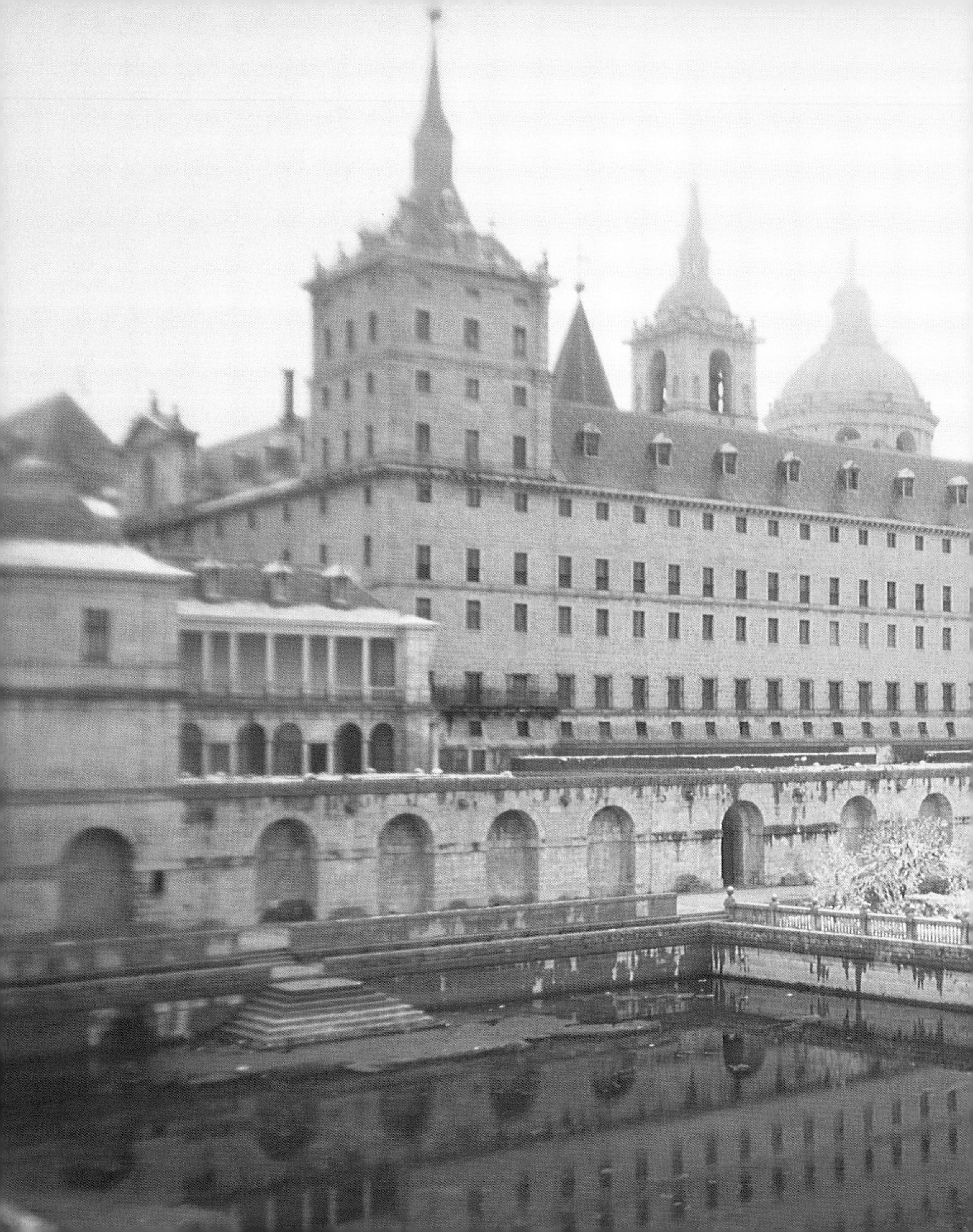

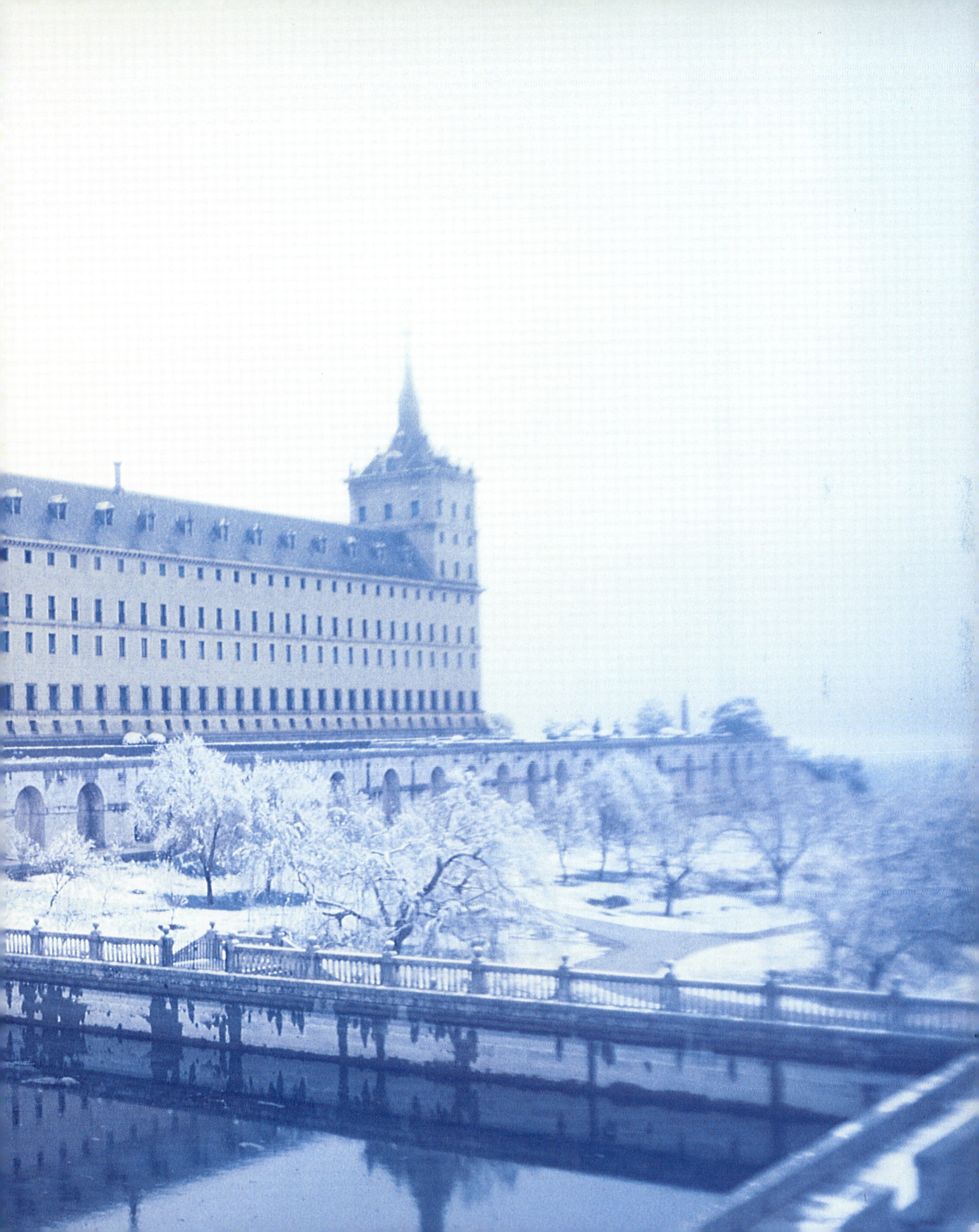

CASITA DEL PRÍNCIPE
El Escorial, Madrid

So nah und doch so fern: Vom strengen Kloster des Königs Philipp II. gelangt der Besucher zu den eleganten *casitas* des Infanten und des Kronprinzen. Während die Klosteranlagen – die etwas streng herüberblicken – zur Erlösung der Seele erbaut waren, sollten die *casitas* der Erholung vom Leben am Hofe dienen. Zwar wurden sie wie das zuvor errichtete Kloster ebenfalls im klassischen Stil erbaut, aber auf etwas andere Weise: Die beiden neoklassischen Juwele sind Spiegelbilder einer aufgeklärten, kultivierten und kosmopolitischen Periode in der Geschichte Spaniens.

La Casita del Príncipe, das Landhaus des Kronprinzen, auch obere Villa genannt, wurde 1772/73 von Juan Villanueva für den Prinzen von Asturien errichtet, der später zum König Karl IV. von Spanien gekrönt wurde. Beide Männer, der Prinz, der in Neapel aufgewachsen war – wo einst sein Vater regiert hatte –, und der Architekt, der fünf Jahre in Rom verbracht hatte, teilten die große Liebe zu Italien und der Antike. Ihre gemeinsame Begeisterung schlug sich nicht nur in der Ausstattung der Villa nieder, sondern auch in den dazugehörigen Gärten. Diese wurden nicht in dem damals gerade aufkommenden Stil des englischen Landschaftsgartens angelegt, sondern nach dem Vorbild der klassisch-modernen Gärten römischer Villen mit streng geomet-

Im Schatten von Immergrünen Magnolien *(Magnolia grandiflora)* entfalten Hortensien ihre wundervolle Blütenpracht.

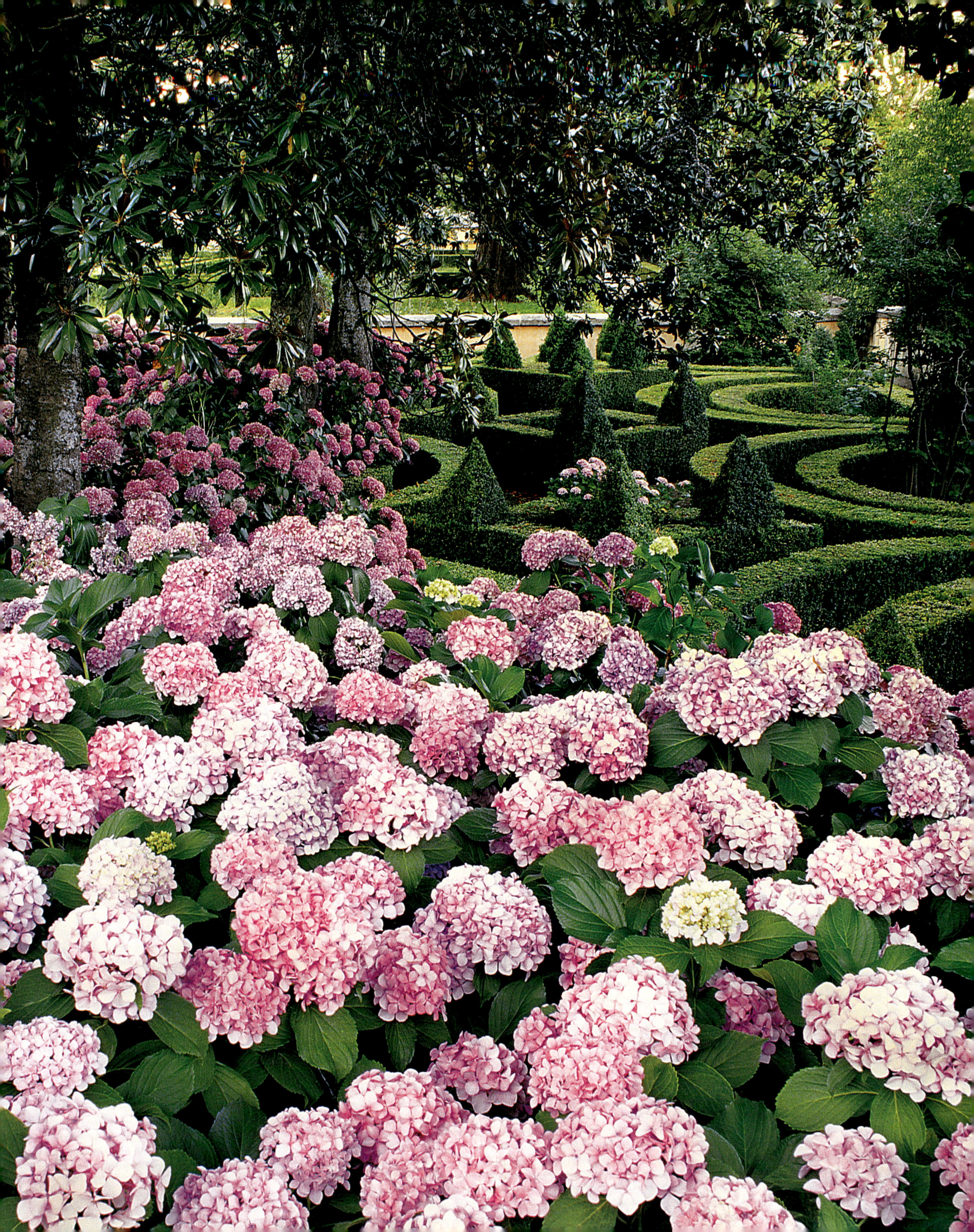

risch geschnittenen Formhecken. Villanueva wollte auch im Außenbereich die symmetrische Gestaltung des Hauses fortsetzen.

Die *casita* bot eine Auszeit von der strengen Etikette am Hof, wo der spanische König immer noch in der Öffentlichkeit speiste. Wie der Historiker Charles C. Noel schreibt, »entfloh Karl IV. häufig dem höfischen Zeremoniell und begab sich auf einen seiner eleganten und verwunschenen Landsitze, um sich dort selbst mit Lammgerichten, Tortillas und anderen Delikatessen zu bekochen«.

Der Garten besteht aus zwei Bereichen: einem eher kleinen Garten vor der Villa und einer aus drei Terrassen bestehenden Anlage dahinter, die den Stil des Gebäudes aufnimmt. Rampen führen auf die höheren Ebenen zum großen Wasserbassin, das zur Versorgung der Anlage dient. In seiner schlichten Gestaltung wirkt es wie ein Echo des opulenten, im Stil der Renaissance angelegten Klosterbeckens von Juan de Herrera.

Durch die Anpflanzung großer exotischer Bäume, wie Riesen-Mammutbäume, Zedern und Magnolien, wurde im 19. Jahrhundert der rein klassische Stil der Anlage zugunsten einer etwas romantischeren Gestaltung aufgegeben. Auch wenn man diesen Eingriff bedauern mag – die im Schatten der Bäume überreich blühenden Hortensien erscheinen wie ein echtes Wunder angesichts der extrem trockenen Sommer Kastiliens.

Links Die Zentralachse des Gartens führt durch einen gigantischen Formbogen aus Zypresse.

Oben Die riesigen exotischen Bäume im Hintergrund, die im 19. Jahrhundert gepflanzt wurden, stehen im krassen Gegensatz zu den strengen Buchsbaumhecken der Originalanlage.

Links Das alte Gewächshaus.

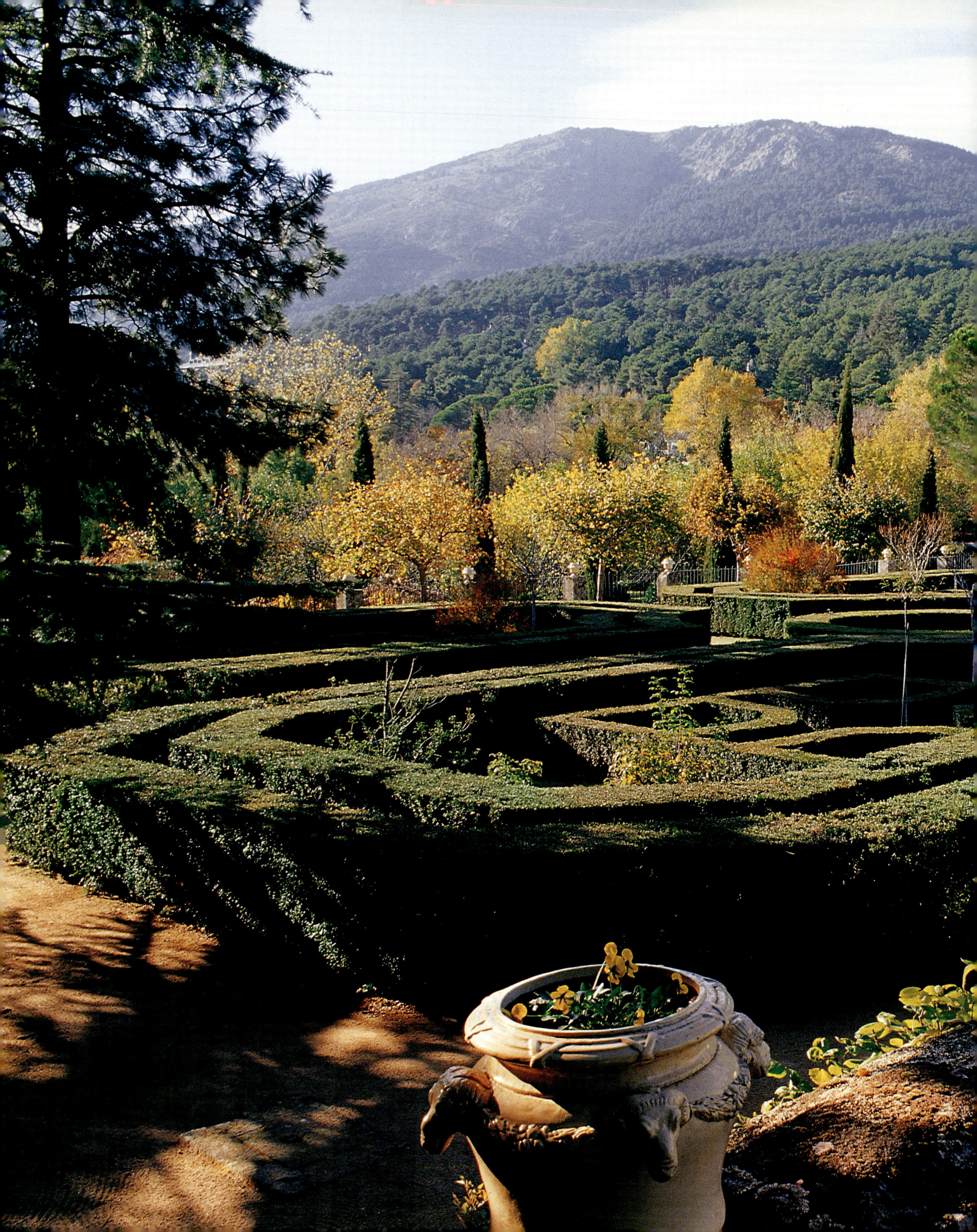

CASITA DEL INFANTE
El Escorial, Madrid

»Architektur ist gefrorene Musik«, meinte Arthur Schopenhauer – analog könnte man sagen, dass Gärten lebende Harmonien darstellen, die wachsen und gedeihen; wie in einer Partitur bleiben die Noten stets dieselben, aber jede Darbietung ist anders. Gärten waren schon immer mit Musik verbunden, entweder als Inspiration für den Komponisten oder als illustre Konzertbühne.

Die Casita del Infante, auch Casita de Arriba genannt, war von Anfang an als ein Ort der Musik geplant. Die Anlage entstand 1772/1773 für Prinz Gabriel, den begabtesten Sohn von König Karl III. Baumeister war der bekannte neoklassische Architekt Juan de Villanueva, der gleichzeitig die nahegelegene Casita des Kronprinzen (siehe Seite 130) erstellte. Gabriel war ein Prinz der Aufklärung, fasziniert von der Welt der Klassik und ihrer

Oben In der Casita (Kleine Villa) lebte der junge Juan Carlos, bevor er 1975 zum König von Spanien gekrönt wurde.

Links Im Parterre des von den Wäldern La Herrerías umschlossenen Gartens geben strenge Formhecken aus Buchsbaum den Ton an.

Musik. Sein Lehrer Antoni Soler (1729 bis 1783), ein Mönch und Kapellmeister im benachbarten Kloster Escorial, gilt noch heute als bedeutenster klassischer Komponist Spaniens für Tasteninstrumente. Er komponierte auch zahlreiche Sonaten für seinen erlauchten Schüler. Wie an den europäischen Höfen üblich, arrangierte Prinz Gabriel, der bei diesen Gelegenheiten häufig Cembalo spielte, regelmäßig Kammerkonzerte für auserwählte Zuhörer.

Sowohl Solers Kompositionen als auch Villanuevas Baupläne folgen einem schlichten Klassizismus, der im Kontrast zu der barocken Üppigkeit steht. Die Architektur der Villa orientiert sich an den italienischen Villen des berühmten Renaissance-Baumeisters Andrea Palladio (1508–1580) und teilt deren harmonischen und genügsamen Stil.

Dieselbe schlichte Harmonie prägt auch den Garten mit seinen italienischen Terrassen, dunkelgrünen Formhecken und niedrigen Brunnenbecken. Der zeitgenössische Historiker José Luis Sancho kritisierte in seinem Buch *Jardines Reales de España*, dass diese horizontale Gestaltung der Anlage durch die hohen Bäume zerstört wird, die Ende des 19. Jahrhunderts angepflanzt worden waren, als das Gelände zur einer lokalen Ingenieursschule gehörte. Villanueva hatte die Parterres einst so konzipiert, dass der Prinz in der Sonne spielen konnte, wenn seine Familie alljährlich von Oktober bis Dezember das benachbarte Kloster besuchte.

Wie die kleinen, aber luxuriösen zeitgenössischen Bauwerke in Frankreich – die *Folies*, *Trianons* und *Bagatellen* – fügt sich auch die Casita harmonisch in den Garten ein.

Leider nahmen die beliebten Musikabende in der Casita del Infante ein abruptes tragisches Ende. Nur knapp einen Monat nachdem Gabriel 1788 seine Ehefrau und seinen neugeborenen Sohn im Kindbett verloren hatte, starb er selbst im Alter von nur 36 Jahren. Sein Vater, König Karl III., folgte seinem Sarg mit gebrochenem Herzen. Gabriel und seine Familie wurden, wie ihre Vor- und Nachfahren, im Königlichen Pantheon von Escorial bestattet, dessen majestätische Silhouette den Ausblick von diesen Gärten bestimmt – eine hübsche Erinnerung an die vergangenen prächtigen Zeiten.

Der Garten zeigt sich klassisch mit Formhecken aus Buchsbaum und Lorbeer.

Die beiden Schwäne – mit dem Palast von Escorial im
Hintergrund – erinnern an die Verführung Ledas durch Zeus,
der sich dazu in einen Schwan verwandelt hatte.

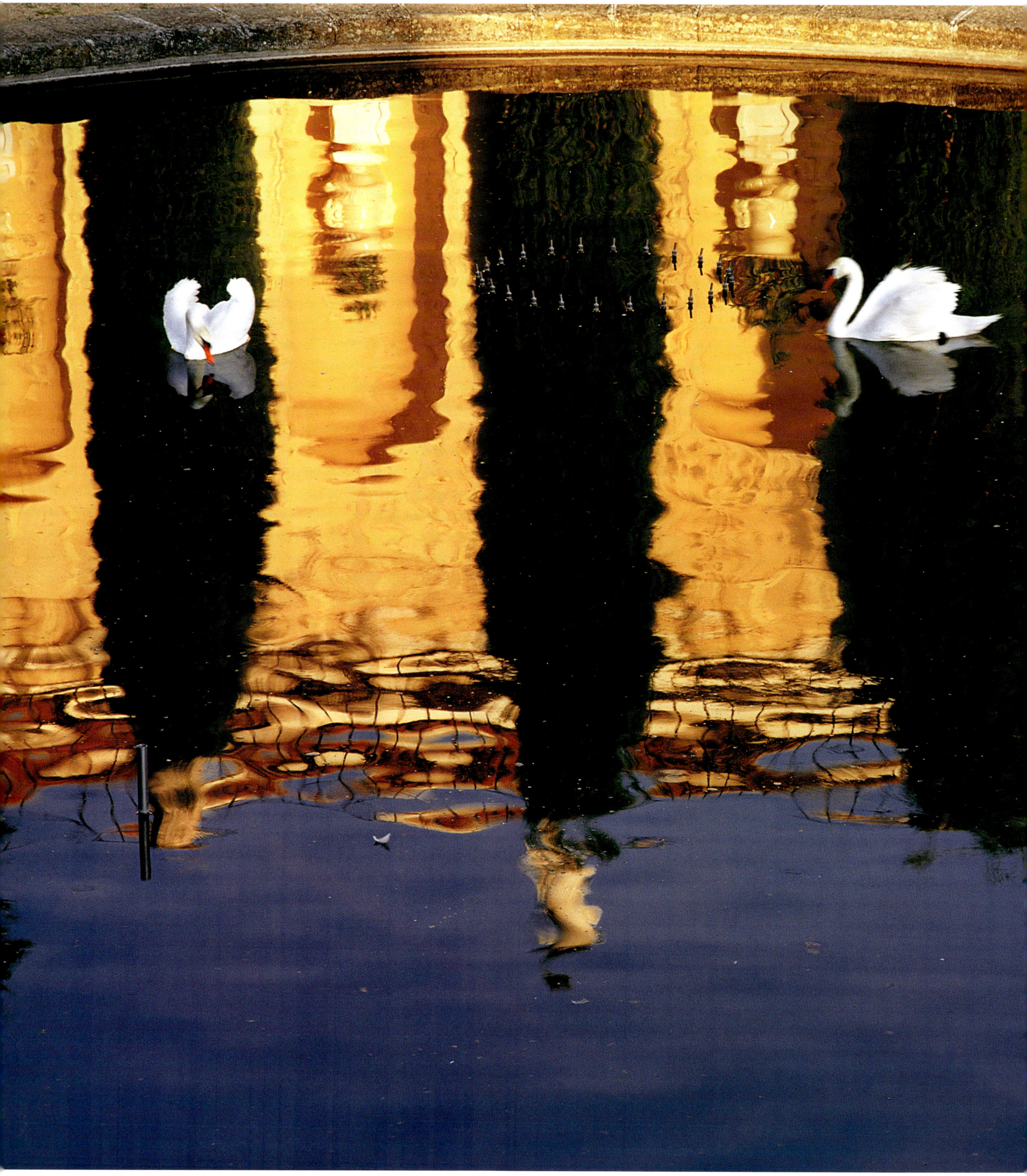

LA QUINTA DEL DUQUE DEL ARCO
Madrid

»Wasser und Brunnen sind die Seele eines Gartens und sein grundlegender Schmuck; sie erwecken den Garten, bringen ihn zum Leben«, schrieb der französische Naturhistoriker Antoine-Joseph Dézallier d'Argenville im Jahr 1709 in seinem Buch *Die Gärtnerey sowohl in ihrer Theorie oder Betrachtung als Praxi oder Übung*. Und so spielt das Wasser auch in diesem Barockgarten die Hauptrolle – als ruhige, spiegelnde Oberfläche des Bassins bis hin zu den munteren Fontänen der Brunnen.

La Quinta del Duque del Arco, in einem alten königlichen Jagdrevier auf dem Monte del Pardo im Norden Madrids erbaut, war einer der Lieblingslandsitze von König Philipp V. (1683–1746). Der Herzog von Arco hatte das Gelände 1717 erworben, um dort einen *palacete*, einen kleinen Palast mit Zier- und Obstgarten zu errichten. Viele Adlige legten sich damals in den ländlichen Außenbezirken der Metropole Madrid Ferienschlösschen zu, die nach italienischem Vorbild das Angenehme mit dem Nützlichen verbanden: Erholung mit Landwirtschaft.

Der Herzog von Arco, Alonso Manrique de Lara – einer der engsten Freunde der ersten Bourbonen auf Spaniens Thron –, trug als königlicher Stallmeister die Verantwortung für alle Jagdausflüge und Reisen Philipps V. »Als ein wilder Eber den König attackieren wollte, warf sich der Herzog dazwischen, tötete das Tier mit seinem Schwert und wurde selbst schwer verletzt; von da an stand er hoch in der Gunst des Königs«, schrieb der Herzog von Almazán in seiner *Geschichte der spanischen Jagd*. Nach dem Tod des Herzogs von Arco machte seine Witwe 1745 dem König das Landhaus zum Geschenk, auf dass der Name des loyalen Stallmeisters auf immer mit dem seines Herrn und Königs verbunden wäre.

Die Anlage des Gartens erfolgte 1726 nach Plänen des Architekten Claude Truchet: Vier Terrassen gliedern das hügelige Gelände und bilden eine Symmetrieachse, die seltsamerweise keinerlei Bezug zum Haus hat. Die Terrassierung erinnert an italienische Vorbilder, die Kaskade jedoch ist eine kleinere Version der von Saint-Cloud bei Paris, wie die Marquesa del Casa Valdés anmerkt. Dieser Stilmix ist bis heute ein Merkmal der spanischen Landschaftsarchitektur. Die magische Ausstrahlung von La Quinta rührt von dem prächtigen Zusammenspiel der Gartenanlage, der Obst- und Olivenplantagen und der natürlichen Landschaft des Monte del Pardo mit ihren Eichen- und Ilexwäldern – die Kulisse für die Jagdszenen des berühmten spanischen Malers Diego Velazquez mit ihrem unverkennbaren silbergrauen Himmel.

Links Auf der Wasseroberfläche spiegeln sich Zypressen und die halbrunde Begrenzungsmauer mit ihren bogenförmigen Nischen.

Oben Das Vorbild für diese Kaskade befindet sich im Park des Château de Saint-Cloud südwestlich von Paris.

Oben links Ein klassisches Parterre aus Formhecken und Rosen.

Oben rechts Der Garten ist in Terrassen um eine Zentralachse angelegt, die keinen Bezug zum seitlich gelegenen Palast aufweist. Die mächtigen Bergmammutbäume *(Sequoiadendron giganteum)*, die im 19. Jahrhundert hinzugefügt wurden, stören die Harmonie der Originalgestaltung.

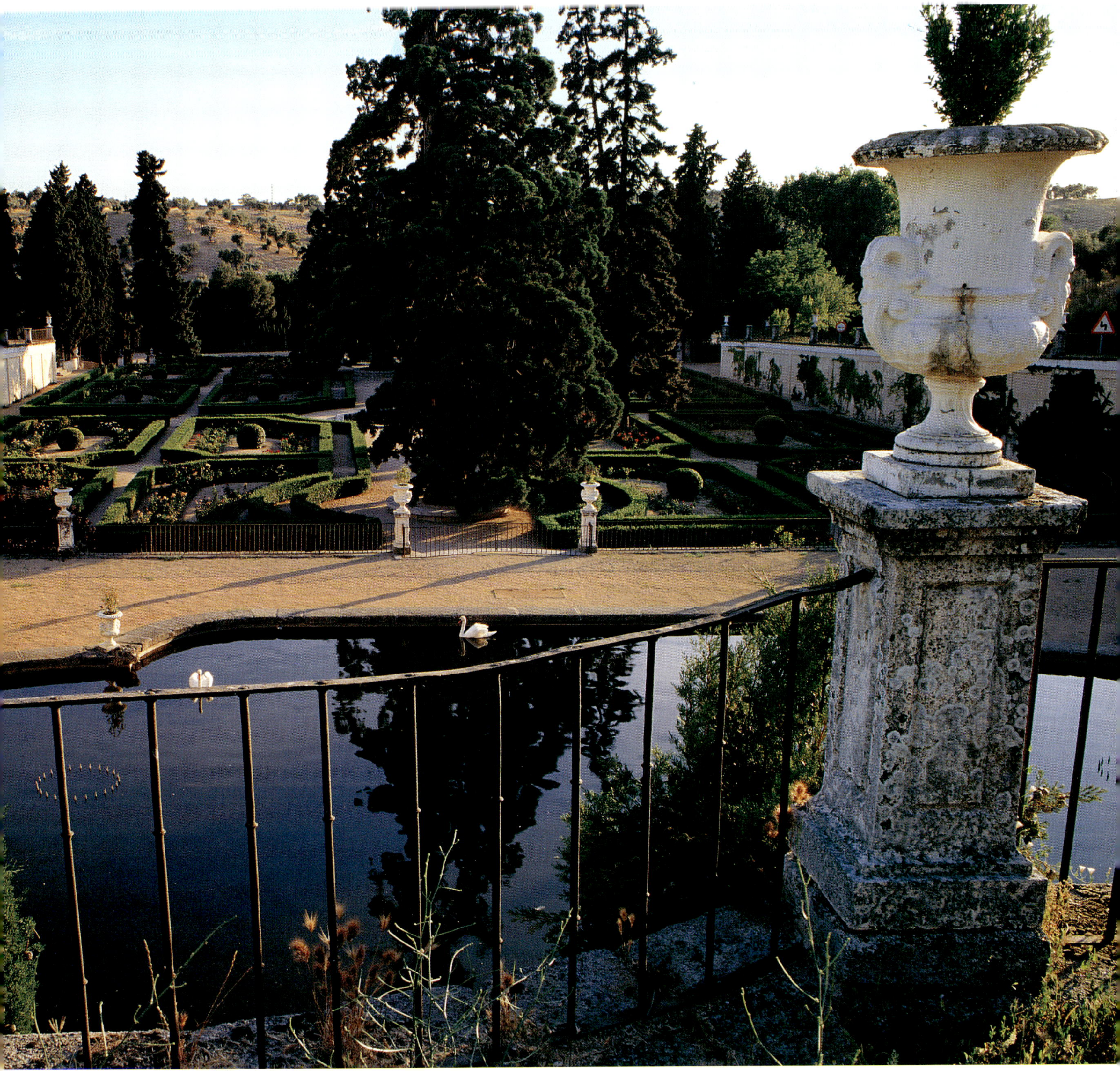

JARDINES DEL BUEN RETIRO
Madrid

»El Retiro« nennen die Madrileños das grüne Herz ihrer Stadt. Die 118 Hektar des Parks bevölkern Straßenmusiker, Pantomimen, Wahrsager, Karikaturisten und fliegende Händler. Ein beliebter Ort, vielfältig und offen für alle.

Im Jahr 1767 übergab der aufgeklärte König Karl III. den ersten Abschnitt des Parks der Öffentlichkeit – unter bestimmten Bedingungen, die in dem »Regelwerk für die Fußgänger in den Königlichen Gärten« festgeschrieben waren: Unbekleidete durften den Park nicht betreten, die Herren mussten gekämmt sein und durften weder Hut, Haarnetz noch Kappe tragen. Auch waren Mäntel, Regenmäntel und Capes verboten. Obwohl die Bevölkerung bereits seit dem 17. Jahrhundert anlässlich verschiedener Spektakel Einlass in die Königlichen Gärten gewährt bekommen hatte, markierte die offizielle Öffnung den ersten Schritt zur Demokratisierung der spanischen Parkanlagen. Der erste Park, der wirklich für das Volk gedacht war, entstand allerdings erst im 19. Jahrhundert, als die industrielle Revolution zu einer steigenden Bevölkerungsdichte führte und dringender Bedarf an Erholungsgebieten im Grünen entstand.

Der Name Buen Retiro (Liebliche Zuflucht) geht zurück auf das alte Refugium Cuarte Real (Das Königliche Quadrat), das zum Kloster San Jerónimo gehörte, in das sich die spanischen Könige häufig zu Exerzitien zurückzogen. Es bildete die Keimzelle des riesigen Palastkomplexes, den König Philipp IV. zwischen 1630 und 1640 auf dem damals noch außerhalb Madrids gelegenen Gelände errichten ließ, welches zu der Zeit fast halb so groß wie die Metropole war. Der Salon des Los Reinos (Halle des Königsreichs) und das Casón del Buen Retiro (Villa des Buen Retiro) mit ihren strengen, granitverzierten Ziegelsteinmauern und Schieferdächern sind als einzige Teile des riesigen Palastes des »Königs der Welt« noch erhalten. Beide gehören heute zum Prado-Museum.

Wie der Historiker Consuelo Durán anmerkte, waren die Gärten von Anfang an das Interessanteste der Anlage, obwohl auch sie am selben Mangel litten wie der Rest des Palastes: dem Fehlen von Symmetrie und Einheitlichkeit, was charakteristisch für das spanische Raumkonzept ist. Formal gestaltete Grünanlagen mit geometrischen Hecken wechselten sich ab mit eher buschig bewachsenen Abschnitten, die mit Gittern versehene Wege, Obstgärten und einige bewohnte Eremitagen beinhalteten. Wasserbassins, Kanäle und Brunnen spielten ebenfalls eine große Rolle. Auf dem bis heute erhaltenen See wurden kriegerische Mini-Wasserschlachten, *naumaquias* genannt, veranstaltet. Ebenso diente er als Kulisse für Aufführungen der Schauspiele von Calderón de la Barca und Lope de Vega. Eine großartigere Atmosphäre als in Sommernächten inmitten des üppigen Grüns – mit seinen Düften und der kühlen Nachtluft – ist schwer vorstellbar. Auch der königliche Hof veranstaltete hier Turniere, Stierkämpfe, Jagden und Bankette.

Die goldene Zeit des Palastes und seines Park endete mit dem Tod Philipps IV. im Jahr 1665. Heute ist mit dem Großen See und einem anderen achteckigen Wasserbecken nur wenig aus der damaligen Zeit erhalten. Politische Ereignisse und wechselnde Moden der Gartenarchitektur haben über drei Jahrhunderte ihre Spuren hinterlassen.

Die Regentschaft von Philipp V., dem ersten Bourbonen auf dem spanischen Thron, führte im frühen 18. Jahrhundert zu grundlegenden Veränderungen des Parks: Im Auftrag des Königs legte der französische Gartenbaumeister Robert de Cotte die bis heute erhaltenen ausgedehnten Parterres entlang einer Mittelachse an – ein Abbild der französischen Vorliebe für Symmetrie und offene Bereiche. Sie waren damals Teil eines größeren Plans, der den nüchternen Habsburger-Palast in ein prachtvolles barockes Schloss verwandeln sollte.

Links und oben Trotz späterer Veränderungen ist der Einfluss des französischen Barocks in diesem Parterre, das von Robert de Cotte im frühen 18. Jahrhundert angelegt wurde, deutlich erkennbar: Buchsbaumhecken, Lorbeerpyramiden, schirmförmig geschnittene Zypressen und Zedern bestimmen das Bild der weitläufigen Anlage.

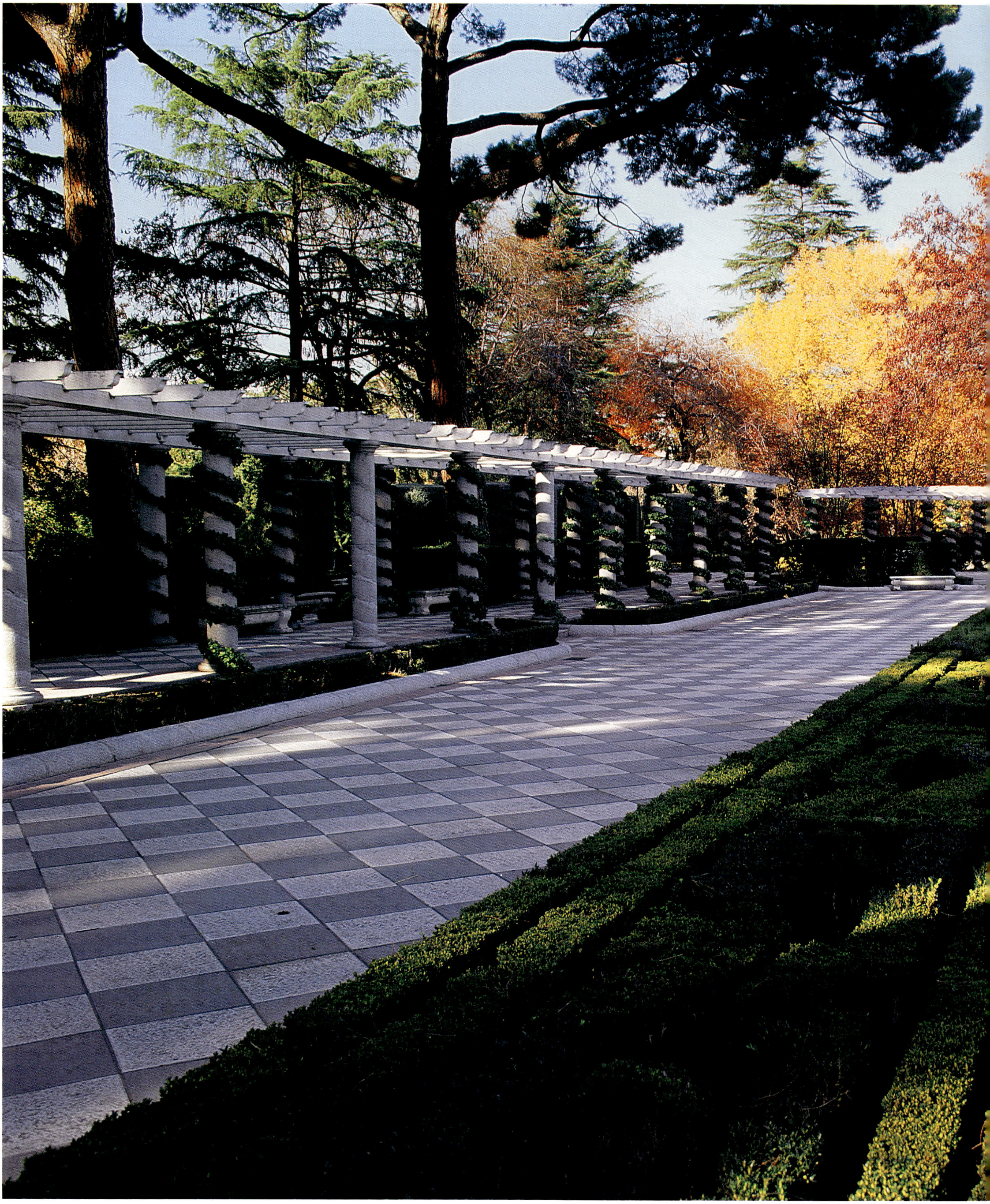

Der Spanische Unabhängigkeitskrieg von 1808 bis 1814 erwies sich auch für Buen Retiro als Desaster, der Palast wurde von der eingerückten französischen Armee als Hauptquartier requiriert. Tausende Bäume fielen der Axt zum Opfer. Nach der Wiedereinsetzung des Bourbonen-Königs Ferdinand VII. (1784–1833) im Jahr 1814 erfolgte eine groß angelegte Wiederaufforstung, und der Park wurde für die Öffentlichkeit geöffnet – mit Ausnahme des »Reserve« genannten Gartenabschnitts, der ausschließlich der königlichen Familie vorbehalten blieb. Hier entstand ein neuer romantischer Garten mit kleinen malerischen Bauten wie einer kleinen Fischerhütte und einem künstlichen Berg. Außerdem ließ sich der König, der damaligen Mode folgend, einen exotischen Tierpark einrichten, der später zum Madrider Zoo wurde.

Im Jahr 1868 gingen die Gärten in staatliches Eigentum über und wurden zum ersten Volkspark der Stadt. Die Kutschenauffahrt, die als Treffpunkt der höheren Gesellschaft jener Tage diente, stammt aus dieser Zeit.

Im Jahr 1941 gestaltete Cecilio Rodríguez, Obergärtner des Buen Retiro, einen neuen Gartenteil um ein zentrales Wasserbecken herum: Neben streng geschnittenen Buchsbaum- und Zypressenhecken fallen die schmalen, formierten Efeugirlanden ins Auge, die sich um die Säulen der Pergola winden.

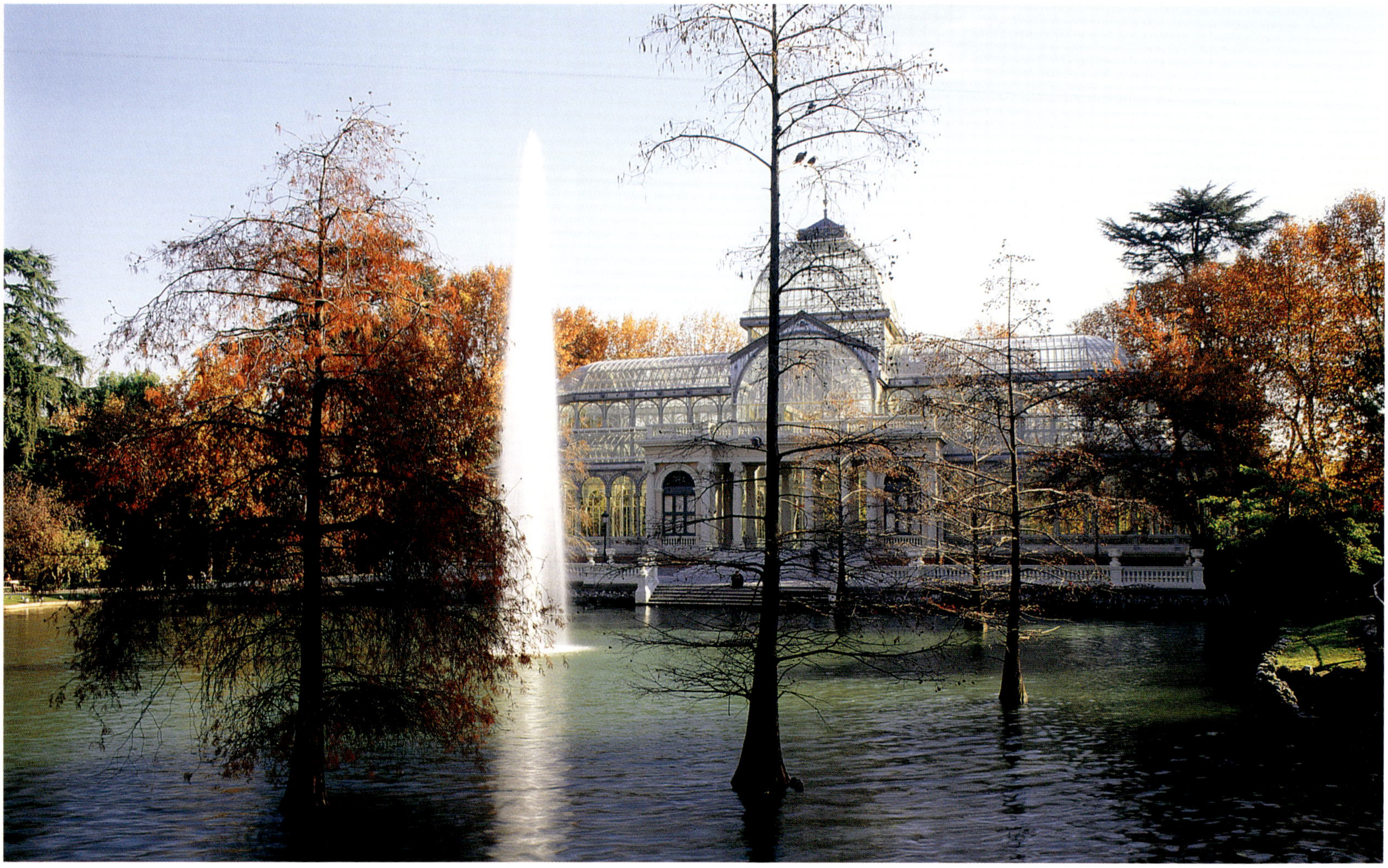

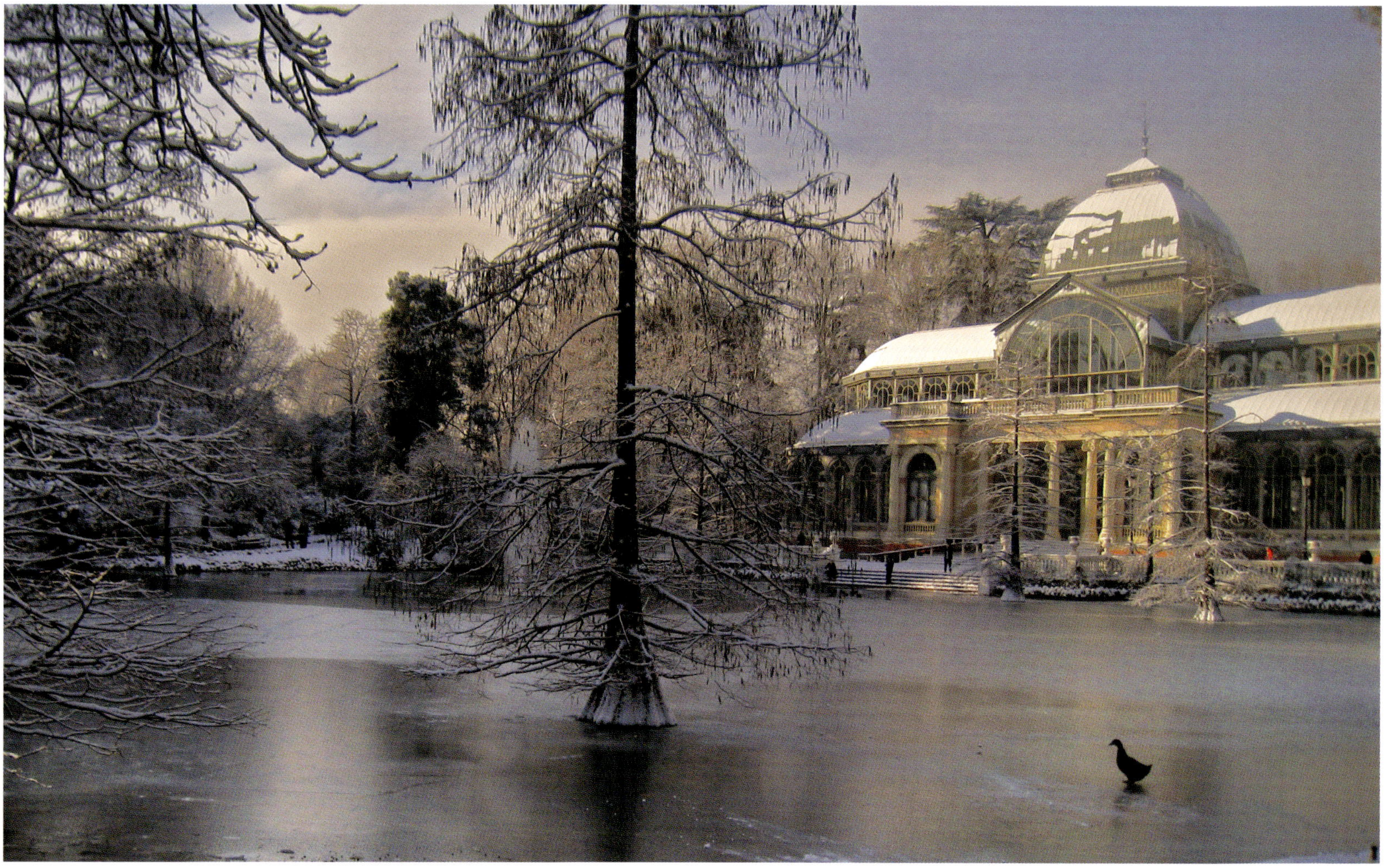

Der wunderschöne Kristallpalast entstand 1887 als neue Heimat für exotische Pflanzen, die anlässlich einer Ausstellung über die Philippinen von dort importiert worden waren. Unter den zahlreichen Veränderungen, die der Park seitdem durchlief, sticht besonders das Mausoleum von Alfons' XII. aus dem Jahr 1922 am Großen See hervor.

Ebenso beeindrucken die Gartenanlagen, die Cecilio Rodriguez entwarf: Der formale Rosengarten *Rosaleda del Retiro* von 1915 und der 1941 entstandene formale Garten, der heute seinen Namen trägt.

El Retiro ist heute das Wahrzeichen Madrids und der schönste Park der Stadt. Seine Gestaltung entwickelt sich beständig weiter, wie der Bosque de la Ausentes (Wald der Verstorbenen) zum Gedenken an die Opfer der Terroristenanschläge vom 11. März 2004 in Madrid zeigt. Die Madrileños schätzen den grünen Park von Buen Retiro und seine frische Luft als willkommene Zuflucht vor der dürren kastilischen Hochebene, die sich am Horizont zeigt.

Links Der Kristall-Palast, ein riesiges Gewächshaus, wurde eigens für die Philippinen-Ausstellung im Jahr 1887 errichtet. Heute beherbergt er wechselnde Ausstellungen zeitgenössischer Kunst. Im künstlichen See vor dem Palast gedeihen prächtige Sumpfzypressen *(Taxodium distichum)*.

Oben Das achteckige Wasserbecken stammt aus den frühen Tagen des Gartens, als eine kleine Brücke zu einem Insel-Pavillon führte.

Folgende Seiten Das gigantische Mausoleum Alfons' XII. am See wirkt etwas anachronistisch: Die riesige mit Statuen überladene Säule des Grabmals wird von einem Reiterstandbild des Königs gekrönt.

Das Denkmal für Alfonso XII. am Gran Estanque (großer See) ist eine der Sehenswürdigkeiten Madrid. Die beeindruckende Anlage wurde 1922 nach Plänen des Architekten José Grasés Riera erbaut. Mächtige Kolonaden umgeben die riesige Säule des Denkmals, die von einem Reiterstandbild des Königs aus Bronze gekrönt wird. Eine breite Steintreppe, an deren Seiten steinerne Löwen wachen, führt hinunter zum See. Zusammen mit den zahlreichen allegorischen Skulpturen zur Geschichte der spanischen Nation erinnert die theatralische Anlage an das Denkmal für den iltalienischen König Viktor Emanuel II. in Rom.

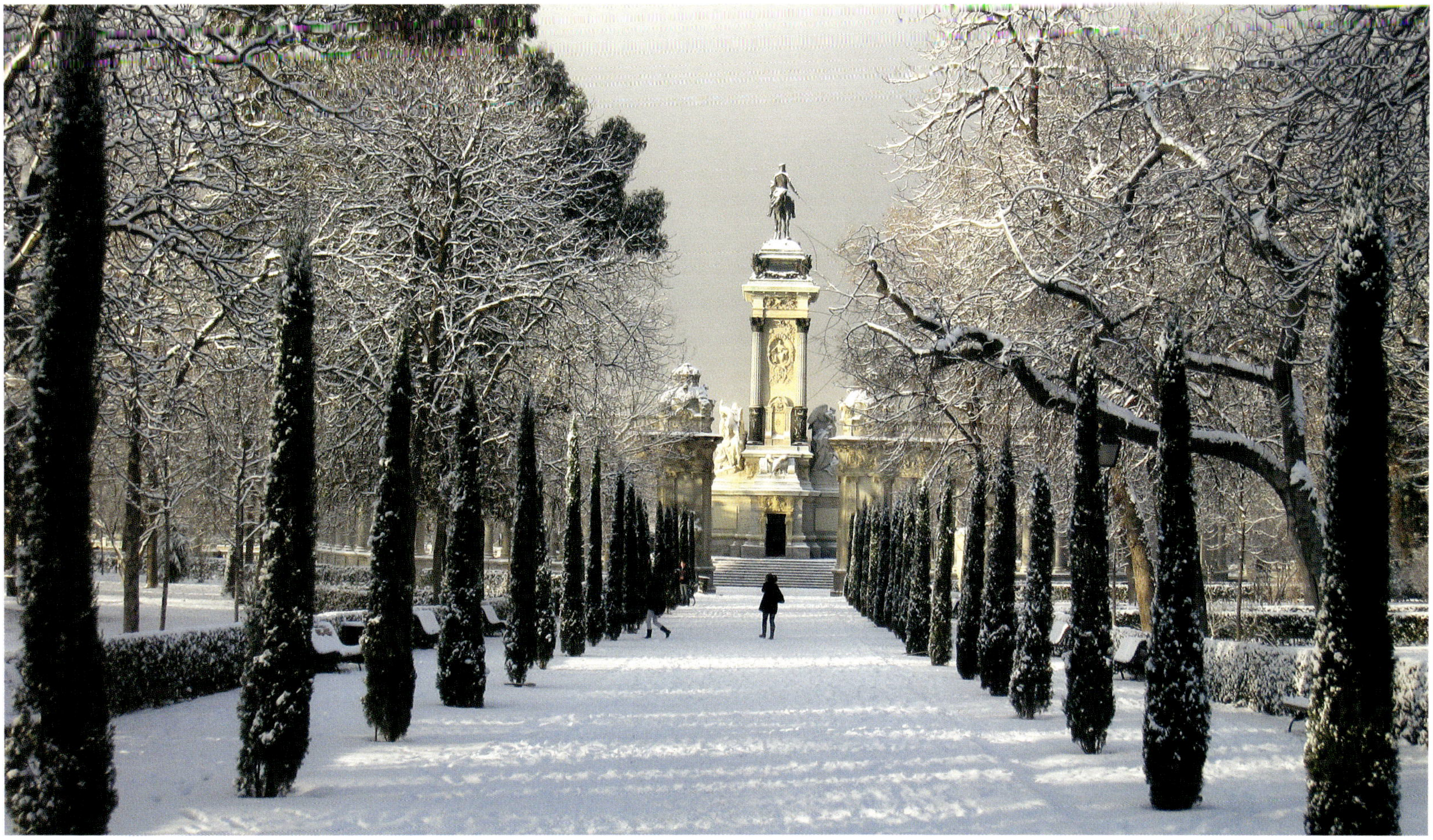

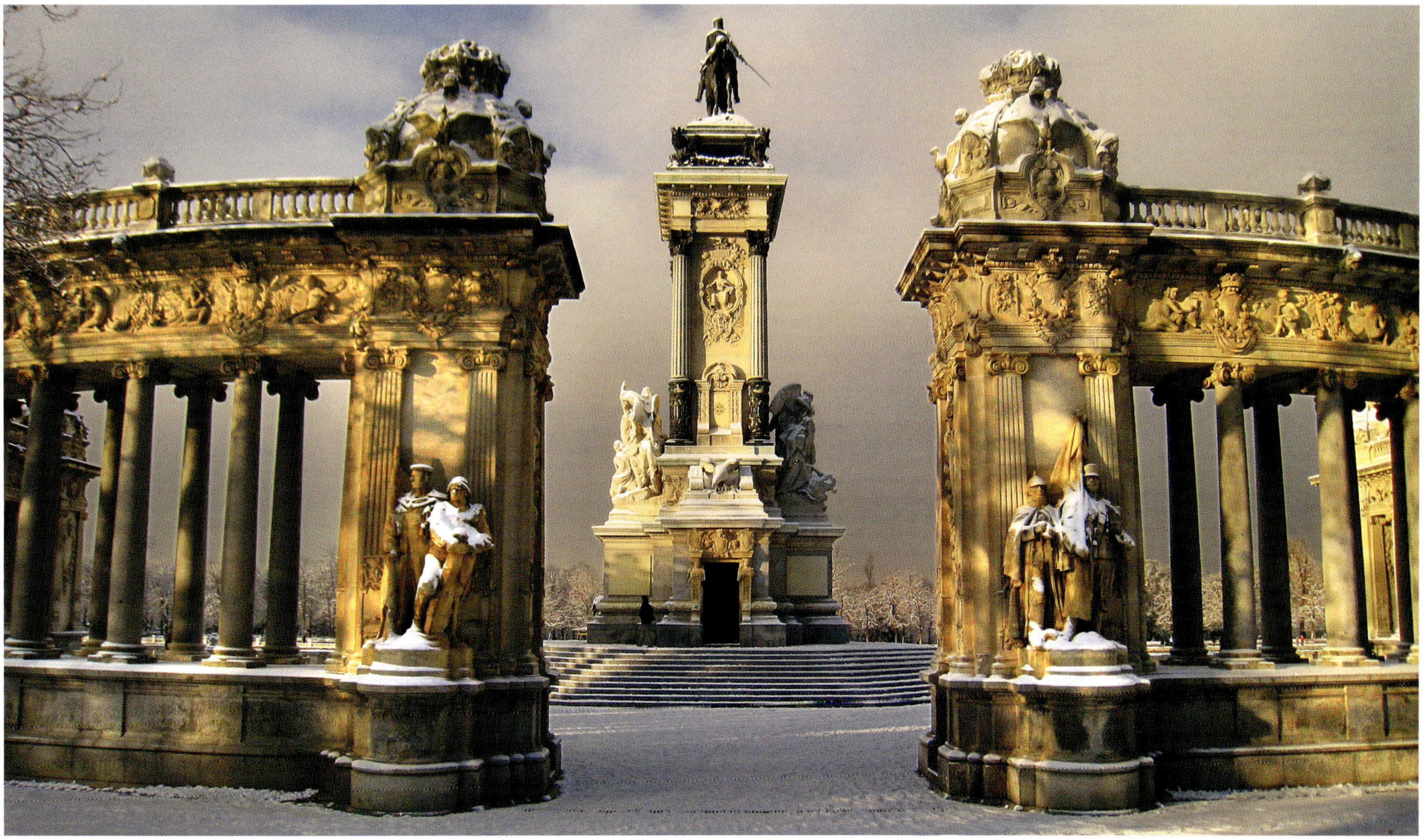

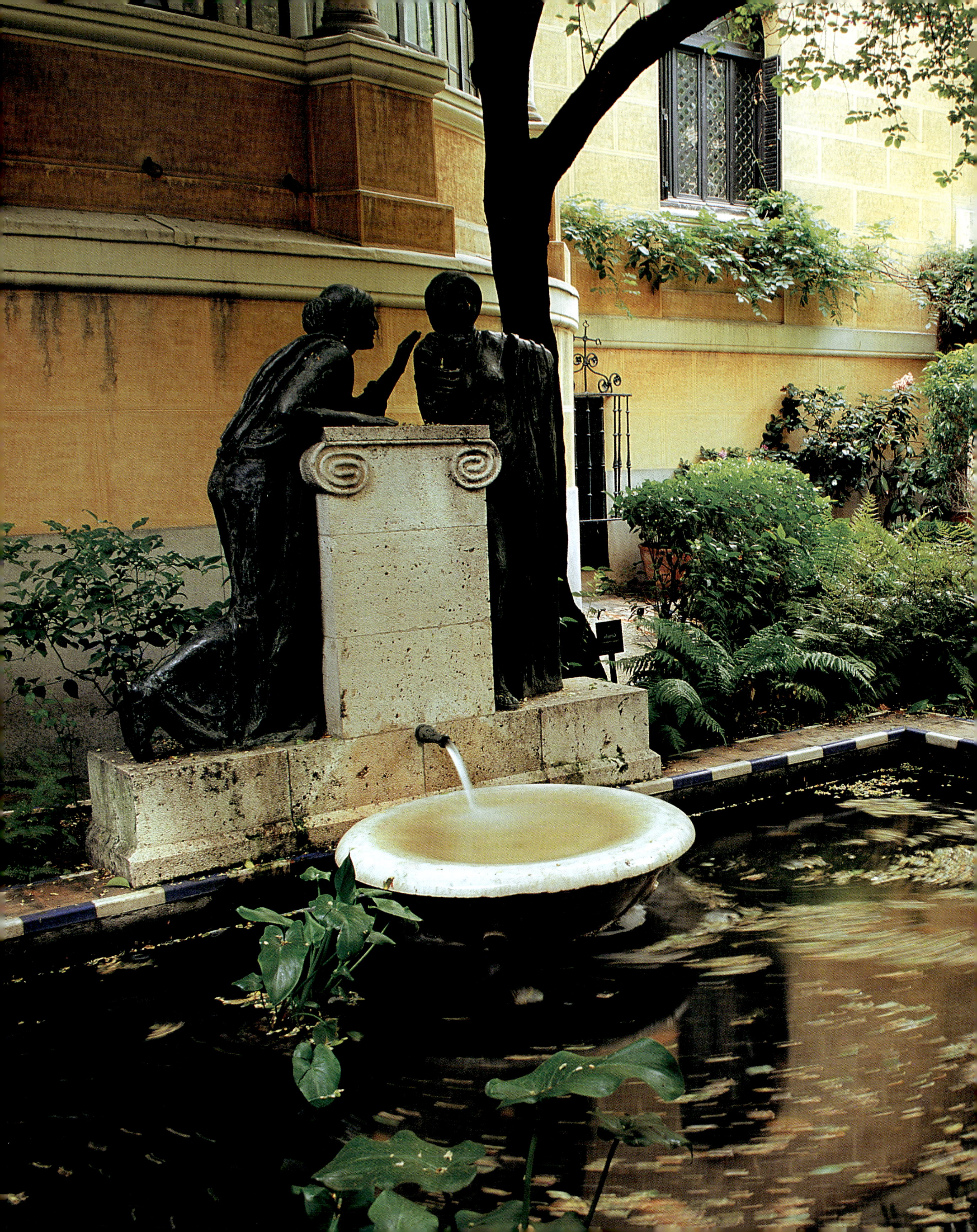

JARDÍN DE JOAQUÍN SOROLLA

Madrid

Wer diesen Garten des berühmten impressionistischen Malers betritt, wird sofort von einer einzigartigen Atmosphäre gefangen genommen: ein Fest für die Sinne mit einladenden Winkeln, die Ruhe und Harmonie versprechen. Der Künstler gestaltete diesen Garten als Wohn- und Arbeitsplatz, an dem er Farben und Texturen erfassen, mit Licht und Schatten spielen konnte. Wie der Künstler und Gartengestalter Javier de Winthuysen schrieb: »Sorolla, der Liebhaber der Farben, hat in den Gärten seines Hauses in Madrid die ganze Heiterkeit und Freude Andalusiens und des Mittelmeers versammelt.«

Joaquín Sorolla, 1863 in Valencia geboren, gilt als der große spanische Maler des Lichts: Leuchtende Farben und ein großzügiger Pinselstrich charakterisieren seine berühmten Strandszenen mit dem unverwechselbaren Licht der spanischen Mittelmeerküste. Sorrollas Werke, die auch volkstümliche Traditionen aufgreifen sowie Landschaften, Porträts und Gartenszenen darstellen, fanden schnell weltweite Anerkennung.

Der Maler liebte Andalusien, besonders seine Architektur und seine Gärten, und kehrte immer wieder dorthin zum Malen zurück. Sein Traum war, den andalusischen Stil in seiner Madrider Stadtvilla zu realisieren.

Der Brunnen der Geheimnisse (Fuente de las Confidencias) am mit Farnen gesäumten Wasserbecken ist ein Werk des Bildhauers Francisco Díaz Pintado aus Valencia.

Die Bauarbeiten für die Villa, die nicht nur ein Familiensitz für Sorolla, seine Ehefrau Clothilde und die drei gemeinsamen Kindern sein, sondern auch das Atelier des Künstlers enthalten sollte, begannen 1910 nach Plänen des Architekten Enrique Maria Repullés.

Obwohl sich Sorolla auch an der Gestaltung des Hauses beteiligte, galt seine Liebe vor allem dem Garten, den er im typisch andalusischen Stil aus einer gelungenen Mischung spanisch-arabischer und italienischer Elemente komponierte und vielfach auf seinen Bildern darstellte. Der Einfluss der Gärten Real Alcázar in Sevilla und Generalife in Granada spiegelt sich unverkennbar in den Fliesen, Myrtensträuchern, Wasserkanälen und im länglichen Wasserbecken wider, denen der Hausherr klassische Gestaltungselemente wie Statuen, Säulen, Lorbeerbüsche und Buchshecken zugesellte. Die dreigeteilte Gartenanlage, die den Stil des Hauses fortsetzt, entstand zwischen 1911 und 1917. Das Plätschern der Brunnen und die Düfte von Jasmin, Rosen und Magnolien entführen den Besucher in den Süden. Sorolla pflanzte selbst zahlreiche Bäume, wie die Scheinakazie (*Robinia pseudoacacia*), die weiße Maulbeere (*Morus alba*) und den Judasbaum (*Cercis siliquastrum*).

Die Gemälde im Haus – seit 1932 das Sorolla-Museum – bekunden, dass der Künstler praktisch jeden Winkel seines Gartens mit dem Pinsel festgehalten hat. Dort im Garten ereilte den Maler, während er gerade an einem Porträt der Señora Perez de Ayala arbeitete, am 17. Juni 1920 ein schwerer Schlaganfall, der schließlich 1923 zu seinem Tod führte.

Oben und rechts Bei der Gestaltung dieses Gartenbereiches ließ sich Joaquín Sorolla von dem lang gestreckten Wasserbecken, den bunten Fliesen und den sich kreuzenden Fontänen im Garten des Generalife (Granada) inspirieren. Formhecken aus Myrte und leuchtend rote Geranien in Töpfen sorgen für ein perfektes Bild.

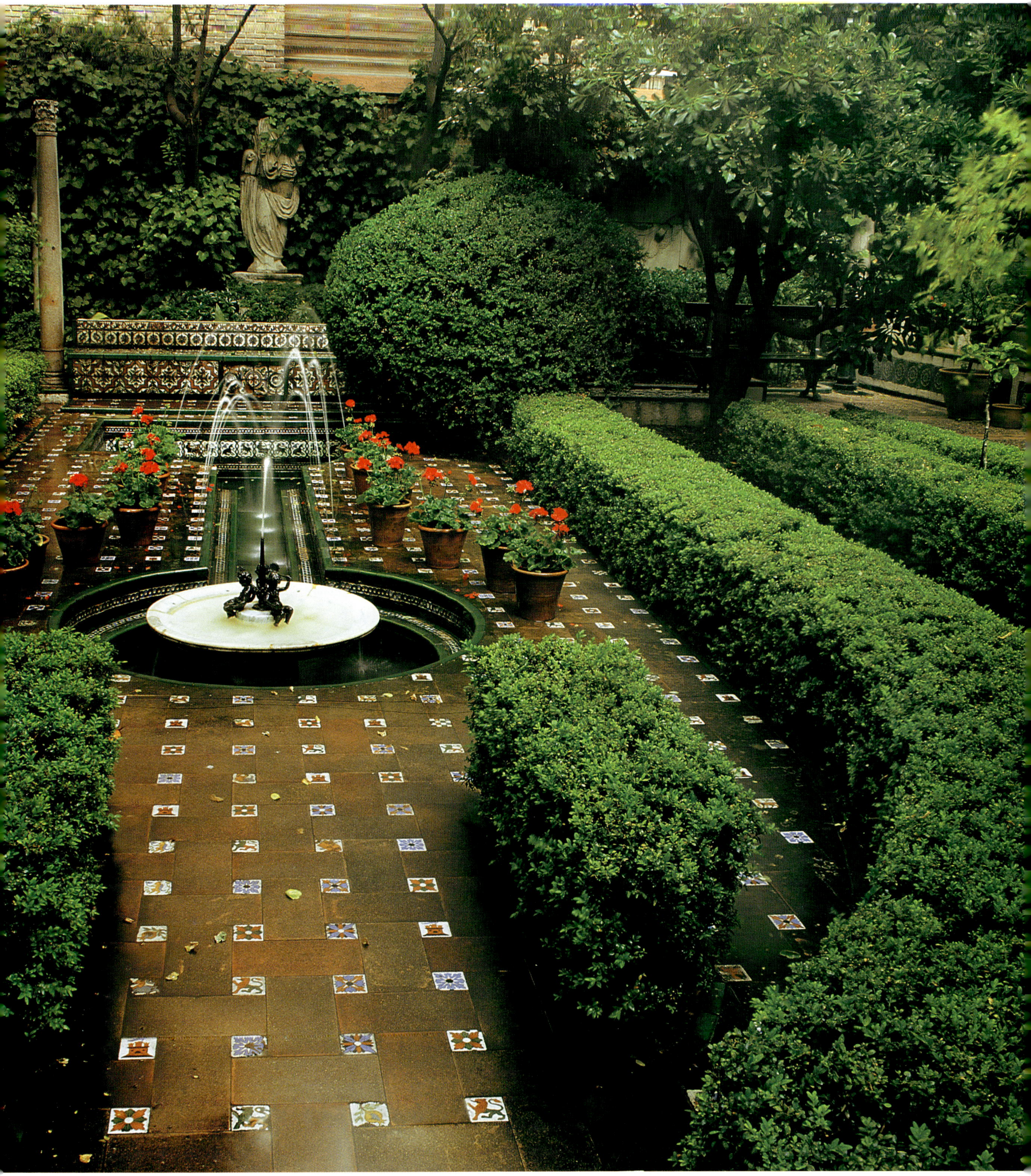

REAL JARDÍN BOTÁNICO
Madrid

Der Botanische Garten von Madrid, eine gelungene Synthese aus Kunst und Wissenschaft, aus Schönheit und Sachlichkeit, ist ein Produkt der Aufklärung, die den Hof der Bourbonen in der zweiten Hälfte des 18. Jahrhunderts prägte: König Karl III. – der den Spitznamen »größter Bürgermeister Madrids« trug – ließ den Garten 1774 im Rahmen eines Großprojektes zur Förderung der Wissenschaften anlegen; zeitgleich entstanden das Observatorium und das Naturkundemuseum, das heute zum Prado-Museum gehört.

Sein Vorgänger König Ferdinand VI. hatte bereits 1755 vor den Toren Madrids in Soto de Migas Calientes einen ersten Garten für Arznei- und exotische Pflanzen eingerichtet. Im selben Jahr brach eine multidisziplinäre Expedition, an der auch der schwedische Botaniker Peter Löfling – Lieblingsschüler von Carl Linné – teilnahm, nach Venezuela und Kolumbien auf, um den Orinoko zu erforschen. Dies war die erste zahlreicher Expeditionen in die Neue Welt (siehe auch Jardín de Aclimatación de la Orotava), die schließlich Spaniens führende Stellung in der Botanik begründen sollte. Die Studien Löflings, der die Reise nicht überlebte, wurden 1758 posthum unter dem Titel *Iter Hispanicum* veröffentlicht. Sie bilden heute mit anderen Expeditionsberichten, einem riesigen Herbarium sowie abertausend Zeichnungen und Drucken die wertvolle Bibliothek des Jardín Botánico.

Die Inschrift über der Puerta del Rey (Königstor) verkündet, dass der Garten der

Die Buchsbaum-Karrees präsentieren eine wertvolle Sammlung alter Rosen. Der Granitbrunnen in der Mitte des Rosengartens ist typisch für die Region Madrid.

Förderung der Wissenschaften dient, die mit ihren medizinischen, kulinarischen und industriellen Entdeckungen das Leben grundlegend umwälzen sollten: »Carolus III. P.P. BOTANICES INSTAURATOR CIVIUM SALUTI ET OBLECTAMENTO ANNO MDCCLXXXI« (Karl III., Vater der Heimat, Erbauer des botanischen Gartens für die Gesundheit und Erholung seiner Untertanen, 1781).

Die revolutionäre botanische Klassifikation von Linné, der Madrid nie selbst besucht hatte, prägt bis heute die klare Gestaltung des Botanischen Gartens von Madrid. Diese ist das Werk des Baumeisters Juan Villanueva, der 1780 die fünf Jahre zuvor begonnenen Arbeiten von dem Italiener Francesco Sabatini übernommen hatte. Villanueva behielt die Dreiteilung des Gartens bei, ersetzte jedoch die aufwendigen Parterres mit einer schlichteren Gestaltung, die besser mit dem sachlichen Charakter wissenschaftlicher Forschung harmonierte. Wer den Garten durch die neoklassische Puerta de Murillo, ebenfalls ein Werk Villanuevas, betritt, kann die einfache Gestaltung der Terraza de los Cuadros (Terrasse der Quadrate) bewundern: Die mit niedrigen Formhecken eingefassten Quadrate, in deren Mitte jeweils ein Granitbrunnen platziert ist, präsentieren eine Fülle von Zier-, Heil- und Duftpflanzen. Die zweite, höher gelegene Terraza de las Escuelas Botánicas (Schule der Botanik) folgt demselben Muster. Hier sind die Pflanzen nach der Linné'schen Taxonomie in Familien gepflanzt.

Auf der dritten Terrasse, der Terraza del Plano de la Flor (Terrasse der Blüten), liegt ein romantischer Garten mit verschlungenen Wegen und hohen Schneeball-Hecken, der im 19. Jahrhundert angelegt wurde. Das Gewächshaus, eine beeindruckende Eisen-Glas-Konstruktion, entstand zur selben Zeit wie auch der ovale See mit der Linné-Büste in der Mitte, an dessen Ufer es steht. Es beherbergt tropische Pflanzen, Wassergewächse und Moose. Die meisterliche Hand Villanuevas ist ferner in zwei weiteren Wasserbecken, einer mit spanischem Wein bewachsenen Eisenpergola und dem ihm gewidmeten, entzückenden *Pabellón Villanueva* zu erkennen.

Oben Der Forschungsreisende Martín Sessé brachte die Dahlie von Mexiko nach Spanien.

Links Azaleen in voller Blüte.

Rechts Die aufstrebende Form der Irisblätter findet ihre Fortsetzung im straff aufrechten Wuchs der Säulenzypressen.

Folgende Seiten Streng und nüchtern: Tulpen in den langen, von Buchsbaum gesäumten Beeten der Terraza de los Cuadros (Terrasse der Quadrate).

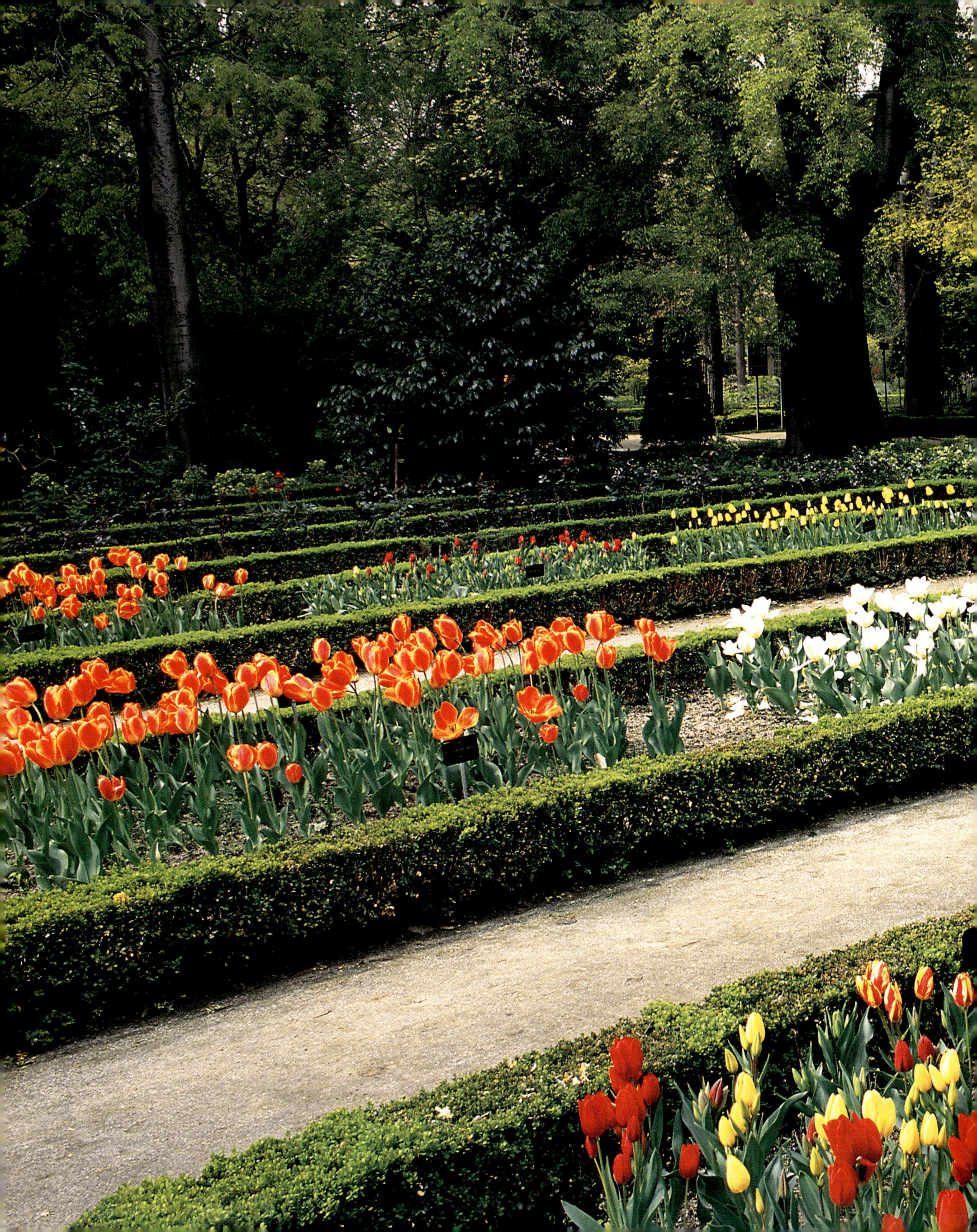

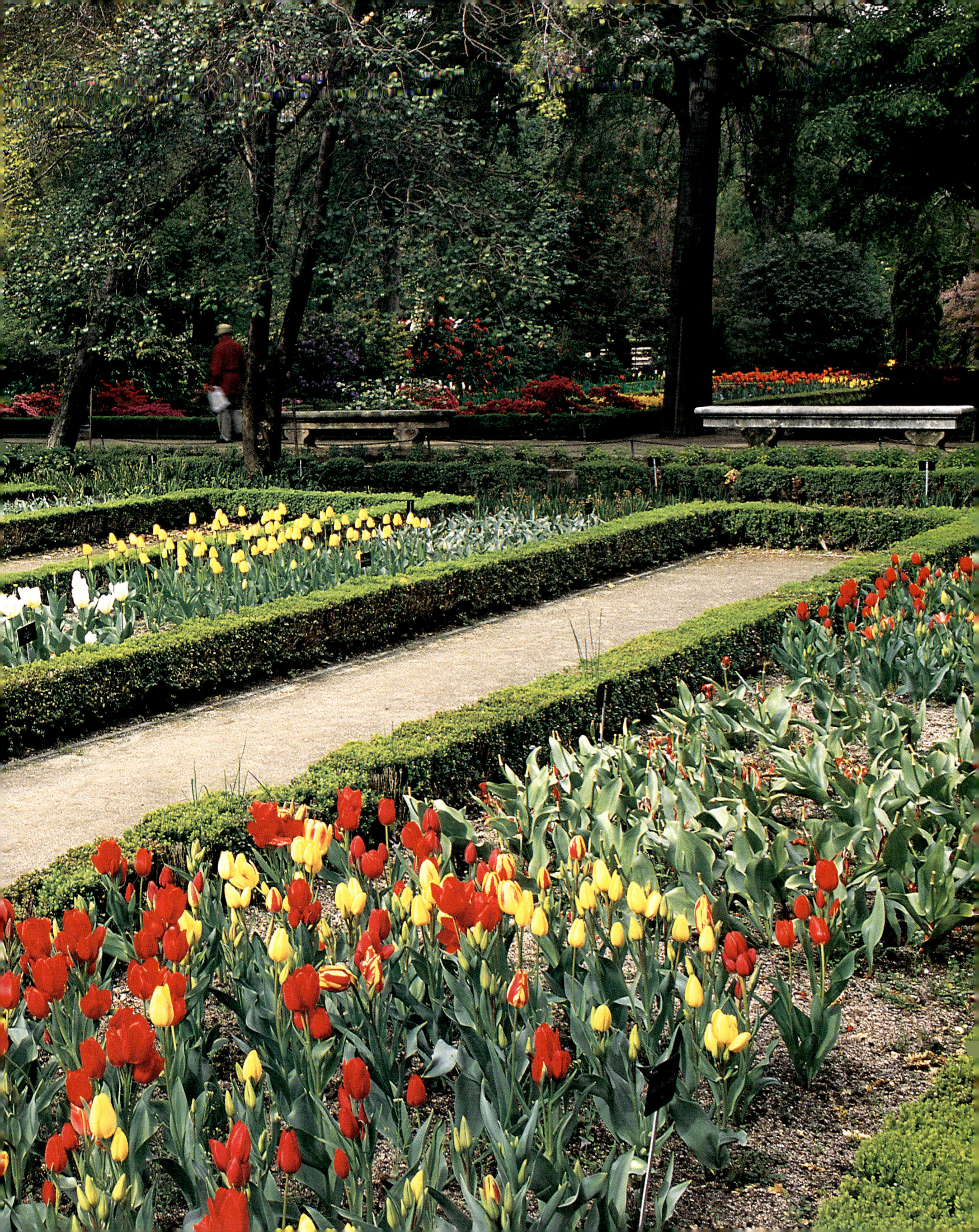

Oben Rot-Buche *(Fagus sylvatica)*

Links Hundertjährige Agave *(Agave americana)*

Oben Silber-Chinaschilf *(Miscanthus sinensis)*

Rechts Silber-Ahorn *(Acer saccharinum)*

Rechts außen Blasenkirsche *(Physalis alkekengi)*

Dieser Pavillon gehörte ursprünglich zu einem Duo von Gewächshäusern, die durch einen Hörsaal verbunden waren, in dem der berühmte Botaniker Antonio José Cavanilles seine Vorlesungen hielt.

In seiner Hochzeit war der Real Jardín Botánico ein internationales Zentrum der Extraklasse; die fundamentale Krise und Zweiteilung Spaniens im 19. Jahrhundert forderten jedoch auch hier ihren Preis: Der Garten schrumpfte und wurde schließlich zum Zoo. Das 20. Jahrhundert verlief über lange Strecken ebenso katastrophal und führte zur völligen Vernachlässigung des Gartens. Erst die Restaurierung der Anlage zwischen 1974 und 1981 unter Leitung des Gartenarchitekten Leandro Silva Delgado (dessen Privatgarten auf Seite 112 beschrieben ist) brachte sie zu neuem Glanz. Die jüngsten Erweiterungen sind das Gewächshaus von 1993 und die Terraza de los Laureles (Lorbeer-Terrasse), die am höchsten gelegene, aber wesentlich kleinere vierte Terrasse, die eine Bonsai-Sammlung präsentiert.

Mit seinen über 5.000 verschiedenen, auf rund acht Hektar Fläche angesiedelten Spezies ist der Botanische Garten heute ein Tempel der Schönheit und Wissenschaft, eine lebende Enzyklopädie, die den Wissensdurst bei einem entspannten Spaziergang stillt. Wie Linné sagte: »Wenn Sie den Namen der Dinge nicht kennen, wird das verloren gehen, was Sie von ihnen wissen.«

EL CAPRICHO
Madrid

Oben Auf der kleinen Insel im künstlichen See steht ein Gedenkstein für den Dritten Grafen Osuna; davor wurde ein Wasserfall angelegt. Am rechten Ufer befindet sich das mit Bambus verkleidete Bootshaus, das »Stock-Haus«, das innen mit kunstvollen *trompe-l'œil*-Malereien dekoriert ist.

Gegenüber In voller Blüte: ein Judasbaum (*Cercis silquastrum*) vor dem Bacchus-Tempel.

El Capricho (Die Laune) ist genauso originell und extravagant wie sein Name verspricht. Sobald Sie diesen Garten betreten, verstummt der Trubel der Umgebung und Sie verlieren sich in der Zauberlandschaft einer himmlischen Wiese mit einem Miniatur-Schloss und einem riesigen Bienenhaus. Dieses magische Königreich bildete eine großartige Bühne für die spektakulären Freiluft-Aufführungen früherer Zeiten.

Der Garten wurde in den 1780er-Jahren von Maria Josefa Alonso Pimentel, der Gräfin Osuna, erbaut. Sie galt ihrer Zeitgenossin Lady Holland zufolge »wegen ihrer Verdienste, Talente und ihres Geschmacks als die tonangebende Dame ihre Zeit«. Mit ihrem Ehemann, dem neunten Grafen Osuna, versammelte sie oft Intellektuelle, Musiker und Künstler in El Capricho. Goya, dessen Werke den dortigen Palast schmückten, war der Favorit der Gräfin. Sein großartiges Porträt des gräflichen Paares mit seinen vier Kindern hängt heute im Prado-Museum in Madrid.

Die gebildete Gräfin war über die neuesten Entwicklungen der französischen und englischen Gartenarchitektur stets auf dem Laufenden. Nach Rousseaus Parole »Zurück zur Natur« ließ sie eine Anlage erschaffen, die heute als wichtigster Landschaftsgarten Spaniens gilt.

Das Gelände für den Palast – der von Mateo Guill und Manuel Machuca zwischen 1792 und 1795 erbaut wurde – und die 14 Hektar für den Park hatte der Graf 1783 erworben. Eine formal gestaltete Achse beginnt am Eingang und führt, inklusive einer Nische, die ursprünglich eine von ihrem Neffen gestiftete Büste zu Ehren der Gräfin enthielt, über den Plaza de los Emperadores zum Palast. Rechts vom Platz befindet sich ein abgesenkter Irrgarten aus Lorbeerhecken, der 1987 nach den Originalplänen neu aufgepflanzt wurde.

Das imposantestes Werk ist jedoch der höher gelegene Landschaftsgarten: Hier mäandern Wege sanft durch eine leicht hügelige Wiese, durch die ein breiter Bach fließt und den See speist.

Der erste Plan für die Anlage stammte aus der Feder von Pablo Boutelou, dem königlichen Gartenarchitekten. Laut der Historikerin Victoria Soto Caba wurde dieser jedoch nur teilweise realisiert. Die heutige Gestaltung des Garten erfolgte durch die beiden französischen Gartenplaner Jean Baptiste Mulot und seinem Nachfolger Pierre Provost.

Höhepunkte sind die dekorativen Bauwerke, die überraschende Szenen in der zauberhaften Landschaft kreieren. Dazu zählt die

Casa de la Vieja (Haus der alten Dame), die ein Landarbeiterhäuschen imitiert. Statt echter Bauern, wie sie Marie Antoinette im Hameau de la Reine (Weiler der Königin) in Versailles zur Schau stellte, wird das Haus von Spielzeugfiguren bevölkert, die der Bühnenbildner Angel Maria Tadeo aus Mailand zwischen 1792 und 1795 für die Gräfin entwarf. Tadeo zeichnete außerdem verantwortlich für die Eremitage und das im chinesischen Stil mit Bambus verkleidete Bootshaus, das daher »Stock-Haus« hieß. In der innen und außen im *trompe-l'œil*-Stil gestalteten Eremitage lebten Bruder Arsenio, dessen Grab sich neben dem Tempel befindet, und später Bruder Eusebio. Die beiden echten Eremiten, die nach ihrem Tod durch Puppen ersetzt wurden, verstärkten die sentimentale Stimmung des Parks.

Das seltsamste Gebäude und das beste Beispiel für den Geist der Aufklärung in El Capricho ist ein neoklassischer Pavillon, dessen eine gesamte Wandlänge mit Bienenstöcken gefüllt war. Die Ausfluglöcher für die Tiere führten durch die Außenwand, im Inneren des Pavillons konnten die Besucher hinter Fenstern den fleißigen Bienen bei ihrer Arbeit zuschauen.

Über den Wassergraben dieser Miniaturfestung führte ursprünglich eine Zugbrücke. Auch die zwölf Kanonen und der aufziehbare Soldat existieren nicht mehr.

Nebenan befindet sich der von Judasbäumen *(Cercis siliquastrum)* umgebene Bacchus-Tempel, der ursprünglich der Göttin Venus gewidmet war.

1815 beauftragte die Gräfin Antonio Lopez Aguado mit dem Bau eines neoklassischen Tanz-Pavillons oberhalb der Quelle, die den künstlichen Fluss speist – so konnten Gäste per Boot zum Tanz anreisen.

Bis zum Tod des zwölften Grafen, der mit seinem extravaganten Lebensstil eines der größten Vermögen Spaniens durchgebracht hatte, blieb das Anwesen im Besitz der Familie Osuna. 1882 wurde es versteigert, wechselte anschließend noch mehrmals den Eigentümer bis es schließlich während des Spanischen Bürgerkriegs von 1936–1939 als Hauptquartier der Verteidiger Madrids diente.

Die in dieser Zeit entstandenen schweren Schäden an der Gartenanlage sind bis heute sichtbar – nicht nur in Form einer Reihe hässlicher Bunker links neben dem Palast.

Seit der Übernahme des Gartens durch die Stadt Madrid im Jahre 1974 wurden große Bereiche restauriert. So hat der zauberhafte Garten heute den Charme einer vergessenen Welt wiedergewonnen.

Oben Diese neoklassische Denkmalanlage wurde im 19. Jahrhundert restauriert.

Folgende Seiten Blick durch die Säulen des Bacchus-Tempels hinunter zum Palast.

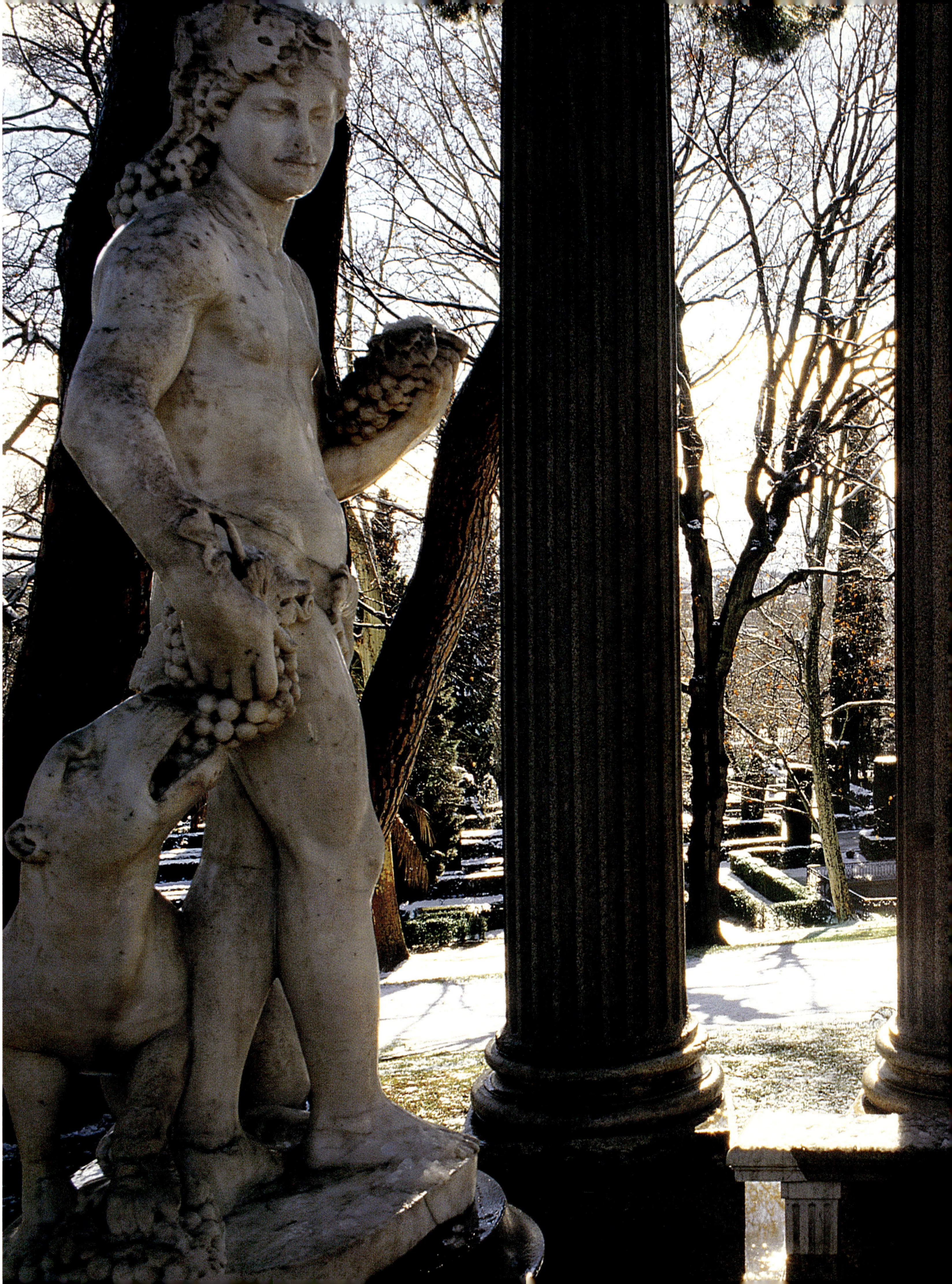

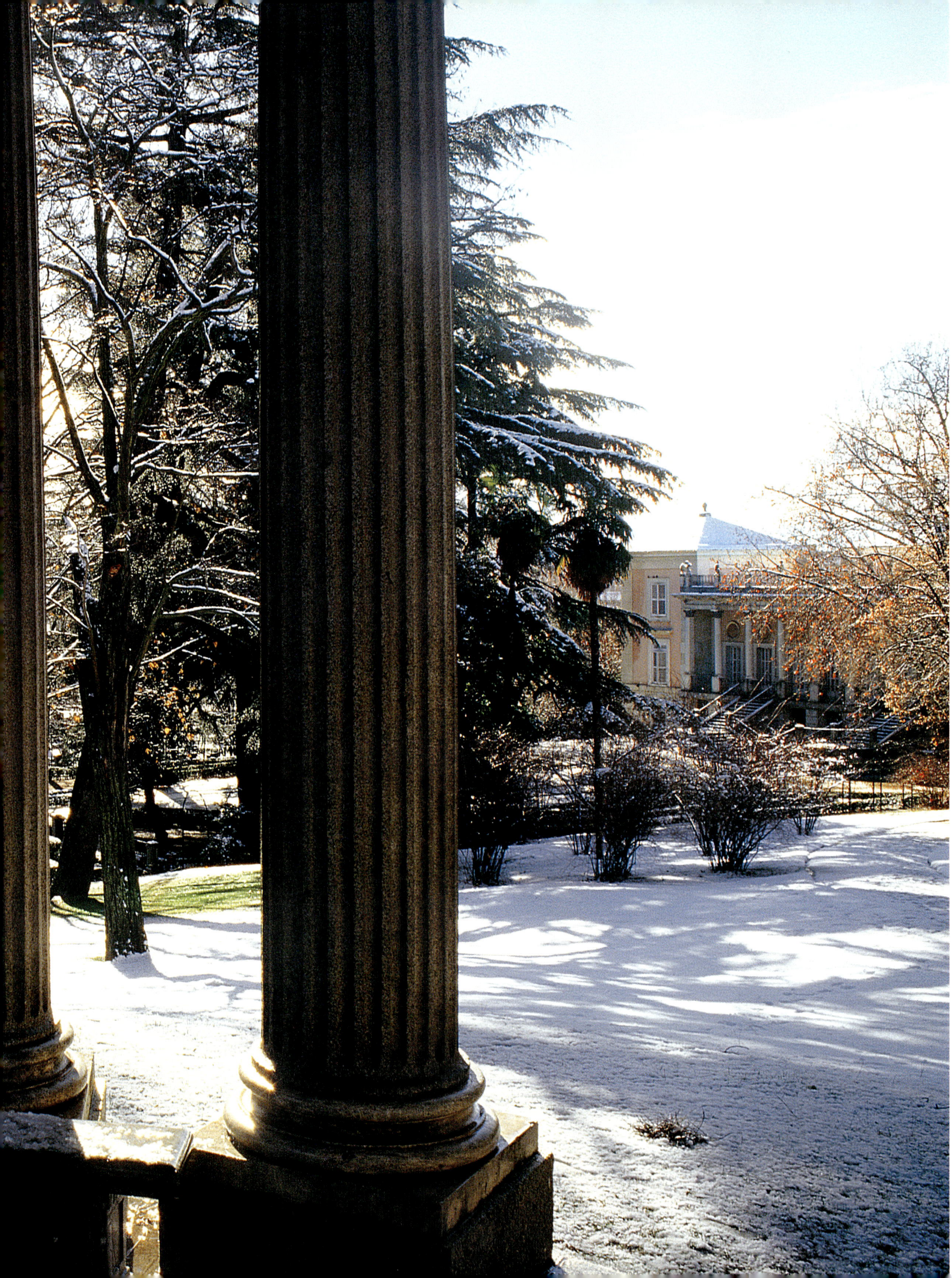

REAL SITIO DE ARANJUEZ
Aranjuez, Madrid

Gut 45 Kilometer südlich Madrids am Ufer des Tajo liegt die Stadt Aranjuez, eine Oase inmitten der ungastlichen Hochebene Kastiliens. Die Perser nannten solche Orte *pairidaeza*, wovon sich Paradies ableitet – ein prächtiger, entlegener Garten, zu dem nur wenige Auserwählte Zugang haben. Aranjuez war mit seiner magischen Welt aus exotischen Pflanzen und Tieren einst Schauplatz luxuriöser Feste des Spanischen Hofes, der hier seine Sommerresidenz hatte. Die herrlichen Gärten von Aranjuez haben viele Maler, Dichter und Musiker inspiriert. Der blinde Komponist Joaquín Rodrigo (1901–1999) meinte, mit seinem berühmten »Concierto de Aranjuez« habe er den Duft der Magnolien, das Lied der Vögel und das Seufzen der Brunnen für immer einfangen wollen.

Heute wird der Königliche Palast von Aranjuez durch einen ungewöhnlichen Stilmix geprägt. Hier verbinden sich Architektur und Stadtplanung – die fruchtbaren Palastgärten erfreuen nicht nur durch Zierpflanzen, sondern liefern köstliche Erdbeeren und zartesten Spargel.

Die Geschichte des Königsplastes begann im 15. Jahrhundert, als Ferdinand II. und Isabella I. die Verwaltung des Santiago-Ordens von Papst Alexander VI. erhielten. Damit fiel das mittelalterliche Schloss der Santiago-Ritter an die spanische Krone. 1561 ließ der Enkelsohn des Königspaares, König Philipp II. (1527–1598), einen neuen Renaissance-Palast erbauen und beauftragte mit Juan Batista de Toledo und Juan de Herrera dieselben Architekten, die auch an seinem Monasterio de San Lorenzo (siehe Seite 122) arbeiteten. Der Palast von Aranjuez wurde allerdings erst in der zweiten Hälfte des 18. Jahrhundert fertiggestellt. Den Königsgarten, einen von hohen Mauern geschützten geheimen Platz, ließ der große Garten-

Oben und rechts Arabesken aus Buchsbaum zieren das Parterre des Inselgartens.

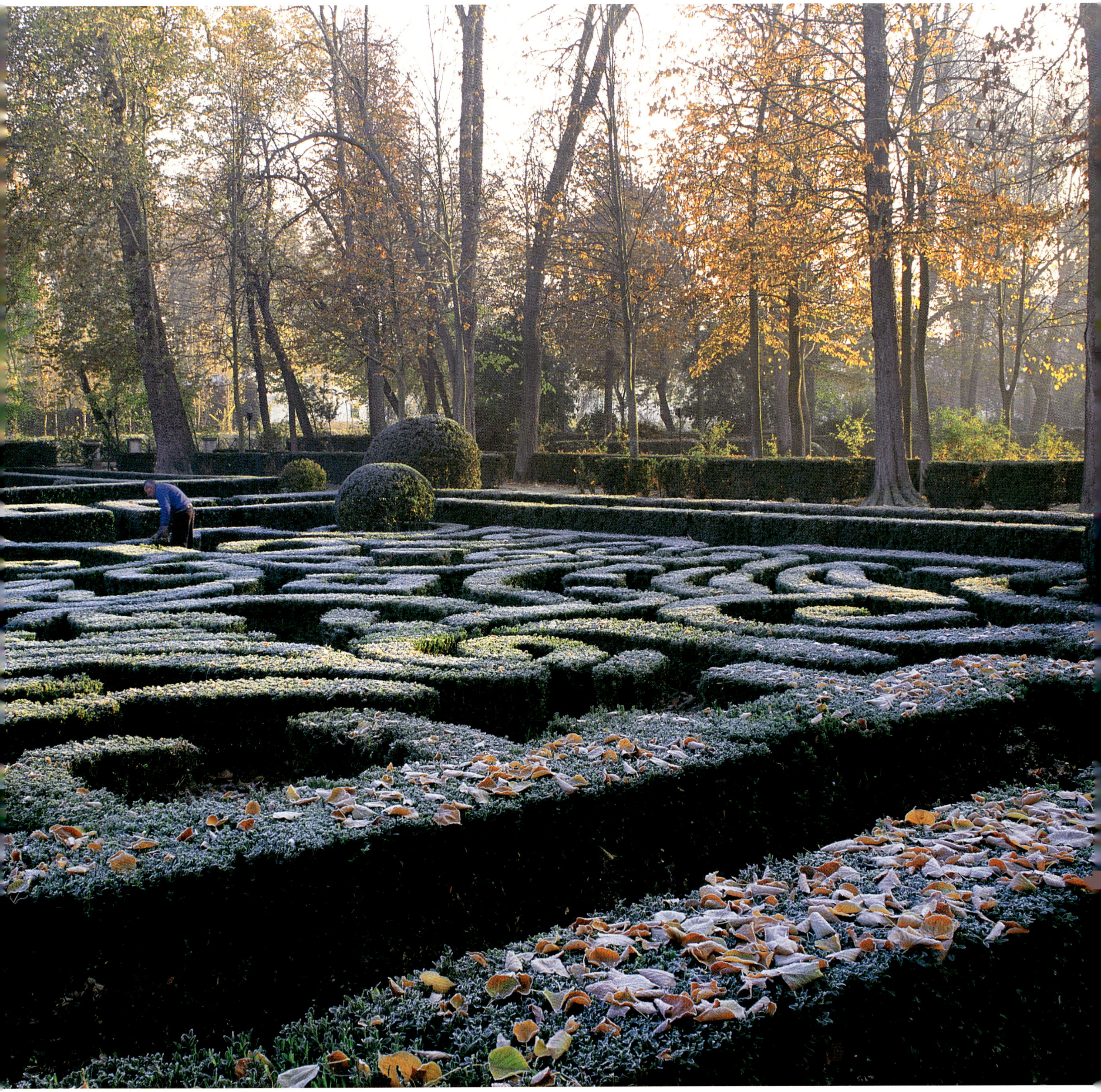

Unten Die Statue El Niño de la Espina (Dornauszieher) in der Fuente de Arpías (Brunnen der Harpyien) ist eine Kopie des griechischen Originals.

liebhaber Philipp II. im italienischen Stil anlegen.

Der Inselgarten im Stil der Renaissance, auf einem Dreieck zwischen dem Tajo und einer Kanalkreuzung gelegen, stammt ebenfalls aus Philipps Zeit. Er zeigt deutlich die Einflüsse flämischer Gartenarchitekten, die hier neben französischen und deutschen Kollegen tätig waren.

Schmale Wege, die ursprünglich von Bogengängen geschützt wurden, und eine zentrale Achse verbinden eine formale Anlage aus kleinen brunnengeschmückten *plazas*, die von Holzgittern gesäumt werden. Um die Plätze gruppieren sich buchsgesäumte Beete; zu Zeiten Philipps enthielten diese Knotengärten aus Duftpflanzen wie Beifuß, Rosmarin und Heiligenkraut, in deren Zwischenräume bunte Sommerblumen dicht gepflanzt oder einfach ausgesät wurden.

Exotik war in der Renaissance sehr gefragt: So zeigt der Inselgarten eine enorme Pflanzenvielfalt aus Asien und Amerika. Kamele, Strauße und andere fremde Tiere rundeten das Bild ab.

Oben rechts Im Herzen des Inselgartens und umgeben von Kastanien befindet sich der Apollo-Brunnen.

Unten rechts El Jardín del Rey (Der Garten des Königs) liegt direkt am Palast.

169

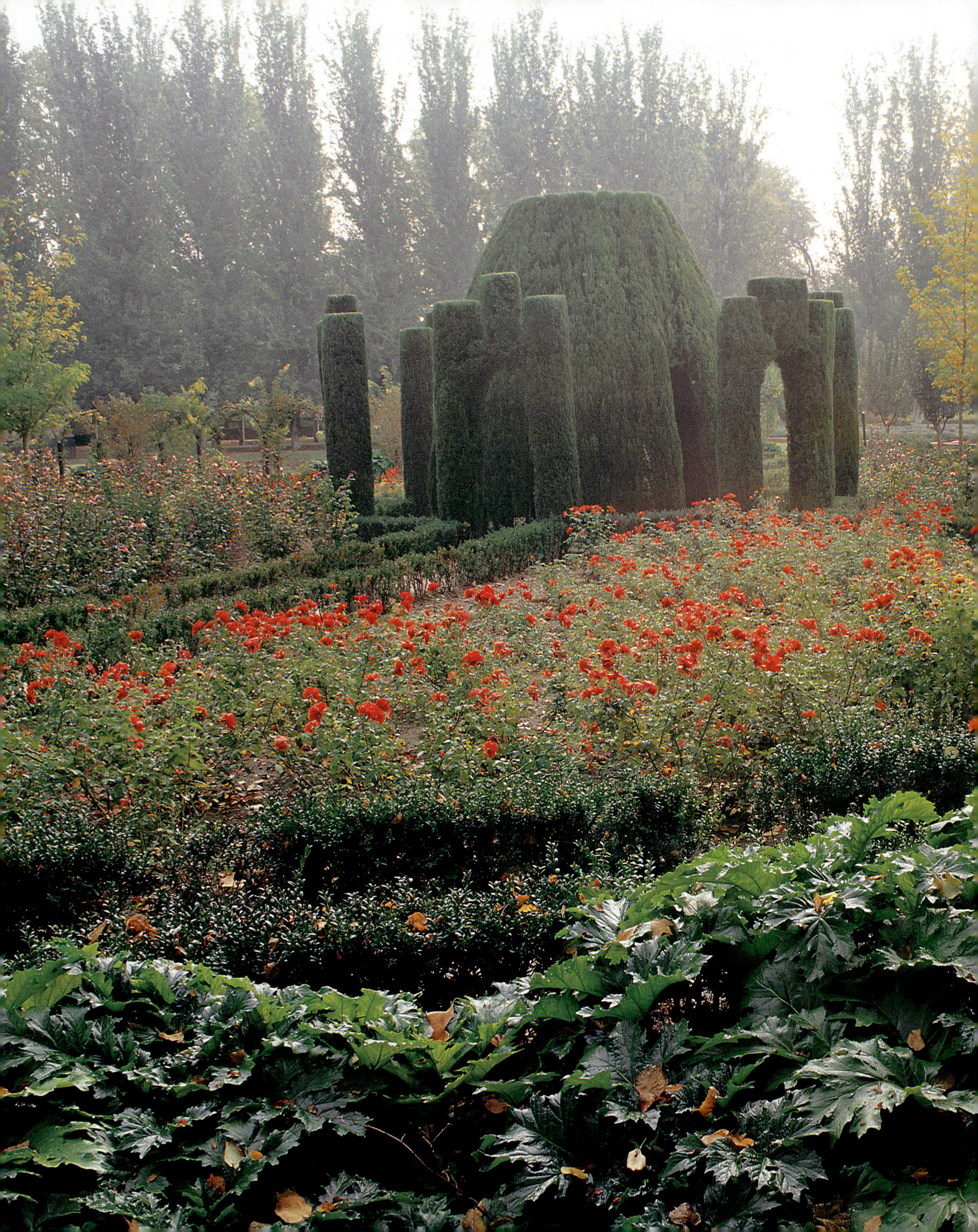

Vor mehreren Umgestaltungen im 17. und 18. Jahrhundert erlebte die Gartenanlage unter König Philipp IV. (1605–1665) noch einmal eine Blüte – als Kulisse großer Feste. Marquesa de Casa Valdés berichtet über die misslungene Geburtstagsfeier für den König im Jahr 1622. Die Königin wollte mit ihren Hofdamen das Stück *La Gloria de Niquea* des Dichters Conde de Villamediana (1582–1622) aufführen, der Gerüchten zufolge hoffnungslos in die Königin verliebt war. Kurz nach Beginn der Aufführung fing das Bühnenbild Feuer. Der König eilte zur Rettung seiner Frau herbei und fand sie in den Armen des Grafen. Angeblich hatte Villamediana selbst das Feuer gelegt, um der Königin bei der Rettung näherzutreten. Wahr oder unwahr – der Graf kam vier Monate später durch ein nie aufgeklärtes Attentat zu Tode.

Während der Inselgarten im typischen Renaissance-Stil der Habsburger-Ära gehalten ist, zeigt sich der Garten des Prinzen im Gewand eines Landschaftsgartens. Bauherr war der Prinz von Asturien (1748–1819), der 1788 als Karl IV. den spanischen Thron bestieg. 1772 betraute er die Architekten Juan Villanueva und Pablo Boutelou, Spross einer bekannten französischen Gärtnerfamilie, mit der Anlage des Gartens, die erst nach 32 Jahren abgeschlossen war.

In der Mitte des alten Obstgartens Jardín del Príncipe (Garten des Prinzen) steht ein schmiedeeiserner Pavillon – das Werk des katalanischen Künstlers Santiago Rusiñol.

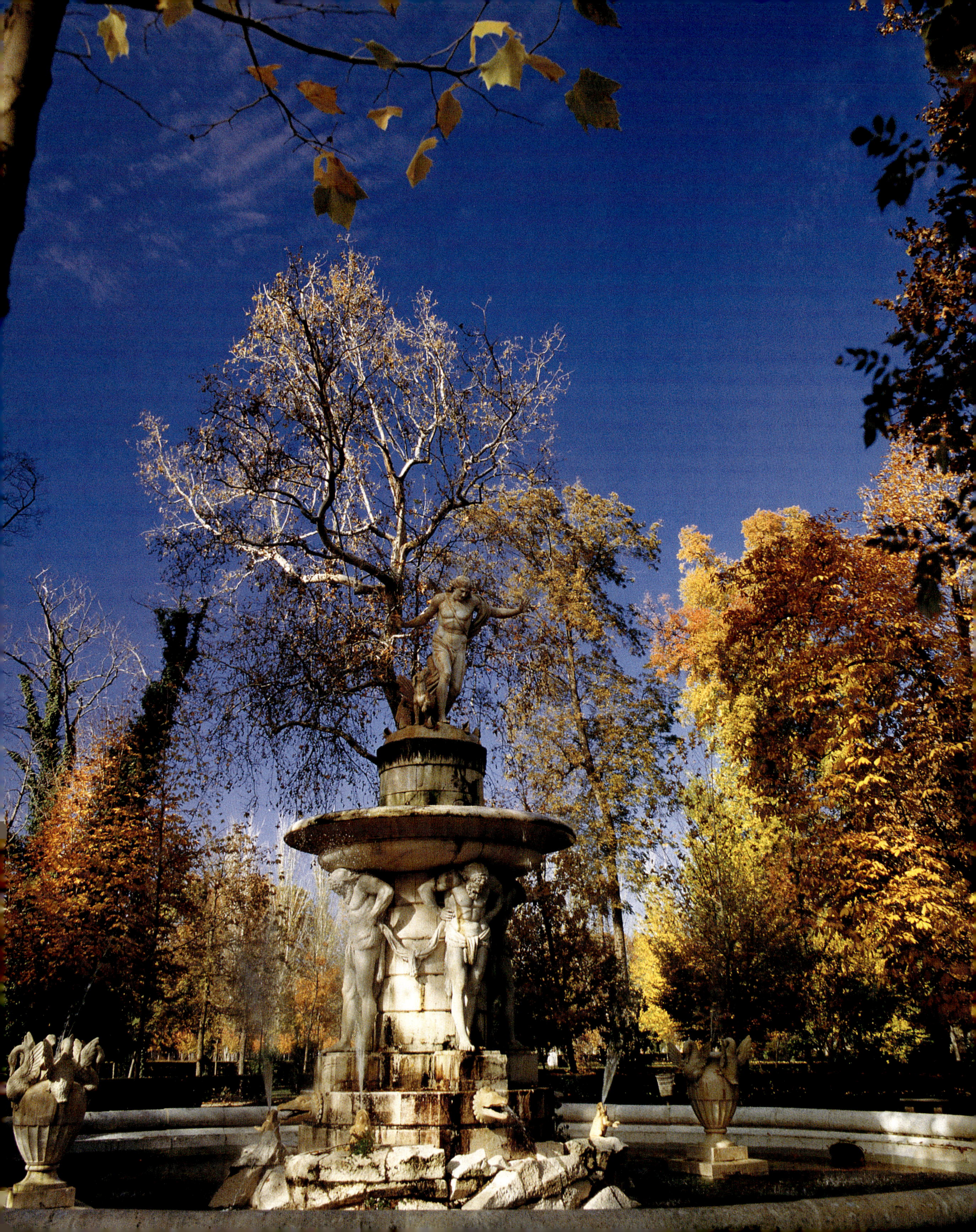

Die hügelige Parklandschaft entstand auf ehemaligen Obstplantagen. Eher formal gestaltete Bereiche wechseln mit natürlichen und bieten einen erstaunlichen Anblick voller Überraschungen. Zahllose Brunnen – darunter auch die Narziss, Apollo und Neptun geweihten Fontänen – versetzen den Besucher in eine Welt der Mythologie, um ihn an der nächsten Wegbiegung mit einem chinesischen See oder griechischen Tempel, einem orientalischen Pavillon, einer Höhle oder einem Obelisk zu überraschen. In diesem Märchenland gedeihen riesige Bäume, von denen etliche aus dem Süden der heutigen USA stammen, wie die echte Sumpfzypresse *(Taxodium distichum)*, der amerikanische Tulpenbaum *(Liriodendron tulipifera)* und die Persimone *(Diospyros virginiana)*.

Der überall präsente Tajo sorgt für eine unerwartet maritime Atmosphäre. Man könnte sich gut vorstellen, wie der Spanische Hof auf Gondeln, begleitet von Musik und Spektakel, heranreist, um neue Abenteuer in diesem kastilischen Paradies zu erleben.

Links Die imposante Fuente de Narciso (Brunnen des Narziss) ist von mächtigen Platanen und Kastanien umgeben.

Rechts Lange Alleen führen durch den hügeligen Jardín del Príncipe.

Folgende Seiten Ungewöhnlicher Stilmix: der chinesische Teich im Jardín del Príncipe mit griechischem Tempel und fernöstlichem Pavillon.

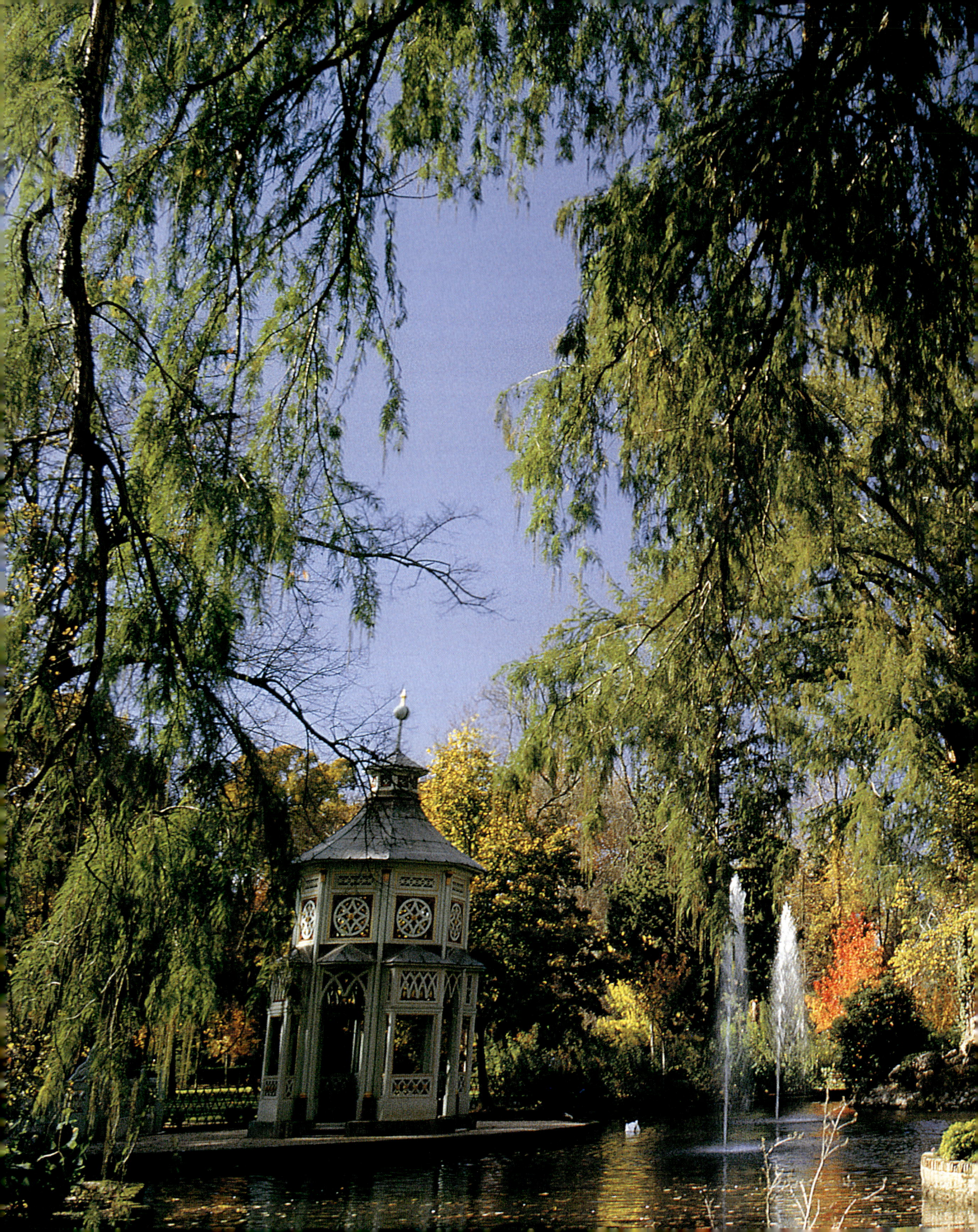

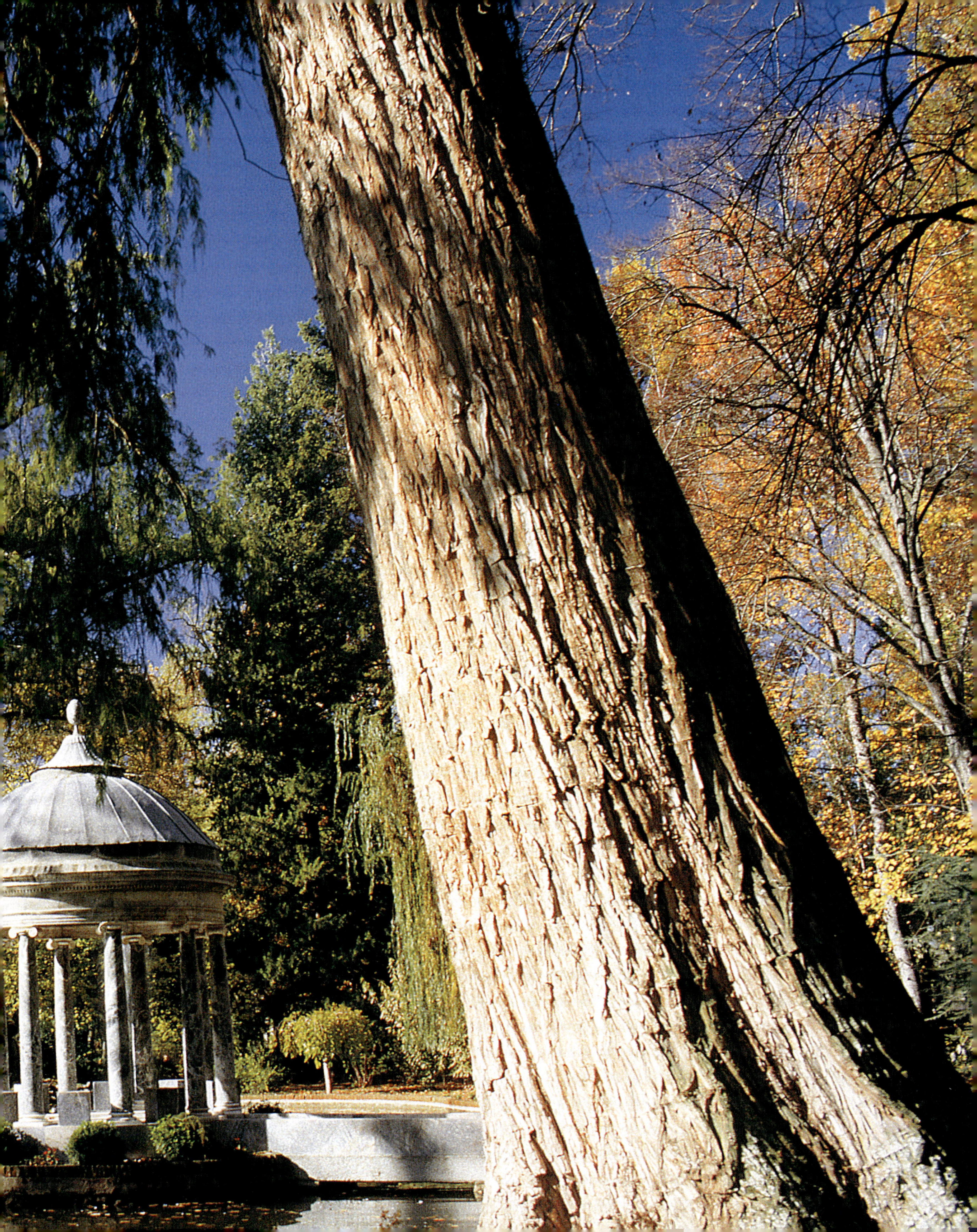

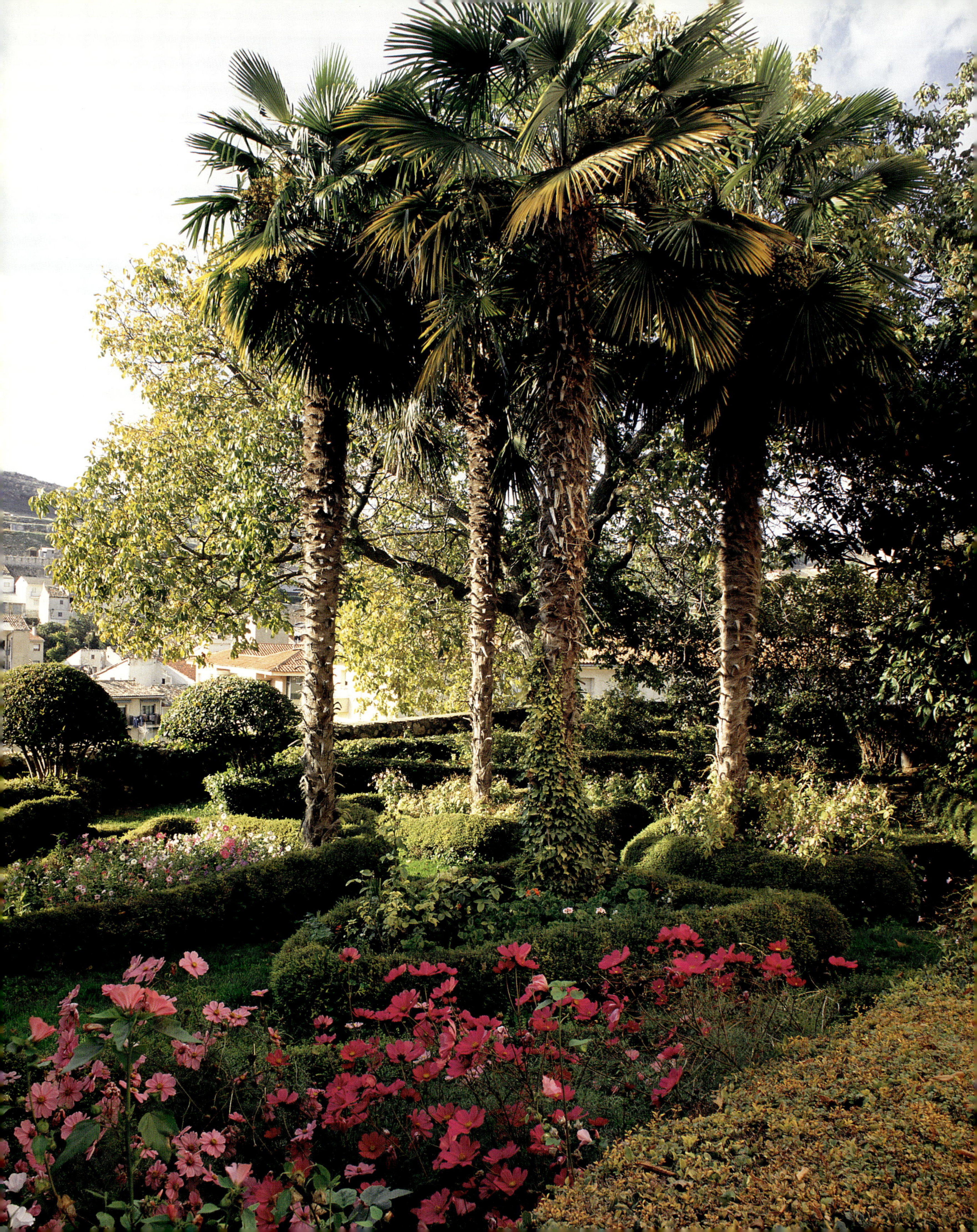

JARDÍN DE LA REAL FÁBRICA DE PAÑOS

Brihuega, Castilla la Mancha

»Der Garten der Fabrik ist ein romantischer Park, in dem man in jungen Jahren sterben könnte aus Liebe oder Verzweiflung, aus Erschöpfung oder Schwermut«, schrieb der spanische Schriftsteller und Nobelpreisträger Camilo José Cela (1916–2002) in seinem 1948 erschienen Reisebericht *El Viaje a la Alcarria*. Dieser nostalgische Garten mit seiner Vielzahl an Symbolen ist eine Zuflucht für die Seele, aber auch der ideale Ort für kokette Flirtspiele. Der leichte Hauch von Verfall verstärkt seinen romantischen Charakter und macht ihn zum Hort lyrischer Träume und ihrer Verwirklichung.

Der Mitte des 19. Jahrhunderts angelegte Garten liegt auf einer hohen Aussichtsterrasse, von der aus der Besucher über die Stadt Brihuega und das Tal des Tajuña blickt. Auf seiner Rückseite befindet sich das außergewöhnliche Gebäude von La Real Fábrica de Paños de Brihuega, einer ehemals königlichen Textilfabrik, die 1750 zur Herstellung von Stoffen für Militäruniformen gegründet worden und bis zum Ausbruch des Spani-

Links Exoten, wie diese robusten Hanfpalmen (*Trachycarpus fortunei*) aus China, waren im 19. Jahrhundert sehr in Mode.

Oben Buchsbaumbeete mit Studentenblumen, verwunschene Zypressenbögen und eine alte Voliere aus Holz – mehr Romantik geht kaum.

schen Bürgerkriegs 1936 in Betrieb war. Sie gehörte zu einem Netz von Fabriken, das während der Aufklärung die Entwicklung einer spanischen Industrie voranbringen sollte. 1840 erwarb der lokale Geschäftsmann Justo Hernández Pareja das Werk und begann mit der Anlage des romantischen Gartens.

Mit seinen strengen Formhecken aus Buchs *(Buxus sempervirens)* und Glänzender Heckenkirsche *(Lonicera nitida)*, seinen schmalen Wegen und Nischen ist er ein archetypischer Garten des 19. Jahrhunderts. Eine alte Voliere, heute unbenutzt, ein fast völlig von Schlingpflanzen überwucherter Pavillon und ein grober Tisch aus Stein vervollständigen das Bild. Hohe in Bögen gezogene Zypressenhecken und eine Galerie an der Balustrade der Terrasse erinnern an die spanisch-arabische Gartengestaltung, bei der intime Räume mit weiten Ausblicken einen Dialog zwischen dem Garten und der umgebenden Landschaft herstellen.

Die Chinesischen Hanfpalmen *(Trachycarpus fortunei)*, ebenfalls typisch für Gärten aus dem 19. Jahrhundert, haben erstaunlicherweise das raue kontinentale Klima hier in Neu-Kastilien überstanden: Nach dem eisigen Winter folgt ein farbexplosiver Frühling, im Sommer brennt die Sonne gnadenlos, während sich der Herbst in trägem Orange zeigt und dabei ein wenig an süßen Schlaf erinnert.

Der imposante Rundbau der Textilfabrik wurde mit großen Fenstern versehen – zur Belüftung und für viel Tageslicht. Rechts ist ein völlig von Kletterpflanzen überwucherter Pavillon zu sehen.

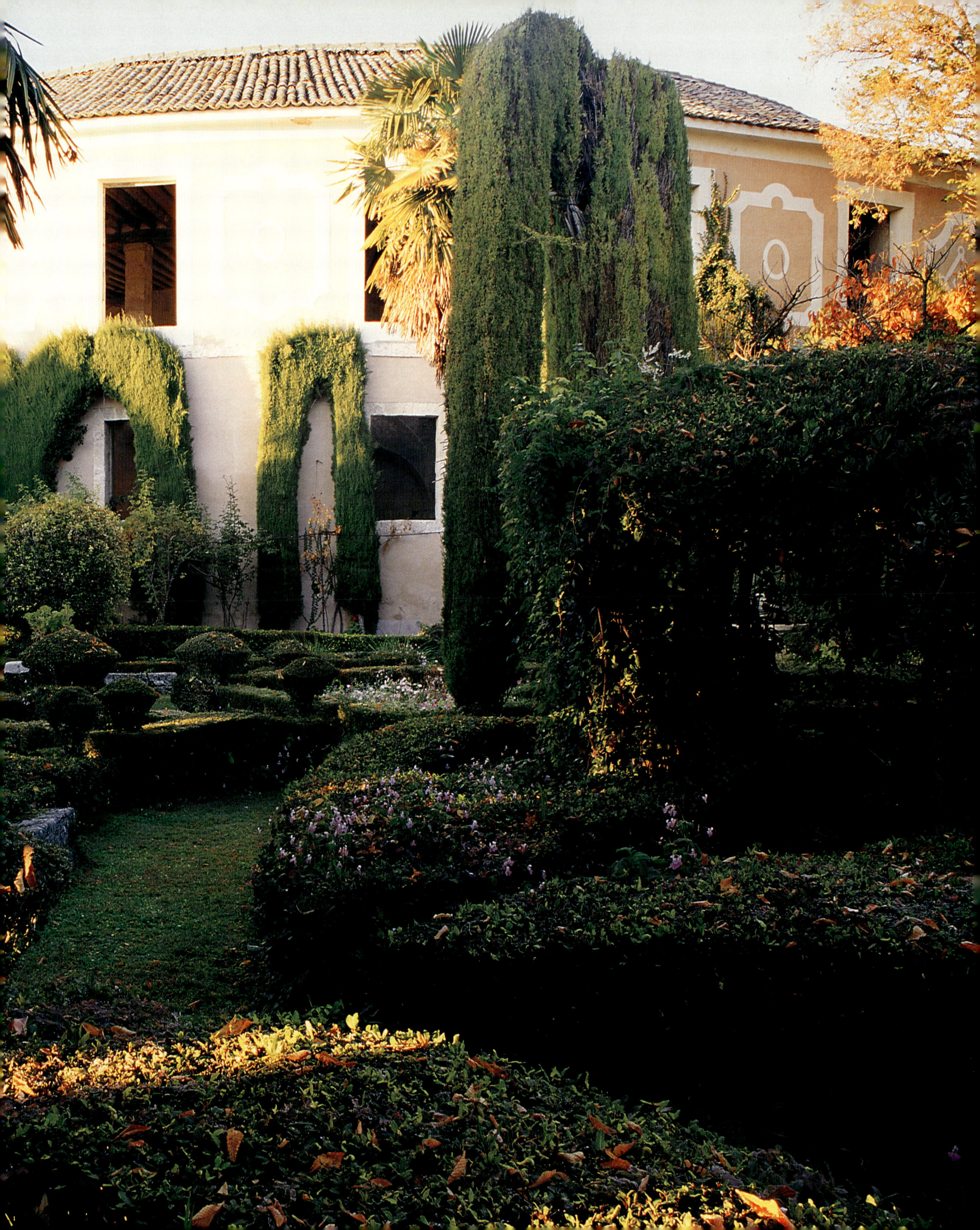

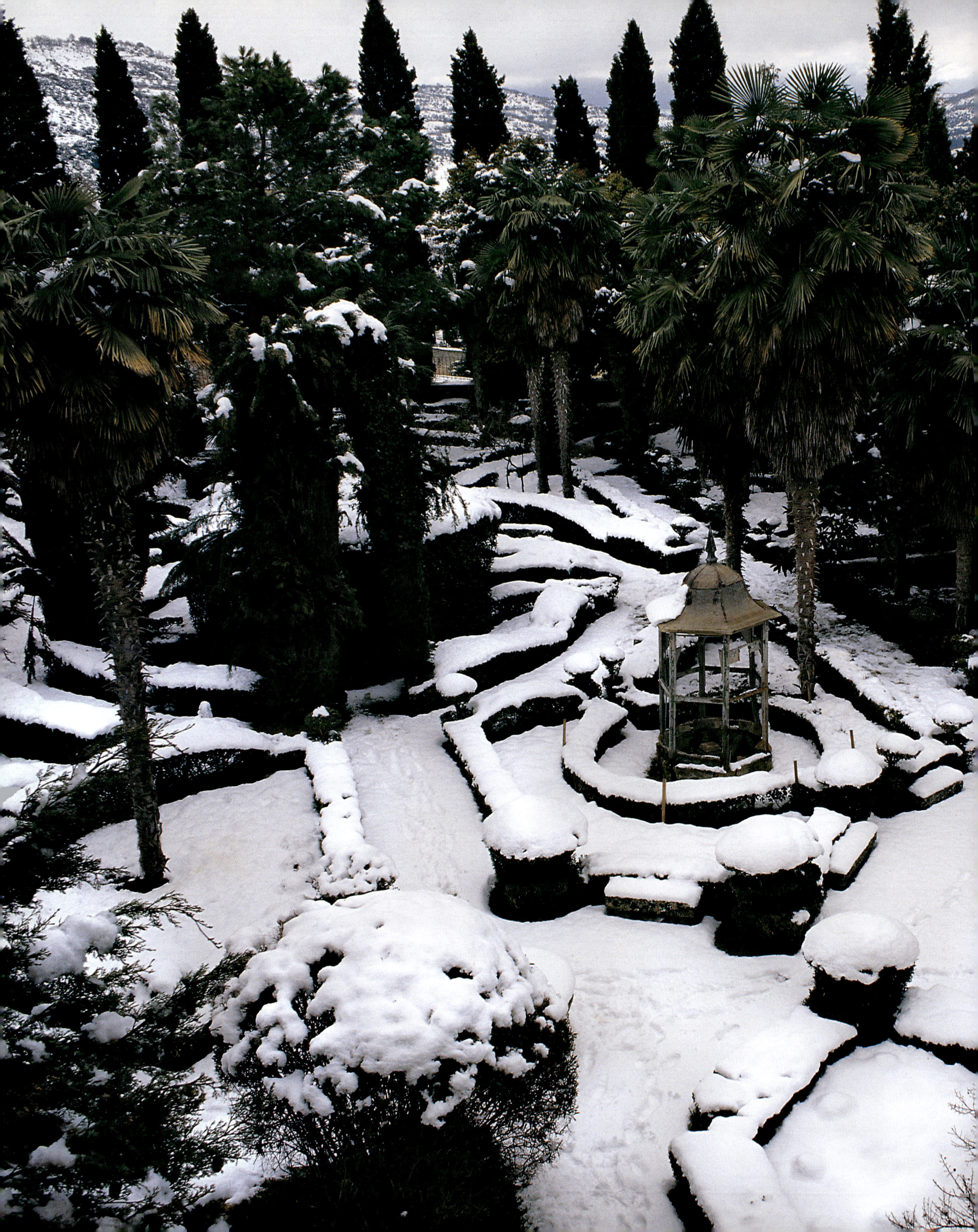

Der romantische Garten entstand im 19. Jahrhundert auf einer Terrasse hoch über der Stadt Brihuega.

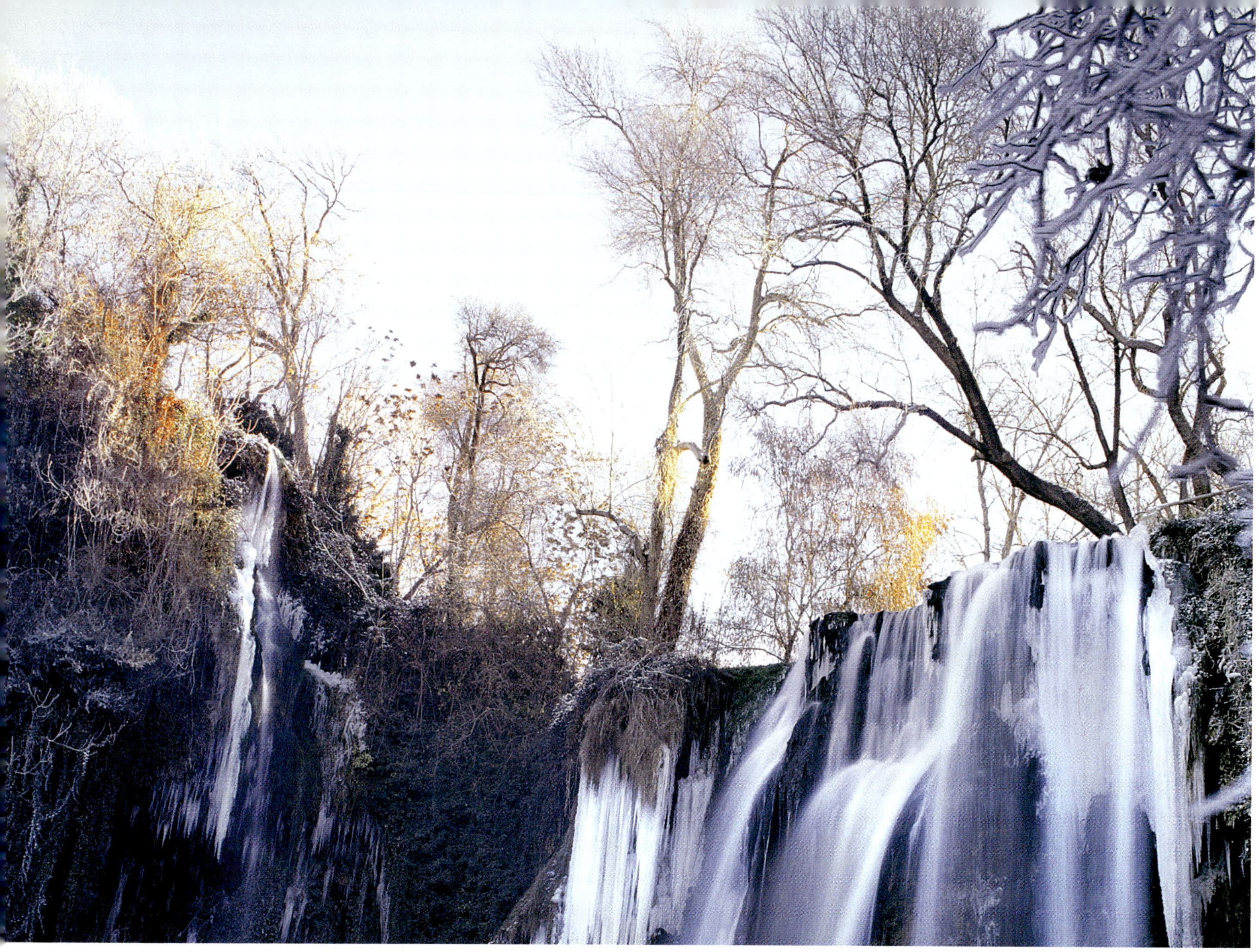

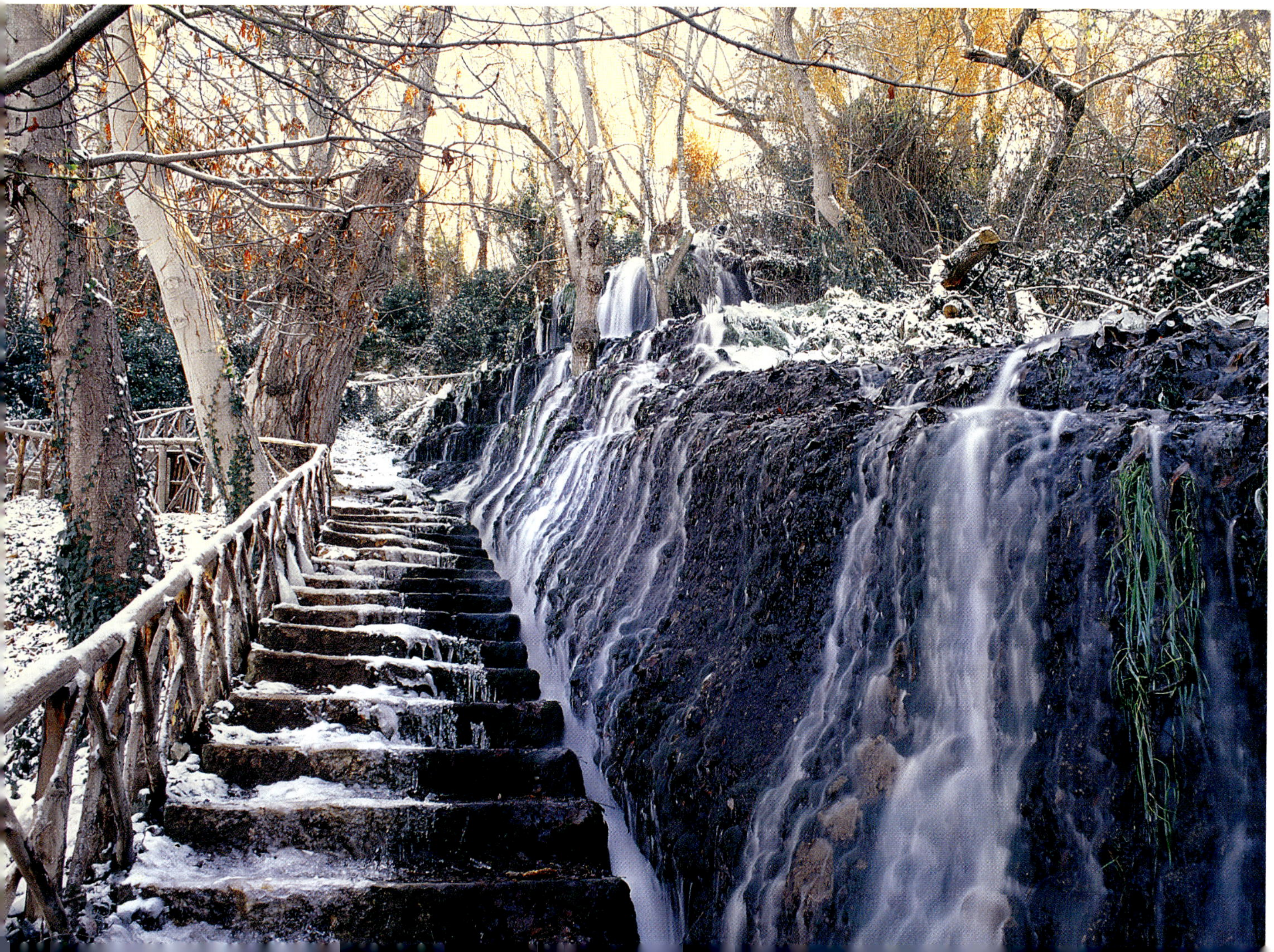

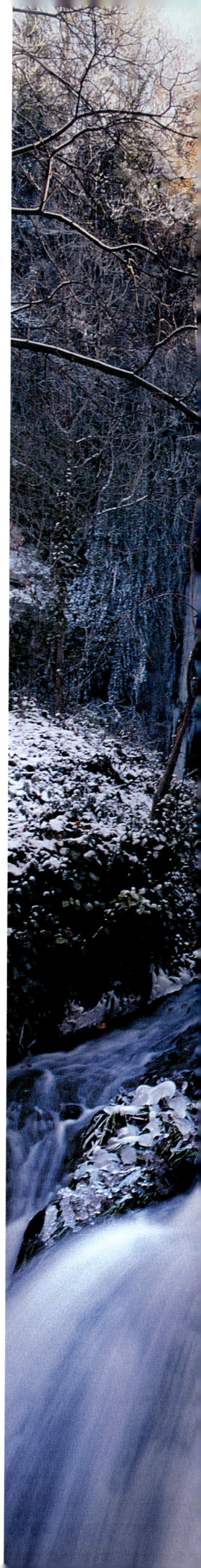

MONASTERIO DE PIEDRA
Nuévalos, Aragón

Wenige Orte verbinden Kunst und Natur so vollkommen wie dieser romantische Park, der gewaltige Wasserfälle, Höhlen und natürliche Seen einer majestätischen Landschaft umfasst. Trotz seines natürlichen Aussehens ist der Park von Menschenhand erschaffen, welche die Natur als Rohmaterial nutzte. Die Kunst der Gestaltung liegt nicht nur darin, die äußere Erscheinung der Natur wiederzugeben – das was Philosophen *natura naturata* nannten –, sondern auch ihre inneren Zusammenhänge – *natura naturans*.

In dem 1860 angelegten Park verwischen die Grenzen zwischen dem gestalteten Gelände und der natürlichen Umgebung, so wie es die traditionelle Landschaftsgestaltung fordert. Das englische *Frazer's Magazine* bemerkte damals: »Angesichts dieser großartigen natürlichen Kulisse blieb dem Eigentümer wenig anderes übrig, als sie zu bewundern. Glücklicherweise war er damit zufrieden; er brachte sie lediglich mehr zur Geltung und machte Sehenswürdigkeiten durch Wege erreichbar, ohne das ordnen zu wollen, was in seiner wilden Einfachheit und Größe schon perfekt war.« Der so gelobte Eigentümer war Juan Federico Muntadas (1826–1912). Seine großartige Vermählung von Park und Landschaft entsprang seiner Liebe zur Romantik. Das Ergebnis wirkt wie ein Gemälde von Caspar David Friedrich, auf

Links außen oben Der Wasserfall La Caprichosa.

Links außen unten Eine Treppe führt am Wasserfall Cascada de los Fresnos entlang.

Links Der Fluss Piedra mit seinen gewaltigen Wasserfällen und natürlichen Teichen verwandelt den Garten, der in einer wüstenartigen Landschaft liegt, in ein echtes Paradies.

dem ein einsamer Mensch von der Größe der Natur fast erdrückt wird.

Muntadas Eingreifen beschränkte sich weitgehend darauf, das unwegsame Gelände mit seinen riesigen Eschen, Platanen und Walnussbäumen durch Wege und Pfade, Brücken und Treppenstufen begehbar zu machen. Sein Vater, Pablo Muntadas, hatte das Zisterzienser-Kloster aus dem 12. Jahrhundert 1840 bei einer Auktion kirchlichen Landbesitzes erworben, die durch den damaligen Ministerpräsidenten Juan de Dios Álvarez Mendizábal angeordnet worden war. Der neue Eigentümer behielt zunächst die landwirtschaftliche Nutzung bei; nach der Entdeckung der Iris-Grotte durch seinen Sohn entschied er sich jedoch 1860 den Park, der schnell zu einer Touristenattraktion wurde, für die Öffentlichkeit zu öffnen. Juan Federico, Schriftsteller und Abgeordneter des spanischen Parlaments, gründete zudem die erste Fischfarm Spaniens, eine gelungene Mischung aus Nutzen und Schönheit. Das prächtige Gelände um das Monasterio de Piedra ist eine außergewöhnliche Einheit von Mensch und Umwelt, Ausdruck des romantischen Gespürs für das Wesentliche. Seine versteckte Lage in der Gebirgskette des iberischen Randgebirges Sistema Ibérico, in einer der trockensten Regionen Aragóns, macht den Park noch wertvoller; der grüne Dschungel, der vom Piedra – dem Fluss, der dem Kloster seinen Namen gab – bewässert wird, erscheint dem Besucher wie eine Fata Morgana.

Links und rechts Der Landschaftsgarten mit seiner Platanen-Allee passt perfekt in die natürlcke Umgebung.

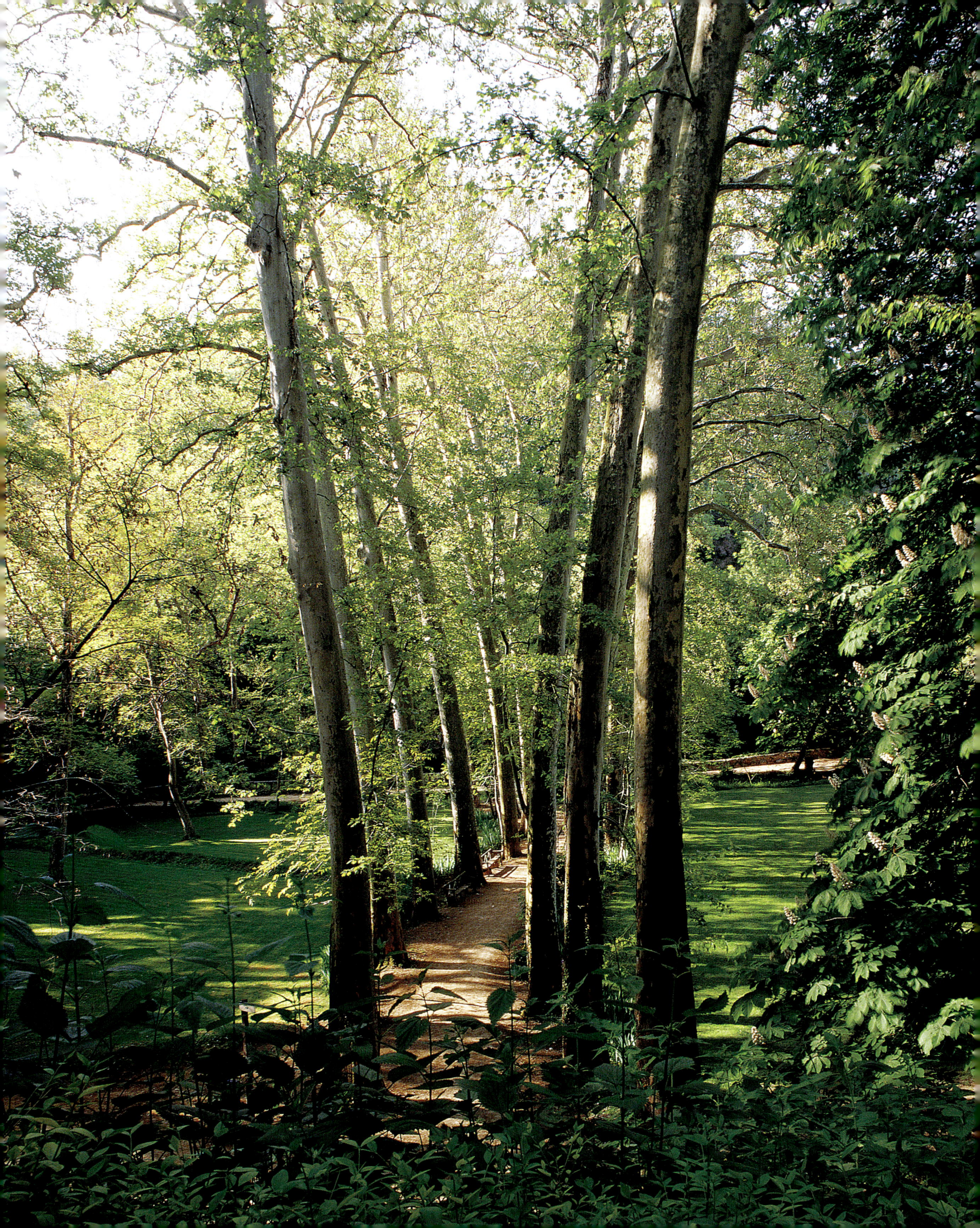

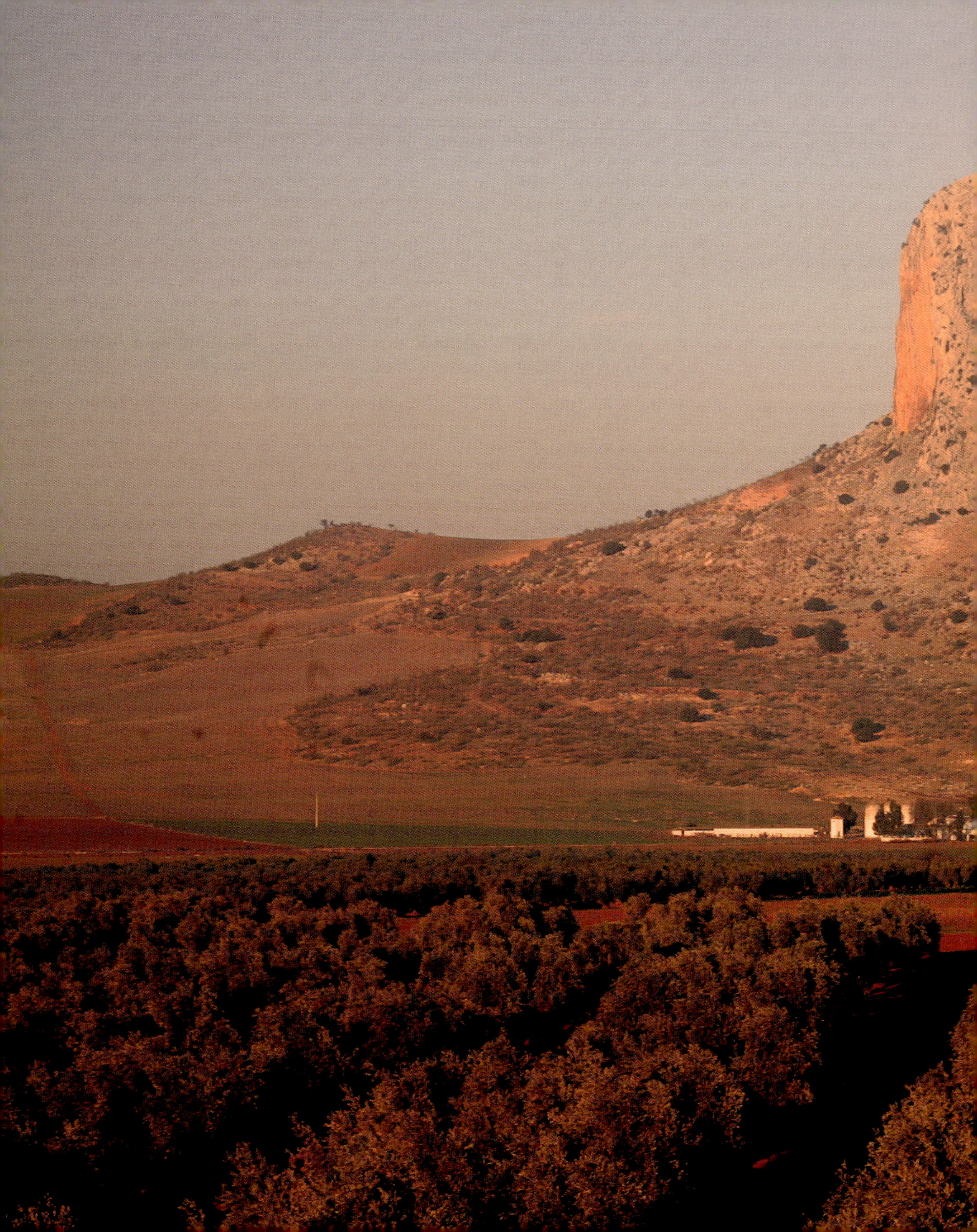

ANDALUSIEN

EL PATIO DE LOS NARANJOS Córdoba

Der Orangenhof der Mezquita-Kathedrale gilt als der älteste erhaltene Garten Europas. Er stammt aus dem 8. Jahrhundert und gehörte zu der Hauptmoschee von Córdoba. Zusammen mit der Alhambra war diese Moschee das wichtigste Bauwerk der spanisch-maurischen Kultur.

»Die Moschee von Córdoba ist zweifellos Spaniens wichtigstes Baudenkmal – das schönste und originellste«, schrieb der britische Schriftsteller Gerald Brennan (1894 bis 1987) in seinem 1951 erschienenen Buch *The Face of Spain*. Sie stellt ein ausgezeichnetes Beispiel für die gelungene Verbindung von Architektur und Gartengestaltung dar: Die Orangenbäume im Patio setzen die Säulenflucht im Inneren der Moschee fort. Diese Feinheiten spiegeln die hohe Entwicklung der Kultur von Al-Andalus und dem Kalifat Córdobas wider, der mit über einer Million Einwohnern größten Stadt der

Oben Früher diente der Patio den Gläubigen zur rituellen Waschung – heute gedeihen hier Orangenbäume, Palmen und Zypressen.

Welt zur Zeit der ersten Jahrtausendwende. Sie galt als wichtiges kulturelles, politisches und wirtschaftliches Zentrum. Die damals mehr als 20.000 Menschen fassende Moschee diente nicht nur religiösen Zwecken, sondern auch für soziale und politische Zusammenkünfte.

Moschee und Orangenhof entstanden ab 780 auf den Fundamenten einer westgotischen Basilika und wurden bis 988 ausgebaut. Nach der christlichen Eroberung Córdobas im Jahr 1236 wurde die Moschee zur katholischen Kathedrale. Wie die russische Schachtelpuppe Matrjoschka verbirgt das riesige Gebäude im Inneren eine Kirche, die im 16. Jahrhundert nach Auftrag König Karls V. (1500–1558) quer in die ehemalige Gebetshalle gebaut wurde.

Zur Zeit der Mauren öffnete sich die Moschee direkt zum Patio, was eine völlige Verschmelzung von innerer und äußerer

Oben Jedes Geviert des Patios besitzt einen eigenen Brunnen.

Unten Beim Bau der Moschee fanden auch alte römische Säulen Verwendung.

Gestaltung ermöglichte: Säulen säumten den Weg zu einer Palme, einer Zypresse und einem Olivenbaum, der das Öl für die Lampen der Moschee lieferte. Die Orangenbäume, die dem Innenhof seinen Namen gaben, wurden im 10. Jahrhundert gesetzt, als diese Spezies – zusammen mit vielen anderen Pflanzen wie Zitronen- und Aprikosenbäumchen, Platanen, Reis, Baumwolle, Zuckerrohr, Dattelpalmen und Auberginen – von den Mauren in Spanien eingeführt wurden.

Die aus Südost-Asien stammenden Bitterorangen oder Pomeranzen (*Citrus aurantium*) dienten der Herstellung von Parfüm, Konservierungsmitteln und Arzneien. Die attraktiven Bäume setzten sich schnell in der spanisch-arabischen Gartenkunst durch und wurden sogar als Straßenbäume gepflanzt.

Heute enthält der Patio 98 prächtige Orangenbäume, die für dichten Schatten sorgen und die Sinne im Frühjahr mit ihrem feinen Blütenduft und im Winter mit leuchtenden Früchten erfreuen. Sie werden über ein Netz von Bewässerungskanälen versorgt, das den Hof durchzieht und die typisch spanisch-arabische Verbindung des Nützlichen mit dem Dekorativen veranschaulicht; verdunstendes Wasser kühlt die Luft – was bei 40 °C und mehr im Sommer äußerst sinnvoll ist.

In maurischen Zeiten diente der Patio den Gläubigen zur rituellen Waschung, bevor sie die Moschee zum Gebet betraten, aber auch als Ort der Entspannung und des sozialen Miteinanders. Er war damit der wichtigste öffentliche Garten der Stadt und gemahnte an die Freuden, die den Gläubigen nach seinem Tod erwarten würden, wie die Inschrift im Inneren der Moschee besagt: »Fürchte dich nicht und sei nicht traurig! Freue dich auf den größeren Garten, der dir versprochen ist.« Hier findet sich erneut der zeitlose Gedanke vom Garten als Vorgeschmack auf das Paradies, einem idyllischen Ort himmlischen Friedens.

Oben Hier können Besucher die friedliche Stille des Patios genießen. Der rechteckige Barock-Brunnen in seiner Mitte stammt aus dem 17. Jahrhundert.

Rechts Ein wohldurchdachtes System aus schmalen Bewässerungskanälen durchzieht den Patio. Ihr spanischer Name *acequia* stammt vom arabischen *sakiya*.

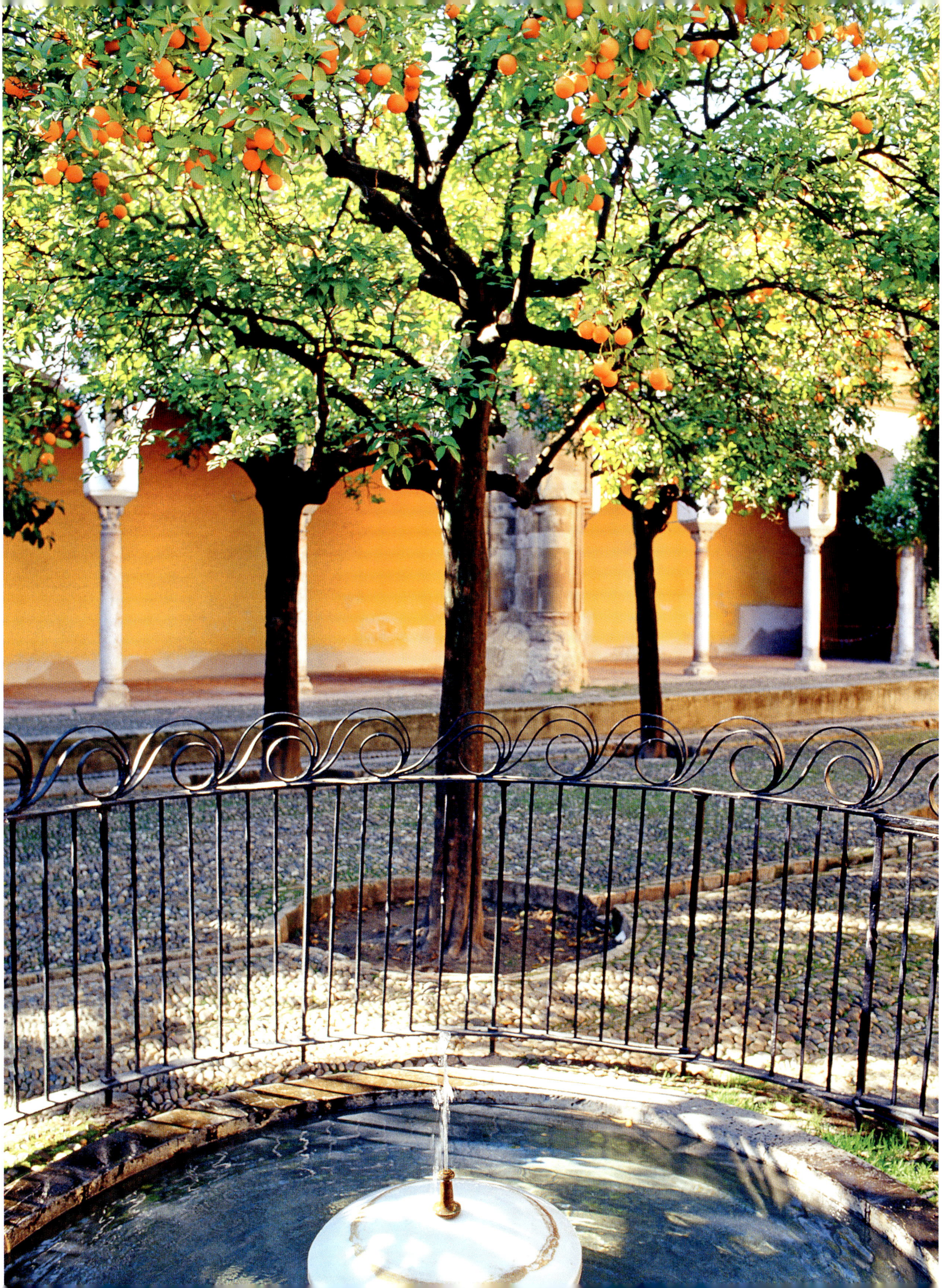

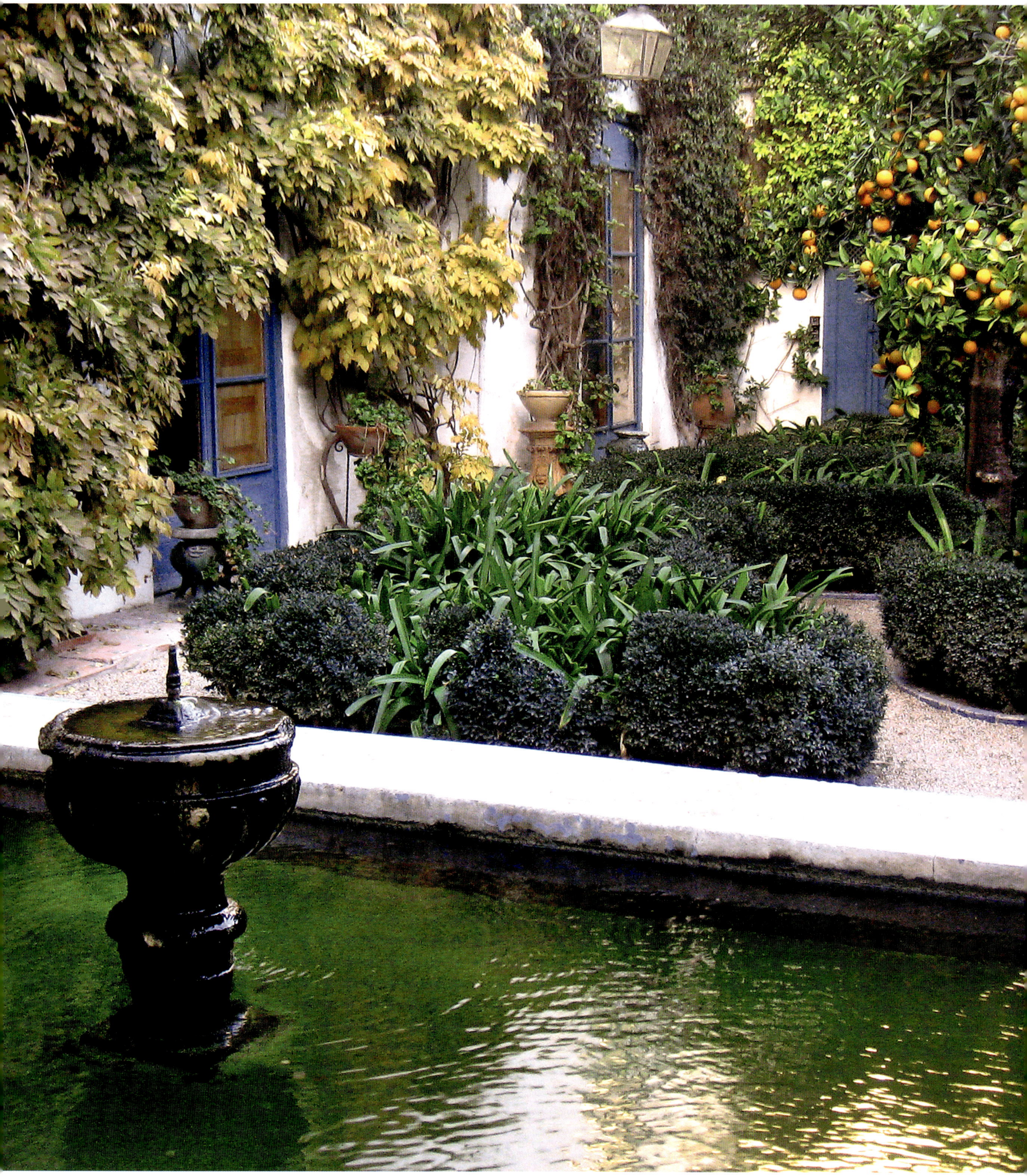

PALACIO DE VIANA
Córdoba

Es gibt nichts Besseres als das bezaubernde Labyrinth der intimen Gärten von Viana, um das Wesen des Patio zu verstehen – das uralte mediterrane Paradigma vom Nachsinnen über die Unendlichkeit innerhalb der eigenen Hausmauern. Der argentinische Schriftsteller Jorge Luis Borges (1899–1986) formulierte es in seinem Gedicht *Buenos Aires mit Inbrunst* von 1923 so: »Der Himmel fließt über die Schräge des Patio ins Haus.«

Der für seinen Garten und seine zwölf Patios berühmte Palacio de Viana stammt zwar aus dem 14. Jahrhundert, erhielt aber seinen Namen erst Anfang des 20. Jahrhunderts von José Saavedra y Salamanca, dem zweiten Marquis de Viana, der das Anwesen um die Jahrhundertwende komplett restauriert hatte. Bis zu seinem Verkauf an die Bank Caja Sur im Jahr 1980 befand es sich im Besitz der Familie, die übrigens auch die prachtvollen Gärten von Moratalla in den Bergen Córdobas besaß. Seither ist der Palast ein Museum.

Der Rundgang durch den Palast ist eine spannende Reise durch die verschiedenen Stilrichtungen der Patios. Sie beginnt im Patio de Recibo (Empfangs-Patio) mit seiner beeindruckenden Pflasterung, die von einem Säulengang im Stil der römischen Kolonnaden gesäumt wird. Die Idee des Patio – das Wort kommt vom Lateinischen *patere* (offen stehen) – stammt aus Mesopotamien und kam mit den Römern nach Spanien. Römische Häuser waren um ein Atrium gebaut, einen nach oben offenen Innenhof, wie die Ruinen von Pompeji und Herculaneum beweisen. Die maurischen Eroberer Spaniens brachten dazu noch den Gedanken der Oase ein – das Ergebnis waren versteckte Erholungsorte für die Seele, überreich an Düften und Farben. Auch die Patios von Viana beherbergen Massen von Duftpflanzen wie Nachtjasmin (*Cestrum nocturnum*), März-Veilchen (*Viola odorata*) und Echten Jasmin (*Jasminum officinale*). Bougainvillea, Banksia und Bleiwurz tauchen die Mauern in leuchtende Farben, Hecken aus Buchsbaum, Myrte und Zypresse bilden einen grünen Rahmen.

Wasser, das hier aus einem alten römischen Ziehbrunnen zu Tage gefördert wird, ist das Hauptelement eines jeden Patio und speist nicht nur die Pflanzen, sondern auch die Zierbrunnen und Fontänen. Aber auch Töpfe sind ein wichtiges Element und überall zu finden: in den edlen Patios del Archivo (der Archive) und della Madama (der Dame) ebenso wie in dem schlichten Patio de los Gatos (Katzen-Patio), der mit seinem Becken zum Wäschewaschen und den getopften Geranien einen für die Nachbarschaft typischen Patio imitiert.

Gegenüber Über 100 Jahre alte Orangenbäume säumen das Wasserbecken im Patio de los Naranjos (Patio der Orangenbäume) des Palacio de Viana. In den Buchsbaum-Beeten gedeihen Schmucklilien *(Agapanthus africanus)*.

Rechts Blick in den Garten vom Patio de la Alberca (Patio des Wasserbeckens) aus.

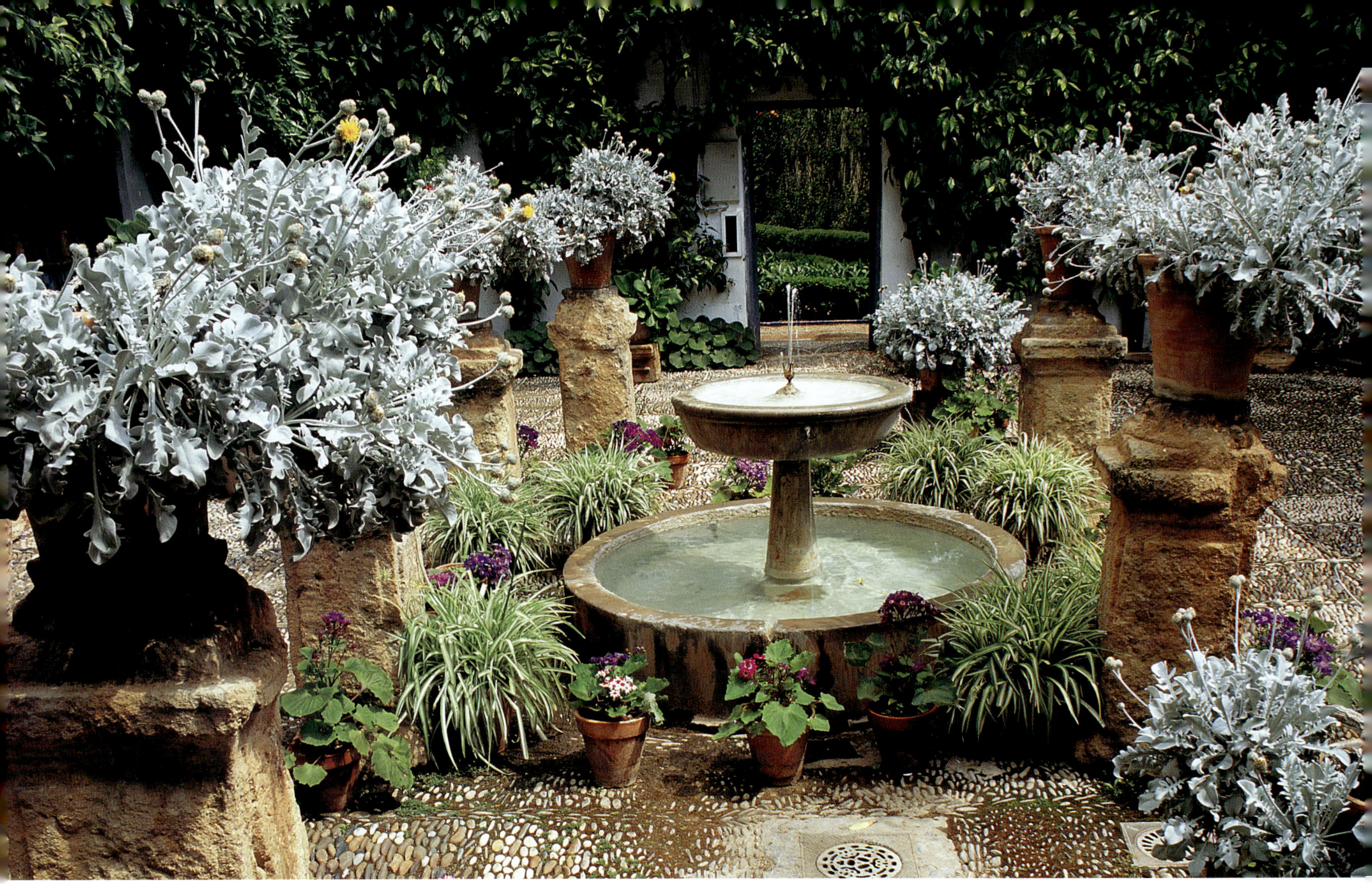
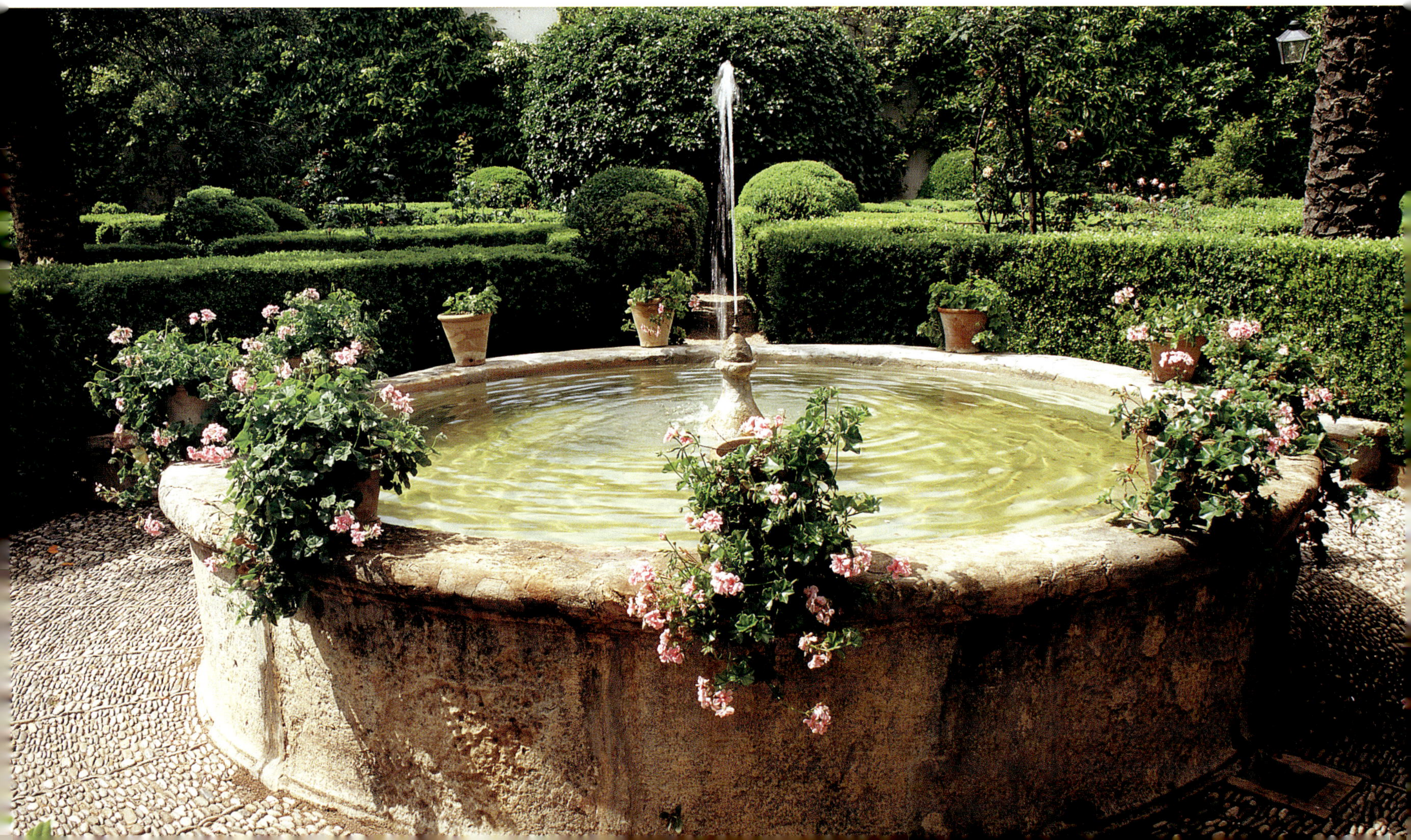

Mit seinen hohen Mauern erscheint der große Garten wie ein älterer Bruder der Patios. Seine geometrischen Hecken, sein zentraler Brunnen und sein Kiesboden harmonieren perfekt mit der Architektur des Palastes. Eine riesige uralte Rundblättrige Eiche *(Quercus rotundifolia)* bildet den Mittelpunkt der Anlage, schlanke Dattelpalmen und dichte Haine aus Zitronen-, Mandarinen- und Orangenbäumen sorgen für den dringend benötigten Schatten.

Die Patios bilden die Seele der Häuser von Córdoba und sind dank des Klimas ganzjährig nutzbar. Es gibt sogar ein jährliches Festival, den beliebten Concurso de Patios im Mai, zu dem die Innenhöfe der Stadt ihre Pforten für Besucher öffnen. Leider wird die Existenz der Patios durch die Immobilienspekulation bedroht: Neue Gebäude sind hermetisch geschlossen, keine Spur von Pflanzen; hässliche Klimaanlagen an den Wänden ersetzen die traditionellen Blumentöpfe.

Dabei genügt schon ein einziger Besuch der Patios von Viana – mit ihrer Symphonie aus Farben, Düften, Klängen, Licht und Schatten – um zu verstehen, wie wertvoll diese Innenhöfe für Körper und Seele sind.

Oben links Töpfe mit Silber-Eiche *(Cineraria maritime)* auf kleinen Säulen schmücken den Brunnen im Patio de las Rejas (Gitter-Patio). Zitronen-Spaliere zieren die Mauern.

Unten links Dieser Brunnen mit seinen klassischen Pelargonien-Töpfen bildet die Mitte eines kreuzförmigen Parterres aus Buchsbaumhecken.

Oben Kleiner Brunnen im Patio de los Naranjos dekoriert mit getopften Bergenien *(Bergenia cordifolia)*; am Gebäude ranken Bougainvillea und Blauregen empor.

Rechts Eine schlichte Fontäne im Patio de la Capilla (Patio der Kapelle) sorgt für eine friedvolle Atmosphäre.

LA ALHAMBRA
Granada

Die sagenhaften Gärten der Alhambra gehören ohne Frage zu den schönsten der Welt – eine Inkarnation der Geschichten aus 1001 Nacht. »Die Verwandlung war nahezu magisch; es schien, als würden wir auf einmal in ein anderes Zeitalter und anderes Reich versetzt, in die Kulissen der arabischen Geschichte«, schrieb der amerikanische Schriftsteller Washington Irving über seinen ersten Besuch in seinem 1829 erschienen Klassiker *Erzählungen von der Alhambra*. Sein Buch machte die Alhambra fortan zum obligatorischen Zwischenstopp der »Grand Tours«, der seit der Renaissance traditionellen Bildungsreisen des Jungadels und gehobenen Bürgertums. Heute lassen sich jährlich drei Millionen Besucher vom Zauber der Alhambra gefangen nehmen, der herrührt von der gelungenen Verschmelzung von Gartenkunst, Architektur und Landschaft.

Allein schon der Standort ist spektakulär: Geschützt von der Gebirgskette der Sierra Nevada und umflossen vom Darro thront die Stadtburg auf dem steilen Sabikah-Berg hoch über der Stadt Granada. Im Jahr 1239 ließ Abdallah ibn Al-Ahmar, der Begründer der Nasrid-Dynastie, diesen Palastkomplex auf den Überresten einer vermutlich römischen Festung bauen. Mit der Anlage des berühmten *Patio de los Leones* (Löwenhof) und des *Patio de los Arrayanes* (Myrtenhof) erreichten die Arbeiten im 14. Jahrhundert ihren Höhepunkt. Wie überall im Palast ist Wasser auch hier das zentrale Element: Als Symbol des Lebens und des Reichtums, das Innen- und Außenanlagen, das Nützliche mit dem Schönen verbindet.

Der *Patio de Comares*, ein öffentlicher Vorhof, liegt zu Füßen des gleichnamigen Turms, in dem sich einst der Thron des Sultans befand. Auch der heutige Besucher spürt noch etwas von dem Erstaunen, das die auf Einlass wartenden Emissäre des Sultans befallen haben muss, als sie das Spiegelbild des Palastes und des blauen Himmels im großen Wasserbecken betrachteten. Das schlichte rechteckige Becken wird von immergrünen Hecken und einer eleganten Fläche aus Marmorkies gesäumt. Möglicherweise war die Originalgestaltung aufwendiger – die heutige schlichte Form gibt mit ihrer Kargheit ein hervorragendes Beispiel für die völlige Verschmelzung von Architektur und Garten.

Der Löwenhof im Inneren des Palastes schmückt den ehemaligen Privatbereich der Familie des Sultans. Sein Name bezieht sich auf den prächtigen Springbrunnen in seiner Mitte, der von zwölf Löwen aus Stein getragen und über vier offene Kanäle mit Wasser gespeist wird.

Die vier Kanäle bilden ein Kreuz, das aus der altpersischen Tradition des quadratischen Gartens *chahar bagh* stammt und im Islam als Metapher für die vier Paradiesflüsse – in

Das älteste Gebäude der Anlage ist der Palacio de Partal aus dem 14. Jahrhundert mit seinem großen Wasserbecken – die Gärten wurden allerdings erst im 20. Jahrhundert angelegt.

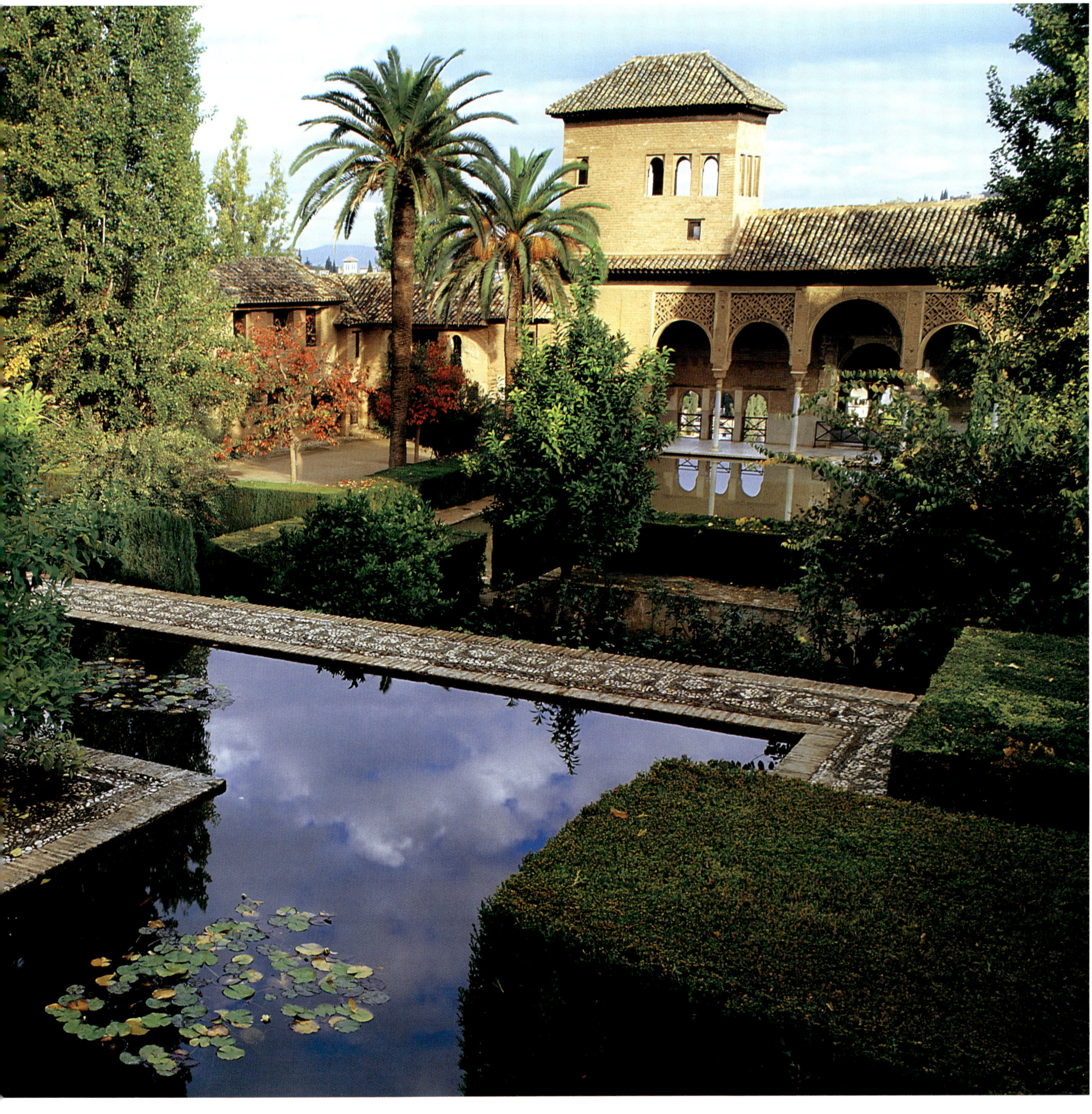

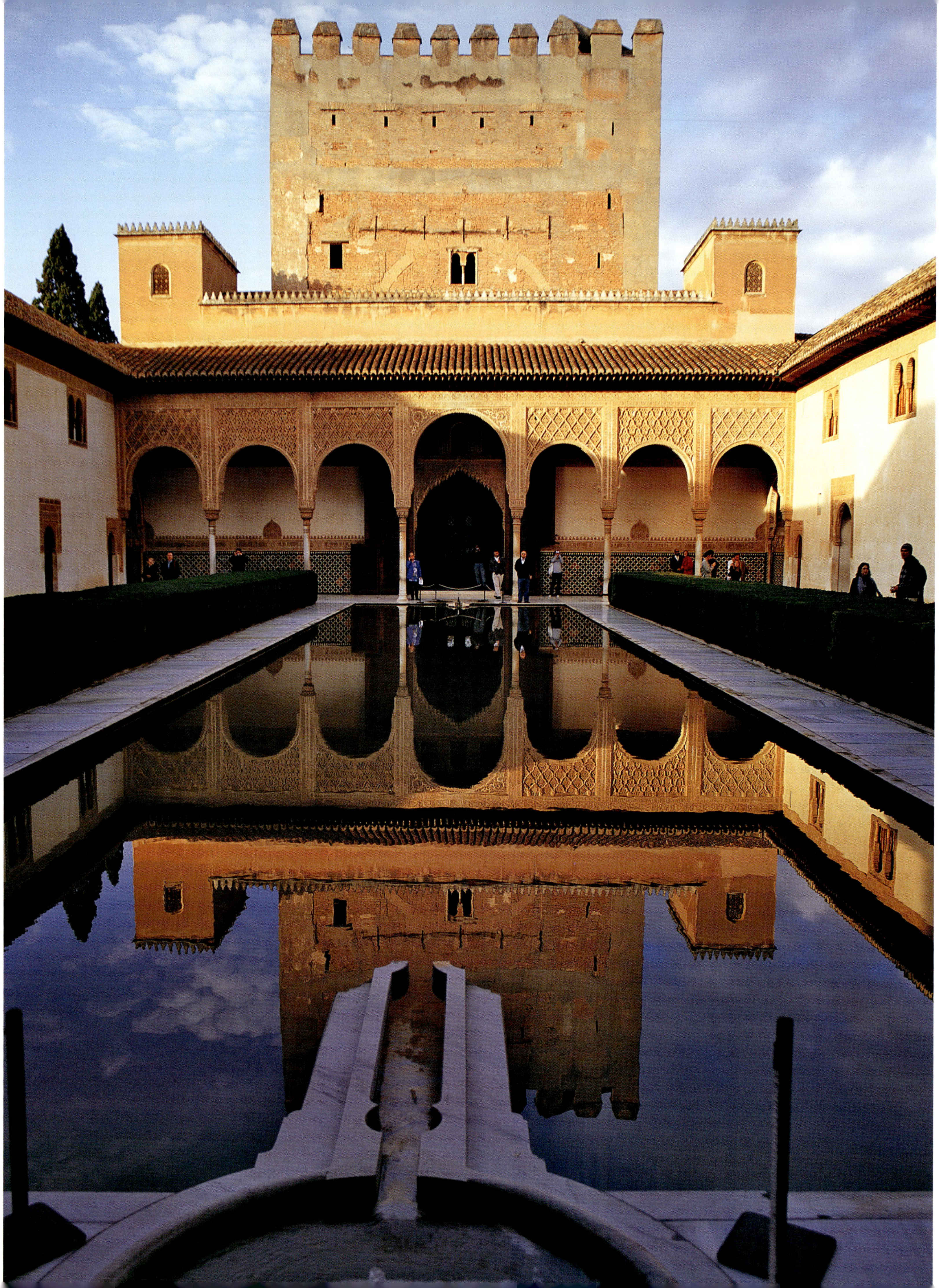

denen Milch, Honig, Wasser und Wein fließen – übernommen wurde. (Dasselbe Bild findet sich auch in der biblischen Schöpfungsgeschichte im Buch Mose). Der Patio wird von 124 schlanken Alabaster-Säulen umschlossen, welche die Anlage wie eine palmengesäumte Oase erscheinen lassen – ein Himmel auf Erden. Wahrscheinlich waren die vier Parterres ursprünglich abgesenkt oder es wurden bunten Blumen eingesät, um ein persisches Teppichmuster zu imitieren.

Während sich der kreuzförmige islamische Garten an altpersischen Vorbildern orientiert, stammt der gepflasterte oder kiesbedeckte Patio mit seinen Säulengängen vom römischen Atrium ab und war bereits lange vor der maurischen Eroberung fest auf der iberischen Halbinsel verwurzelt.

Die überschaubare Größe dieser Innenhöfe ist Lichtjahre entfernt von der westlichen Gestaltung eines Königspalastes – etwa von Schloss Versailles, das Massen aufnehmen können und einschüchtern sollte. Um die einzigartige Stimmung der Alhambra zu erfassen, sollte man sie schweigend genießen – heutzutage angesichts der Besuchermassen ein nicht gerade einfaches Unterfangen.

Nach der Eroberung Granadas durch die christliche Armee im Jahr 1492 wurde die Alhambra zur Residenz des katholischen Königspaares Ferdinand II. und Isabella I. Die neuen Besitzer erkannten den Wert der

Links Im Spiegelbild des eleganten Wasserbeckens im Patio de Comares vereinen sich Garten mit Architektur, Erde mit Himmel.

Oben Kunstvolle maurische Fliesenmosaike im Patio del Cuarto (Patio des Goldenen Zimmers).

Rechts Diese Fenster im Salon de los Embajadores (Salon der Botschafter), auch Salon del Trono (Thron-Salon) genannt, waren ursprünglich mit buntem Glas versehen.

Folgende Seiten Während der Dynastie der Nasriden diente der Patio de los Leones mit seinem Löwen-Brunnen und den Wasserkanälen, die innen und außen verbinden, der Herrscherfamilie als »Wohnzimmer«.

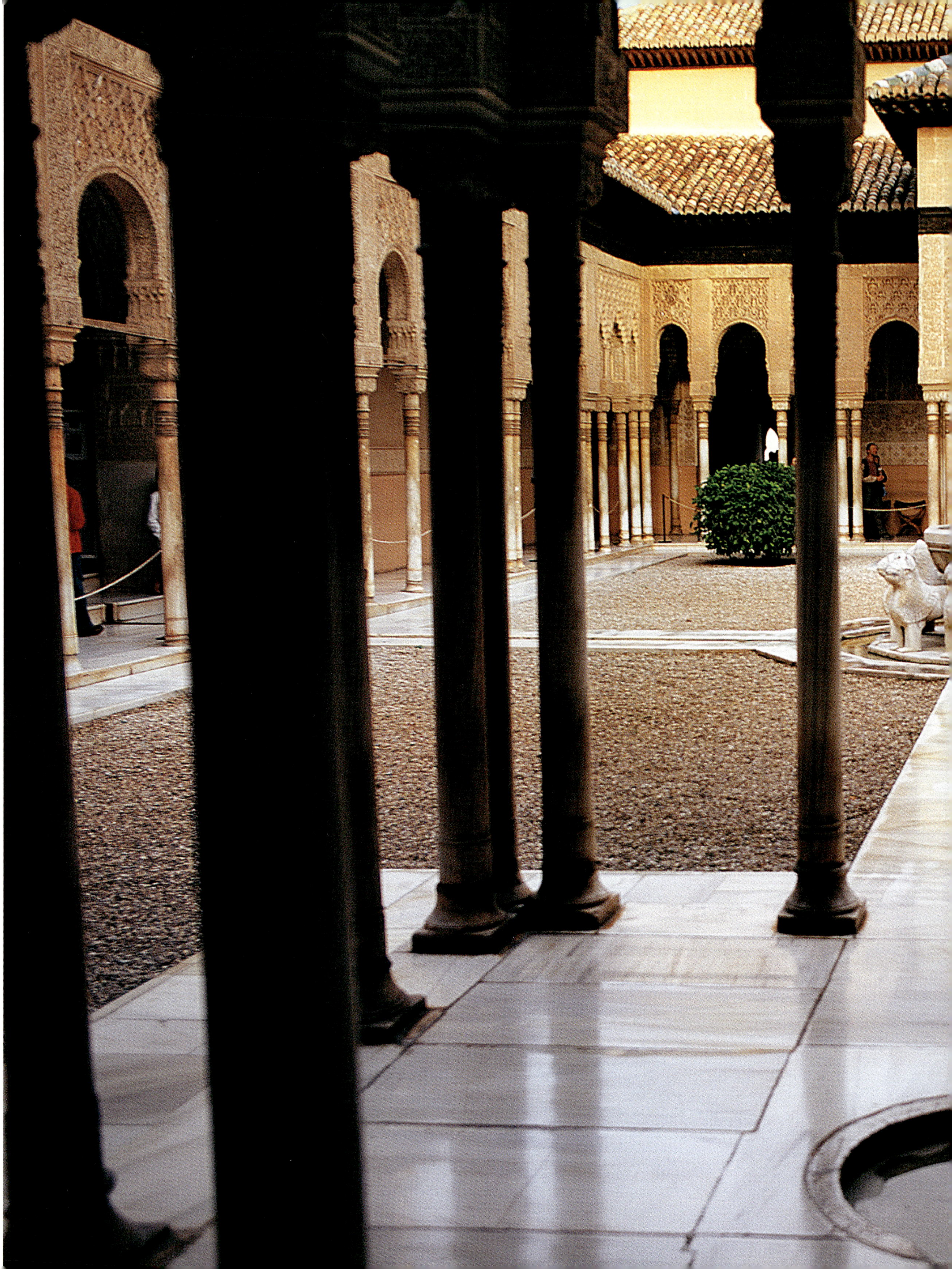

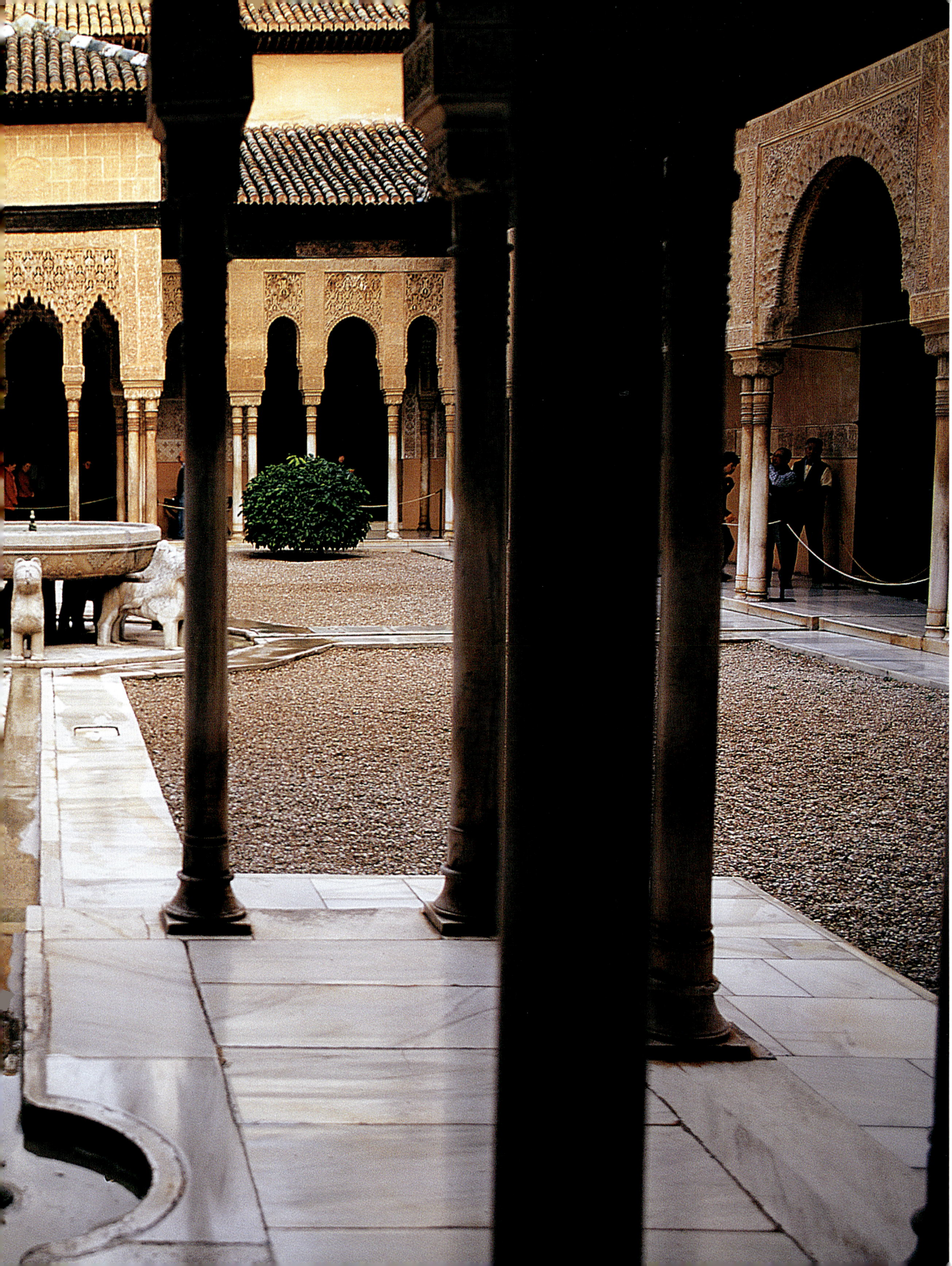

Anlage und änderten kaum etwas daran. Im Gegenteil: Sie ließen beschädigte Teile restaurieren und wandelten nur einige Räume in königliche Wohnbereiche um. Im Jahr 1527 fügte der Enkel des Königspaares, König Karl I. von Spanien (1500–1558), der als Karl V. auch Kaiser des Heiligen Römischen Reichs war, einen prächtigen Renaissance-Palast hinzu. Der Hof von Lindaraja neben den Privatgemächern des Kaisers stammt ebenfalls aus dieser Zeit.

Mit der Übernahme des spanischen Throns durch die Bourbonen im frühen 18. Jahrhundert setzte der Niedergang der Alhambra ein, deren verfallende Paläste schließlich zum Obdach für Landstreicher wurden. Mit der Umfunktionierung zur Kaserne durch Napoleons Truppen und der Zerstörung ihrer acht Türme im Jahr 1812 war das unwürdige Schicksal der Stadtburg endgültig besiegelt.

Die Alhambra hatte schon immer Besucher aus dem Ausland fasziniert. Doch erst die romantischen Schriftsteller und Künstler aus Frankreich, England und Amerika verbreiteten den Ruhm der orientalischen Stadtburg in ganz Europa. Sie wurde erst im 20. Jahrhundert langsam restauriert, der Garten des im 14. Jahrhundert angelegten *Palacio del Pórtico* (Torpalast) stammt aus den 1920er-Jahren. Dieses Gebäude, eines der ältesten der Anlage, dient heute als Aussichtspunkt und bietet einen grandiosen Blick über die Stadt Granada. Die Gärten der Alhambra gelten als die besterhaltenen mittelalterlichen Gärten Europas – sie sind jedoch aus sehr vergänglichem Material gebaut und machten im Verlauf der Jahrhunderte zahllose Veränderungen durch. Doch angesichts ihrer Schönheit kann man Überlegungen über Echtheit und Fälschung, Antike und Moderne, Mythen und Wirklichkeit getrost beiseiteschieben. Lassen Sie sich einfach vom Charme der Anlage verzaubern, getreu dem Sprichwort: »Kein Schicksal ist grausamer, als blind zu sein in Granada.«

Links Der Patio de la Lindaraja wurde im 16. Jahrhundert direkt neben den Privatgemächern von Kaiser Karl V. angelegt.

Oben Blick von der Alhambra auf die Häuser der Stadt Granada.

Rechts Ein Zwerg-Granatapfelbaum (*Punica granatum* var. *nana*) in prächtiger Herbstfärbung.

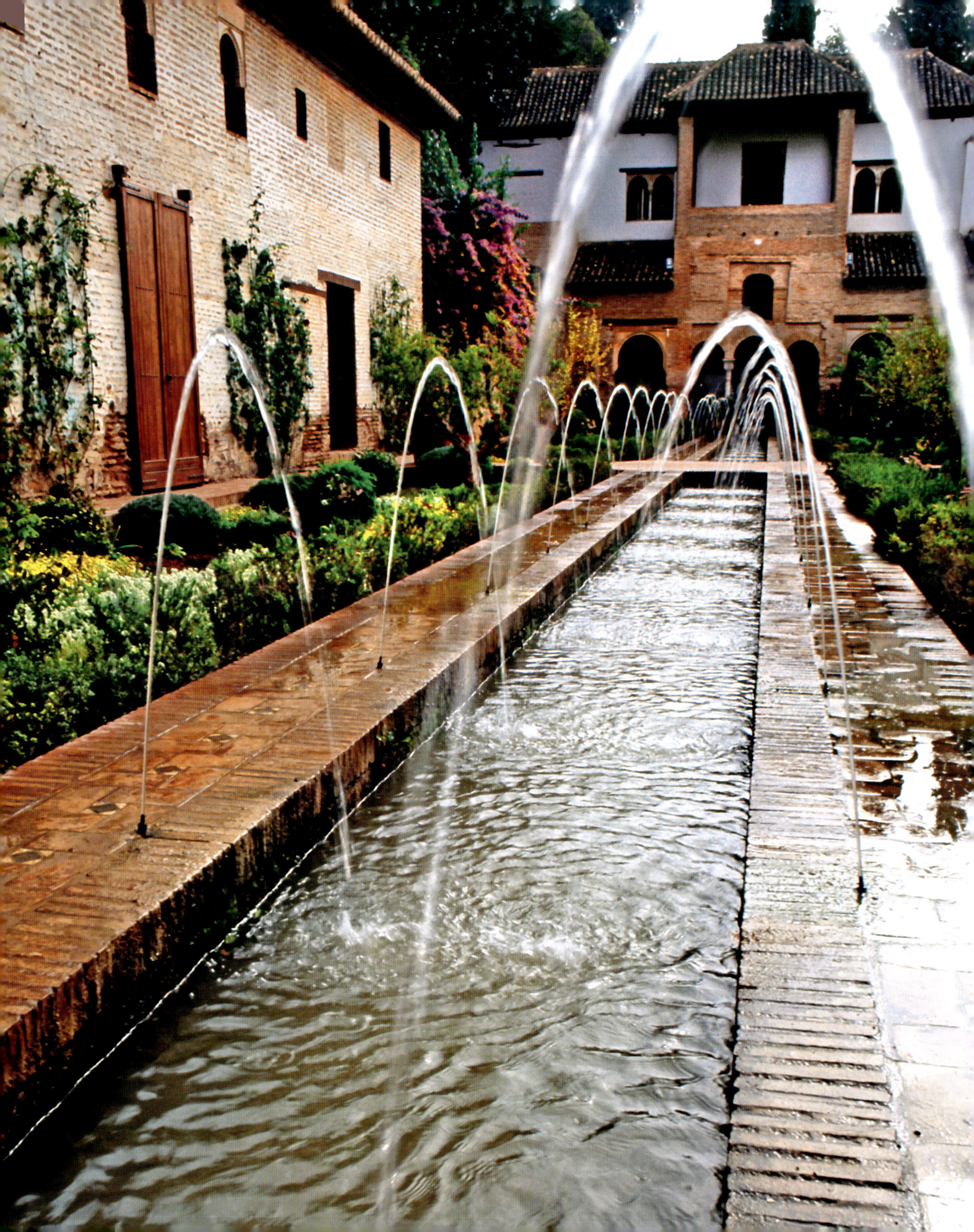

EL GENERALIFE
Granada

Ein kleiner Spaziergang den Hang aufwärts von der Alhambra führt zu einem weiteren Garten, der zu den schönsten der Welt zählt: dem Generalife, was auf Arabisch »der höchste und vornehmste Garten« bedeutet. Er schmückte die im frühen 14. Jahrhundert erbaute Sommerresidenz der nasridischen Herrscherfamilie. Der Palast ist rundherum von Terrassen und Obstgärten umgeben – grüne Zimmer, die eine intime und geschützte Atmosphäre bieten und gleichzeitig einen prächtigen Blick über eine der schönsten Landschaften der Erde erlauben: die Alhambra, die Stadt Granada und die sie umgebende fruchtbare Ebene.

Doch der Ausblick ist nur eine Zutat zu diesen Gärten, die mit ihren betörenden Düften, leuchtenden Farben und dem beständigen Murmeln des Wassers – der Seele auch dieses Gartens – ein echtes Fest für die Sinne bieten. Die aus Wüstenregionen stammenden Mauren schätzten den Wasserreichtum Spaniens besonders hoch: Daher entwickelten sie die von den Römern zurückgelassenen hydraulischen Anlagen weiter und verbesserten sie durch neue Bewässerungstechniken aus Persien, Ägypten und Syrien. Die sagenhaften Gärten der Alhambra und des Generalife wären ohne den Königlichen Kanal, den Mohammed I. im frühen 13. Jahrhundert hatte anlegen lassen, völlig undenkbar. Der Kanal führt das Wasser vom Fluss Darro in tiefe Bassins und von dort über ein Aquädukt in die Gärten.

Die erste Station des Rundgangs durch El Generalife ist der *Patio de la Acequia* (Hof des großen Kanals), wo viele Besucher angesichts der Allgegenwärtigkeit des Wassers denken, dies zeige die Reinkultur eines spanisch-arabischen Gartens. Nichts ist falscher als das: Denn die imposanten Fontänen über dem zentralen Kanal stammen von den italienischen Besitzern, die den Palast im 19. Jahrhundert bewohnten und dieses römische Stilelement hinzufügten. Die islamische Gartenkultur bevorzugt hingegen ruhige, glatte Wasseroberflächen, die den Himmel spiegeln. Ausgrabungen zeigten im Jahr 1958, dass der Garten ursprünglich in Kreuzform mit vier abgesenkten Quadraten und einem Brunnen im Zentrum angelegt war. Nur in der Mitte der Westwand erlaubten niedrige Fenster dem auf dem Boden sitzenden Bewohner einen Ausblick auf die Umgebung. Der offene Seitengang und das zweite Stockwerk des Gebäudes am Ende des Gartens wurden erst nach der christlichen Eroberung

Links Die berühmten Fontänen im Patio de la Acequia wurden erst im 19. Jahrhundert installiert.

Oben und folgende Seiten Muschelförmige Brunnen schmücken die Jardínes Nuevos (Neuen Gärten), die der Gartenarchitekt Prieto Moreno im Jahr 1951 zwischen der Alhambra und dem Generalife anlegte.

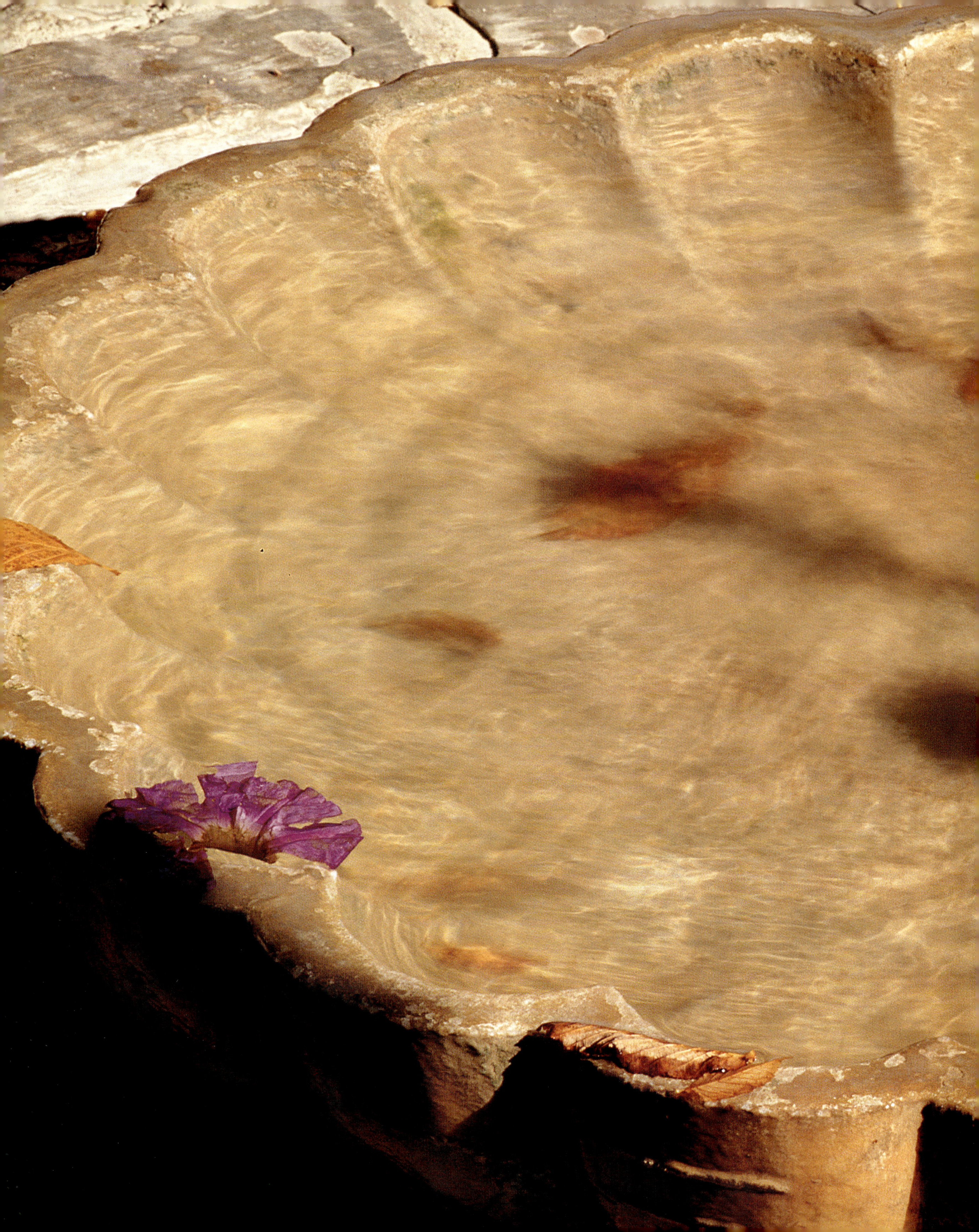

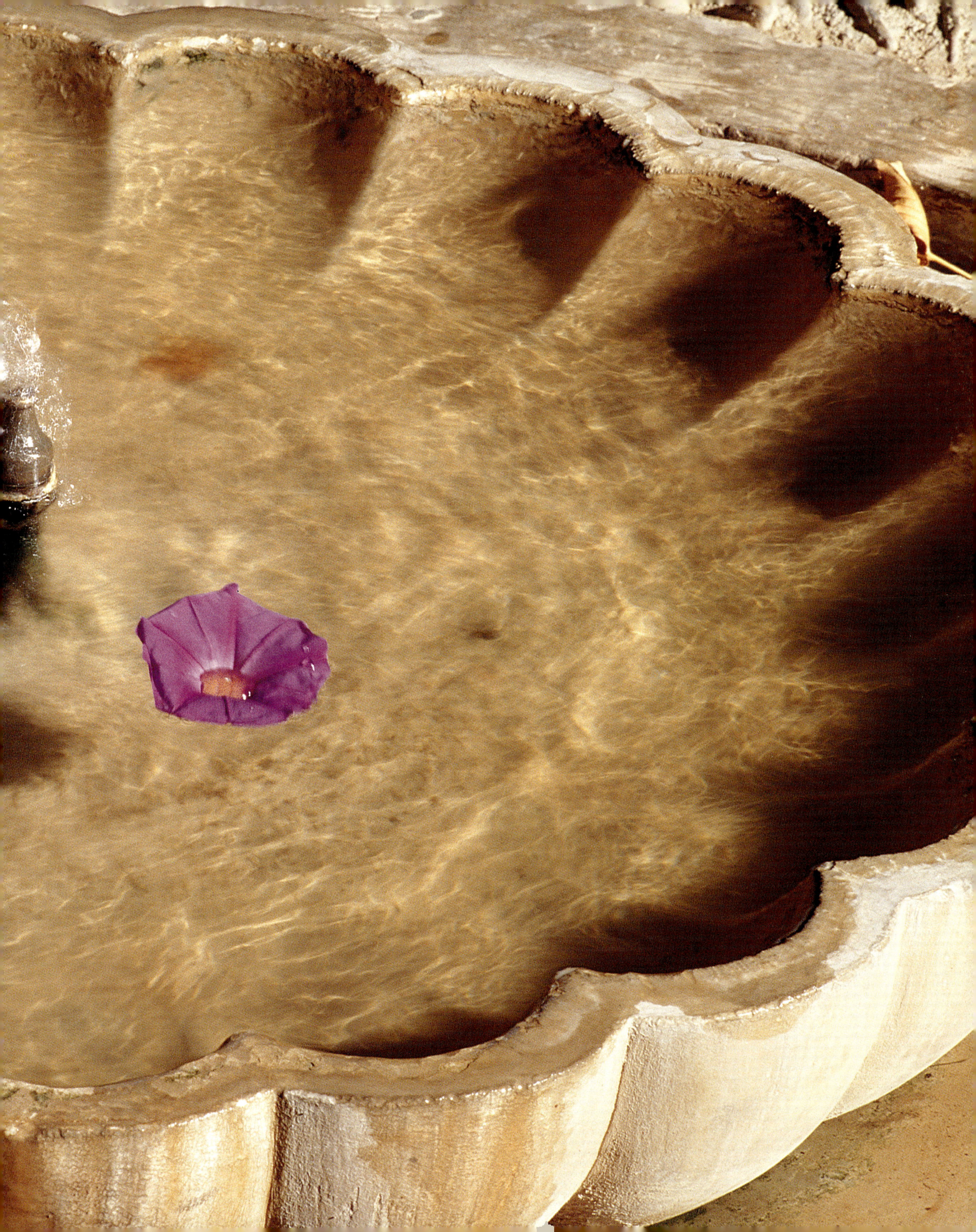

Granadas hinzugefügt und veränderten den Ursprungscharakter des Patio deutlich.

Der Rundgang führt anschließend zum *Patio del Ciprés de la Sultana* (Zypressenhof), der eine völlig andere Stimmung birgt: Hier dominiert der italienische Renaissancestil mit einer Galerie aus Doppelbögen und einem U-förmigen Wasserbecken in der Mitte, das von hohen Fontänen gespeist wird. Früher befanden sich hier die Bäder der maurischen Herrscher. Der Name des Patio bezieht sich auf die hohen Echten Zypressen *(Cupressus sempervirens)*, in deren Schutz sich die Ehefrau des letzten Maurenkönigs Boabdil mit ihrem Liebhaber aus der vornehmen maurischen Familie der Abencerragen getroffen haben soll. Der Überlieferung zufolge ließ der gehörnte König die gesamte Familie des Liebhabers köpfen: Blutspritzer sollen bis heute am Brunnen in der *Sala de Abencerrajes* (Saal der Abencerragen) der

Alhambra kleben. Die Alhambra und der Generalife sind Gegenstand unzähliger Legenden, was die Anlagen zu märchenhaften Orten hat werden lassen, wo sich Magie und Wirklichkeit untrennbar miteinander vermischen.

Ein wahres Juwel der nasridischen Periode ist die Wassertreppe *Escalera del agua*. Sie verband den Generalife mit einer kleinen Kapelle auf der Bergspitze, die im 19. Jahrhundert durch eine Aussichtsterrasse ersetzt wurde. Auf beiden Seiten einer Ziegelsteintreppe, die in drei mit Brunnen geschmückten Absätzen durch einen dichten Lorbeerwald führt, plätschert das handhohe Wasser aus dem Königlichen Kanal in schmalen, weiß getünchten Rinnen bergab. Diese bezaubernde Anlage mit ihrem kühlen Schatten vermittelt Ruhe und Gelassenheit, vorzüglich passend zu ihrer mutmaßlichen Bestimmung: dem rituellen Händewaschen vor dem Gebet. Die Allgegenwart des Wassers gemahnt den Besucher daran, dass ohne Wasser kein Leben möglich ist – und in seiner Reinheit symbolisiert es das Paradies. Als die Mauren seinerzeit die ehemals römische Provinz Bética für einige Jahrhunderte übernahmen, erbten sie auch die auf das Gelände und Klima perfekt abgestimmten Anlagen zum Wassertransport, die wiederum

Oben Blick aus dem Patio de la Acequia: Die Torbögen sind reichlich mit *yeseria*, einer wunderschönen maurischen Stucktechnik aus dem 14. Jahrhundert, verziert.

Links Eine grüne Stadt in den Jardínes Nuevos: Die leuchtend gelb blühende Mimose nimmt den scharf geschnittenen Zypressen ihre architektonische Strenge.

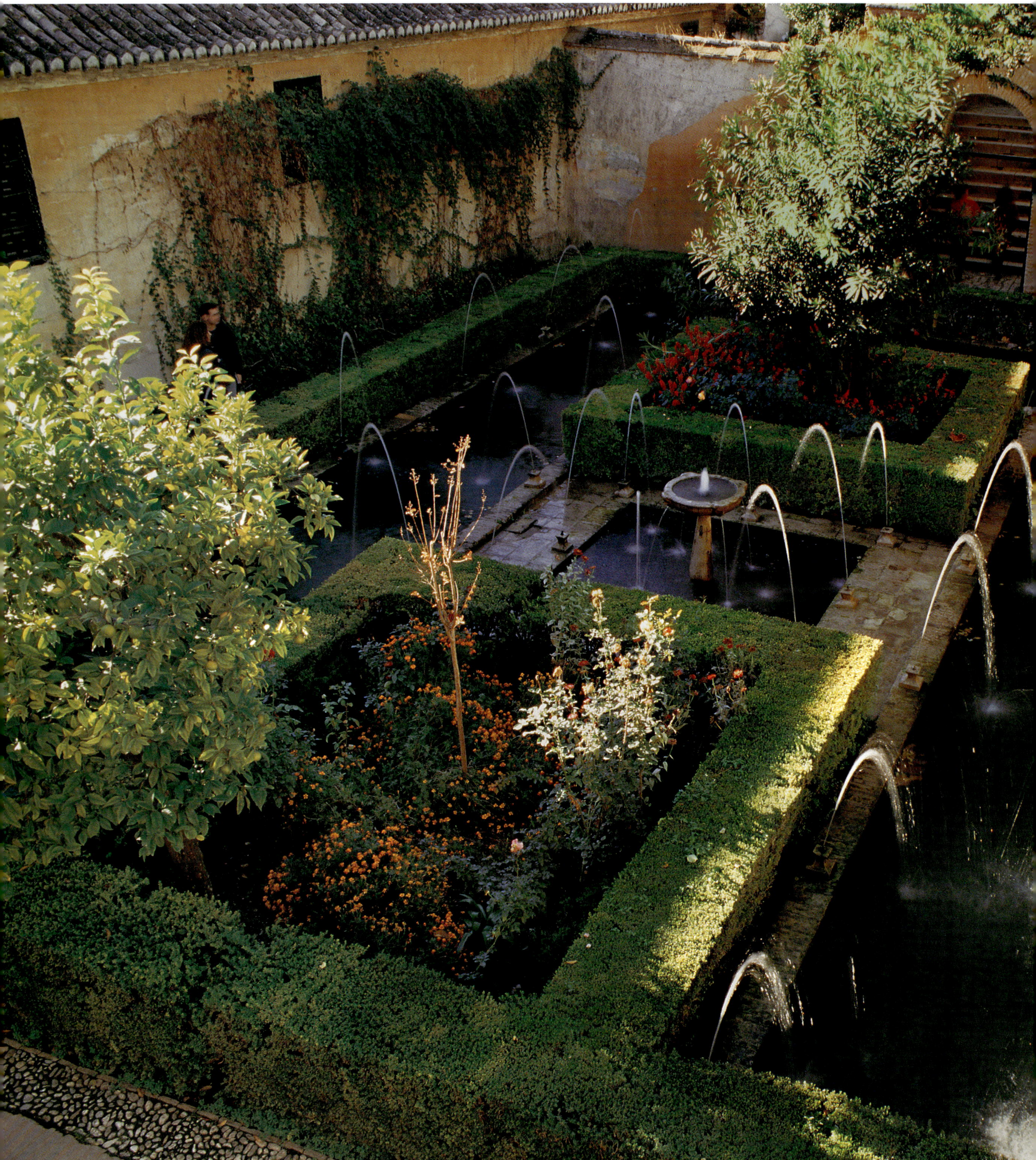

auf die griechisch-römische Technik der Hydraulik zurückgingen.

Nach der Eroberung durch die Christen beherbergte der Generalife zunächst ein islamisches Kloster und wurde dann an die italienische Familie Grimaldi y Palavicini verkauft, bevor er 1921 nach langen Gerichtsverfahren in staatliches Eigentum überging. Die italienischen Besitzer hatten zuvor den oberen Garten angelegt, der mit seinen Terrassen, Hecken, Rosen und Magnolien dem damals modernen romantischen Stil folgt. Auch die breiten, von Oleander und Zypressen gesäumten Wege stammen aus dieser Zeit.

Nach der staatlichen Übernahme wurde das Gewirr aus Feldern und Wiesen um die alte *almunia* – wie die Mauren solche landwirtschaftlich genutzten Paläste nannten – in Gärten umgewandelt. Diese neuen Gartenanlagen, die in den 1950er-Jahren zwischen der Alhambra und dem Generalife entstanden, sind das Werk des Gartenarchitekten und Konservators Francisco Prieto Moreno. Die architektonisch durchgestylten Anlagen mit streng geschnittenen Zypressen orientieren sich zwar an italienischen Vorbildern, lassen aber auch Raum für lokale Gestaltungselemente wie kiesbelegte Wege und Blumentöpfe in leuchtenden Farben. Sie sind wahrhaft archetypische spanische Gärten – entstanden aus einem Schmelztiegel unterschiedlichster Kulturen, repräsentieren sie ihre eigene Geschichte genauso wie die jeweilige Zeitgeschichte.

Links Im Patio del Ciprés de la Sultana (Zypressenhof) ersetzt seit dem 16. Jahrhundert ein U-förmiges Wasserbecken die früheren Palastbäder.

Rechts Die Escalera de Agua stammt noch aus nasridischen Zeiten: Wasser aus dem Acequia Real, dem Königlichen Kanal, rinnt neben einer Ziegelsteintreppe in weiß getünchten Rinnen bergab. Flache Brunnen teilen die Treppe in drei Absätze.

EL CARMEN DE LA FUNDACIÓN RODRÍGUEZ-ACOSTA

Granada

El Carmen ist das Werk einer wahren Künstlerseele, eine einmalige Komposition aus Architektur und Gartenkunst durch die perfekte Balance von Kunst und Natur, Klassik und Moderne, Ost und West. Die weißen Wände der Villa und die tiefgrünen Zypressen bilden einen prächtigen Rahmen für den Blick auf die Sierra Nevada und die Ebene von Granada.

Die weiße Villa wird auch *El Carmen Blanco* genannt; *carmen* meint ein kleines Landhaus mit einem Zier- oder Küchengarten – halb ländlich, halb städtisch und typisch für Granada. Erbaut wurde die Villa, eine moderne und sehr persönliche Interpretation des traditionellen *carmen*-Konzepts, zwischen 1814 und 1924 von dem wohlhabenden Maler José María Rodríguez-Acosta (1878 bis 1941). Er nutzte sie als Atelier. Seit dem Tod des Künstlers beherbergt sie die nach ihm benannte Stiftung zur Förderung von Kunst und Wissenschaft.

Die Lage des Gartens auf dem Hügel, seine terrassenförmige Anlage und die Position seines Haupteingangs an der höchsten Seite entsprechen der alten maurischen Architektur. Auch seine Gestaltung folgt traditionellen Vorbildern – die durch Treppenfluchten verbundenen Ebenen lassen intime Räume entstehen, zu denen schattige Wege führen.

Oben Eine Büste aus dem 20. Jahrhundert erinnert die Besucher von *El Carmen Blanco* an die Antike.

Rechts Das Venus-Becken wird von einer Statue der Göttin der Liebe bewacht – eine Kopie des römischen Originals.

213

Links Der Haupt-Patio am Eingang zur Villa.

Unten Der Fuß einer alten Säule dient als Podest für diese römische Apollo-Statue – ein Bild wie aus der Hadrians-Villa.

Der größte Unterschied zu einer herkömmlichen *carmen* besteht, abgesehen von den großflächigen weißen Wänden des Hauses nach Art der Wiener Secession (Wiener Jugendstil), in der Wahl der Pflanzen: Sie beschränkt sich auf Europäischen Buchsbaum *(Buxus sempervirens)*, Braut-Myrte *(Myrtus communis)* und Echte Zypresse *(Cupressus sempervirens)*, die streng formal geschnitten sind – eine Art lebendige Architektur, die der Anlage eine ruhige, klassische Ausstrahlung verleiht. Die schlanken Zypressen – das Urbild des mediterranen Baums, das schon die antiken Gärten der Griechen und Römer schmückte –, galten aufgrund ihrer straff himmelwärts gerichteten Form als Symbol der Ewigkeit. Im italienischen Garten von El Carmen bilden sie eine gelungene Ergänzung zu den schlichten weißen Statuen, Säulen, Portiken (Säulenhallen) und Bogengängen.

Einige dieser Elemente sind Originale, die meisten jedoch Kopien von Vorlagen aus der Klassik und Renaissance. Besonders bemerkenswert ist der Garten des Apollo: Hier erinnert eine Original-Statue des Wolfsgottes Faunus an die Hadrians-Villa in Rom. Eine wunderschöne Komposition bildet auch das Wasserbecken mit einer Venus-Statue, der Kopie einer klassischen Vorlage. Die Allgegenwart von Wasser in Form von Becken, Bassins und Brunnen entspricht der traditionellen *carmen*-Gestaltung. Mit der kastilischen, von Zypressen gesäumten Grabanlage bildet der romantische Nonnen-Garten einen weiteren Höhepunkt.

Die komplexe Anlage aus Terrassen und verborgenen Gärten sorgt immer wieder für Überraschungen: Jeder Gartenraum bietet einen anderen Blick auf den Garten und sorgt damit für eine außergewöhnliche Verbindung von Mensch und Natur, Vergangenheit und Gegenwart. Die weißen Türme und die dunklen Zypressen wirken so sehr als Teil der Landschaft, dass es scheint, als seien sie geradewegs aus ihr entsprungen.

Oben Ein strenges Heckenparterre gibt der unteren Terrasse Form und Struktur.

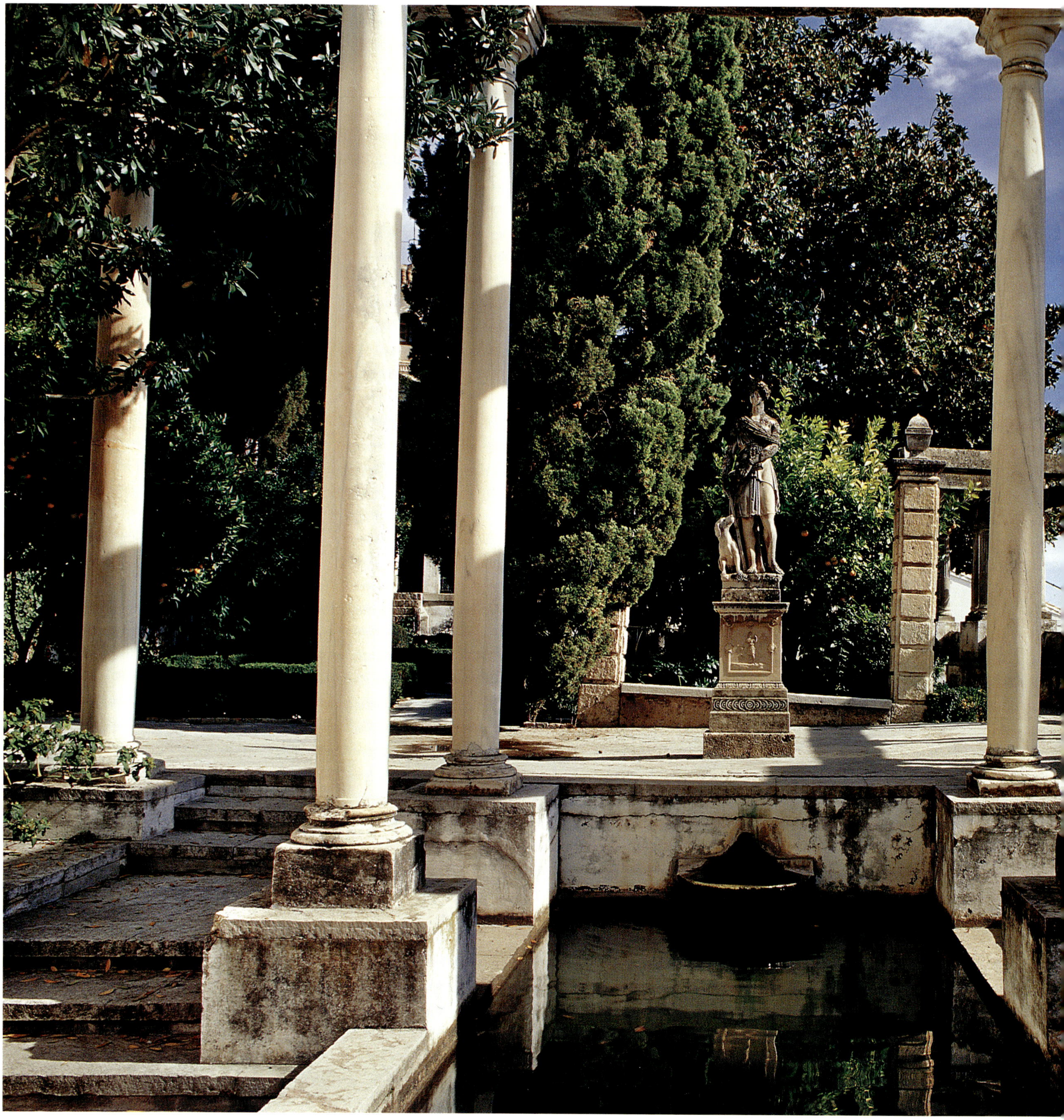

Oben links Die Statue der Göttin Diana mit ihrem Jagdhund, ein Werk des Bildhauers Pablo Liozaga aus dem vergangenen Jahrhundert, belebt das nüchterne architektonische Ensemble.

Oben rechts Blick auf El Templo de Psiquis (Tempel der Natur) und die Stadt Granada.

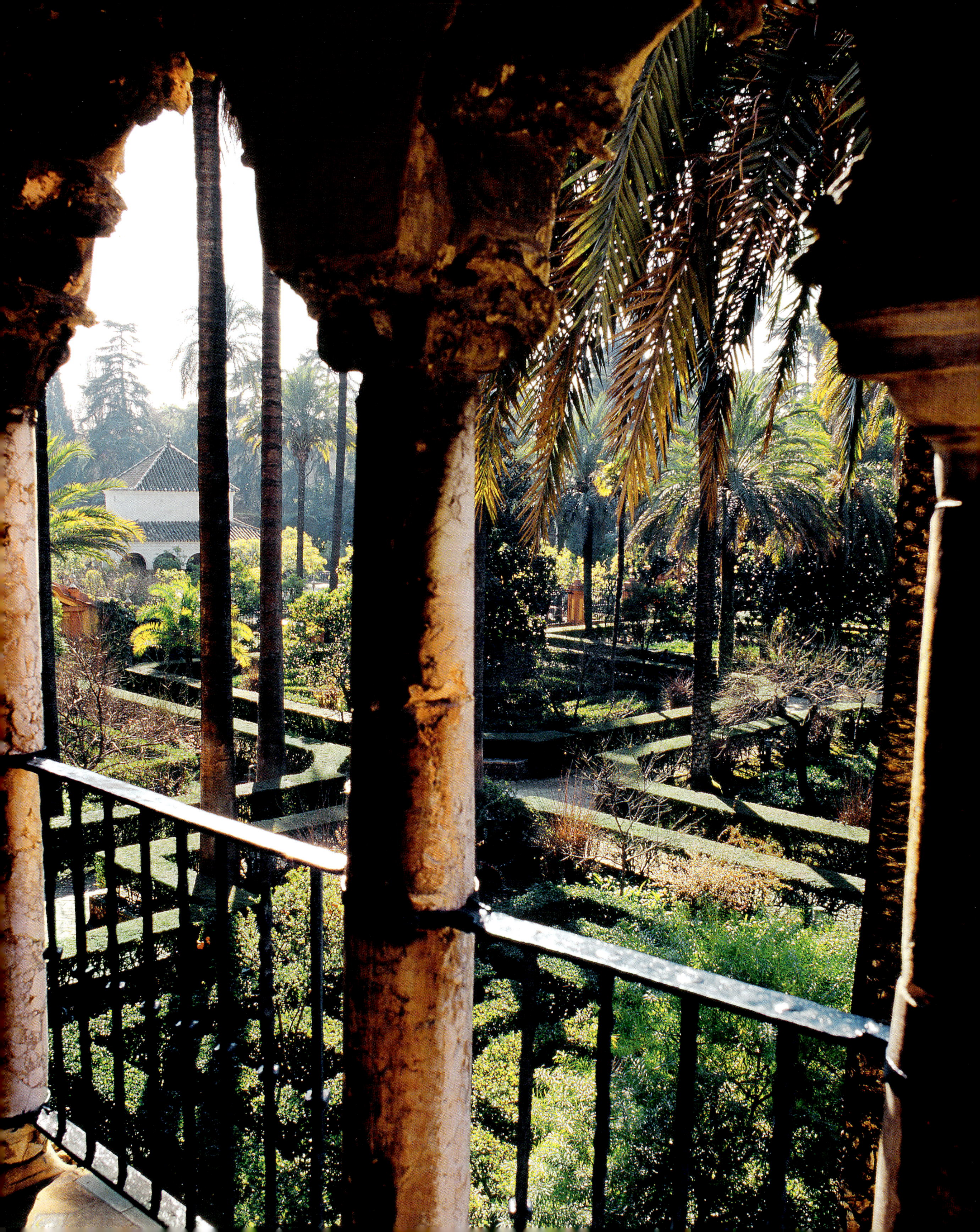

REAL ALCÁZAR
Sevilla

Diese majestätische Anlage aus Gärten, Patios und Gebäuden entführt den Besucher auf eine Reise durch die Seele Sevillas, denn im Königspalast spiegeln sich die vielfältigen Kulturen wider, die Kunst und Geschichte der andalusischen Hauptstadt über Jahrhunderte geprägt haben. Seine Gärten folgen sehr unterschiedlichen Stilarten, die bestens auf die Gebäude abgestimmt sind. Trotz zahlreicher Umgestaltungen haben sie alle etwas von der speziellen Stimmung alter spanisch-arabischer Gärten bewahrt.

Alcázar stammt vom Arabischen *al-qasr* ab und bedeutet Festung. Die erste Zitadelle Sevillas wurde im 10. Jahrhundert von den Mauren auf den Resten einer römischen Befestigungsanlage errichtet, die zuvor den Westgoten gehört hatte. Einer der faszinierendsten Gärten entstand während der Almohaden-Dynastie im 12. Jahrhundert in einem Bereich der Festung, in dem ab 1503 die *Casa de Contratación* – das Haus des Handels mit den westindischen Kolonien – residierte. Der Garten ist kreuzförmig und seine vier Parterres liegen tiefer als die Wege, sodass der Besucher die leuchtenden Früchte und duftenden Blüten der Orangenbäume mit den Händen berühren kann. Die abgesenkte Lage sorgt für Schatten und hält die Feuchtigkeit –

Links Die Gärten von der Galería de Grutescos aus gesehen – diese ungewöhnliche Galerie wurde im 17. Jahrhundert von Vermondo Resta an der alten, aus der maurischen Almohaden-Dynastie stammenden Außenmauer errichtet.

Oben Eine Merkur-Brunnenfigur des Künstlers Diego de Pesquera (1540–1581) bewacht das große Wasserbecken vor der Galería de Grutescos.

Folgende Seiten Blühender Philadelphus im Jardín de las Damas (Garten der Damen) – Hecken aus Spindelstrauch und Echter Myrte bilden ein klassisches Parterre.

Unten Ehrwürdige Pomeranzenbäume *(Citrus aurantium)* im Jardín del Chorro.

eine höchst kluge Gestaltung angesichts der brennenden Sommerhitze in Sevilla. Der *Patio del Yeso* und der Jardín de María de Padilla stammen aus derselben Zeit.

Nach der christlichen Eroberung Sevillas im Jahr 1248 begann König Ferdinand, genannt der Heilige (1199–1252), mit der Umgestaltung der Palastanlage – die über Jahrhunderte andauerte. (Übrigens ist der Real Alcázar der am längsten dauerhaft genutzte Königssitz in Europa.) Heute sind noch Spuren gotischer Architektur zu finden, die aus der Zeit von Ferdinands Sohn, Alfonso X. (1221–1284) stammen. Als bedeutender gelten die Anlagen im Mudéjar-Stil aus der Zeit von Alfonso XI. dem Rächer (1311–1350), einem Urenkel von Alfonso X. und seines Sohnes Peter I. des Grausamen (1334–1369).

Der Begriff *mudéjar* bezieht sich auf die islamischen Handwerker *(mudéjares)*, die nach der christlichen Übernahme Andalusiens im Land bleiben durften. Sie verschmolzen orientalische und westliche Elemente zum einzigartigen Mudéjar-Stil. Erst kürzlich wurde der 1366 von Peter I. angelegte Garten wieder entdeckt, der mehr als 400 Jahre unter einen Marmorkiesfläche verborgen lag. Der von strengen Formhecken und Ziegelsteinmauern gesäumte Senkgarten in Kreuzform mit einem Brunnen in der Mitte zeigt, wie sehr der christliche König von der spanisch-arabischen Kultur fasziniert war. Diese

Gegenüber oben Die gepflasterten Wege im Orangengarten aus der Almohaden-Dynastie liegen mehr als einen Meter oberhalb der Beete.

Gegenüber rechts Detail des Pavillons für Kaiser Karl V., erbaut anlässlich seiner Hochzeit mit Isabel von Portugal im Jahr 1543.

Gegenüber rechts außen Der Palastgarten besteht aus vielen kleinen geschützten Plätzen.

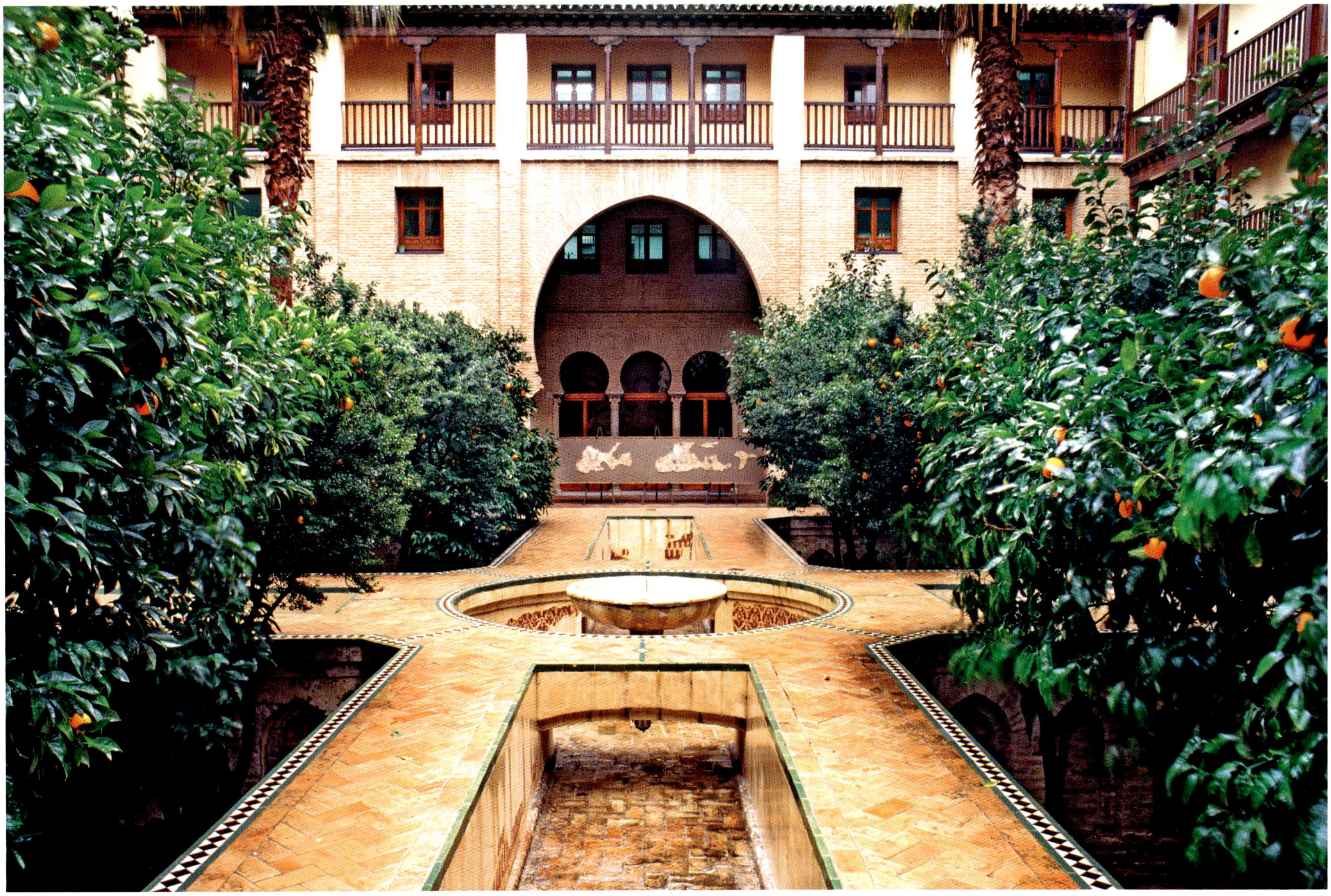

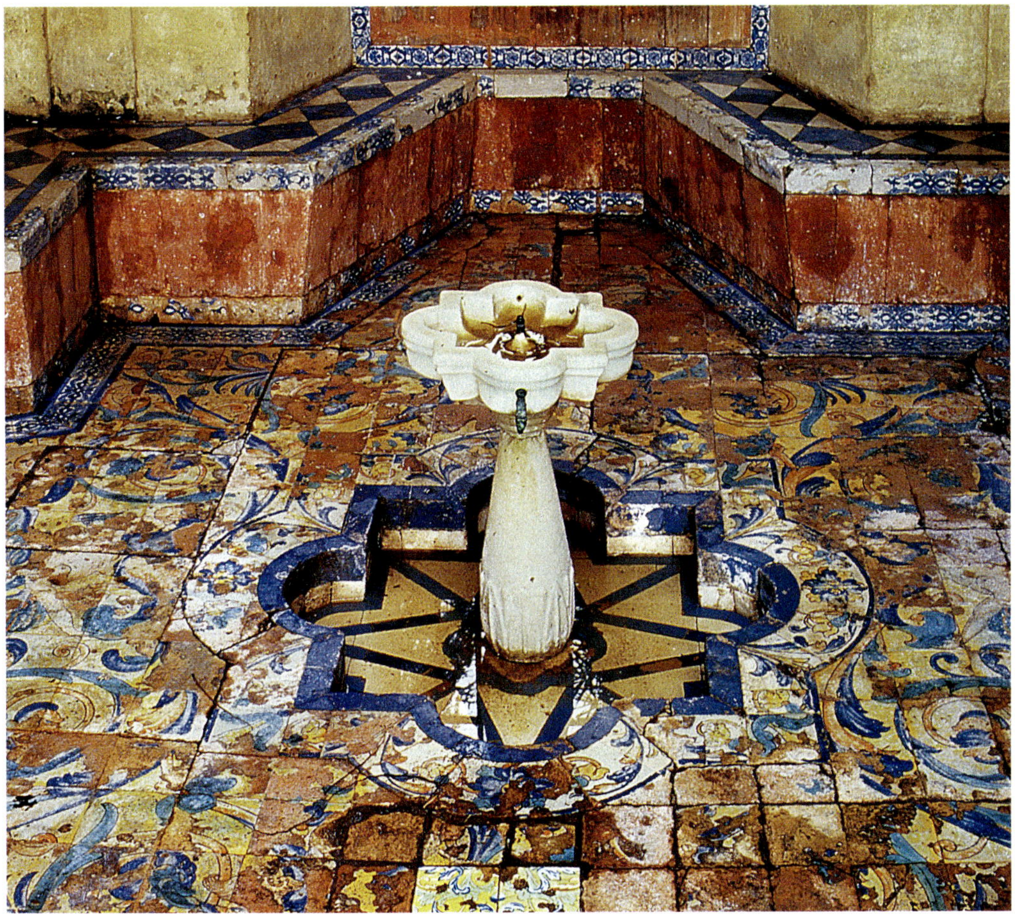

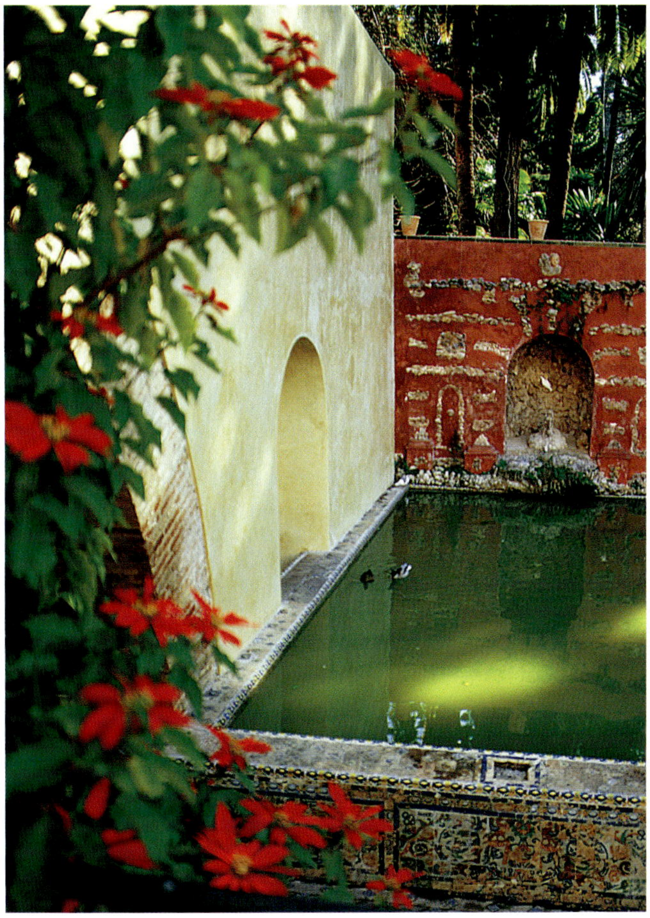

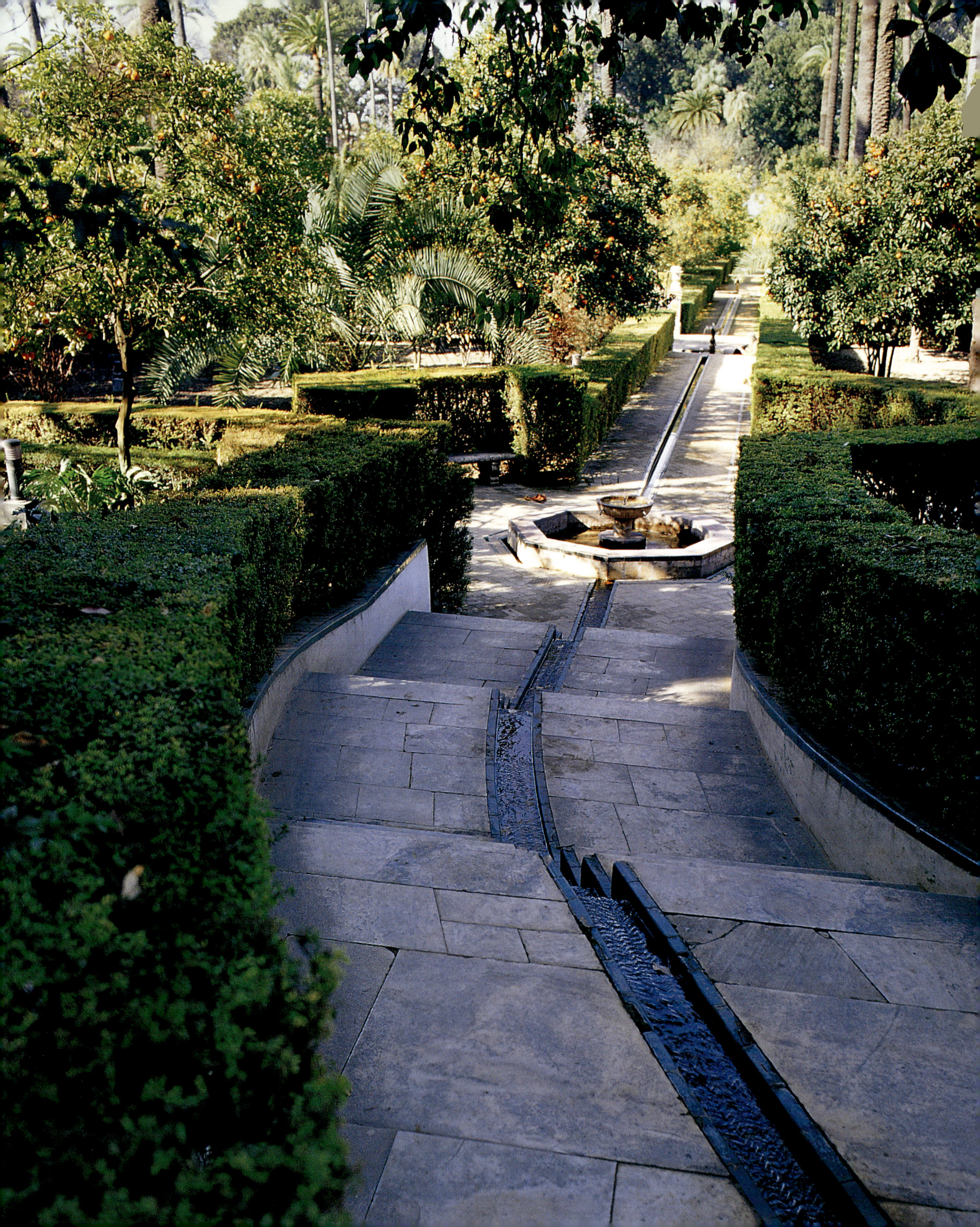

Liaison der Kulturen ist noch immer in den Gärten des Alcázar lebendig.

Mit Beginn der Habsburger Ära im 16. Jahrhundert erlebte der Palast eine neue Blüte: Die alten Obstgärten wichen italienischen Gärten, die zunächst im Stil der Renaissance angelegt wurden, später jedoch in einem manieristischen Stilmix endeten. Im Jahr 1546 ließ Kaiser Karl V. (1500–1558) eine alte islamische Grabkapelle in einen bezaubernden Pavillon umbauen, der Renaissance- und Mudéjar-Stil perfekt vereint.

Im früheren 17. Jahrhundert beauftragte König Philipp III. (1578–1621) den Architekten Vermondo Resta aus Mailand mit der Neugestaltung der alten, noch aus der Zeit der Almohaden-Dynastie stammenden Festungsmauer: Resta entwarf eine riesige überdachte manieristische Galerie, die *Galería de los Grutescos*, mit Blick auf die Gärten – ein idealer Ort, um die Wintersonne über den dunstigen Gärten und den großartigen Ausblick auf die gesamte Anlage zu genießen. Der Architekt wandelte auch einen alten Wasserspeicher in ein elegantes Becken um, das von einer Statue des Merkur, des Gottes des Handels, bewacht wird – keine Zufallsentscheidung, denn Sevilla war damals *puerto y puerta de América* (Hafen und Tor Amerikas), eine florierende Handelsmetropole. Die Goldfunde in Amerika finanzierten die umfassenden Umbauten im Palast. Die Gärten wurden erweitert und erhielten eine aristokratische Gestaltung – ein großer Unterschied zu ihren intimen spanisch-arabischen Vorgängern. Treppen, Nischen und Säulenhallen kamen ebenso hinzu wie Formschnitthecken aus Buchsbaum und Echter Myrte in Gestalt von mythischen Gestalten, die Köpfe und Hände aus Holz und Ton erhielten. Im Boden eingelassene Wasserfontänen überraschten den arglosen Besucher.

Zu Beginn des 20. Jahrhunderts ließ König Alfonso XIII. (1886–1941) die ehemaligen Obstgärten um den Palast erneut umgestalten: Neben einem neuen Labyrinth aus Zypressen und Myrte, das einen früheren Irrgarten ersetzte, entstand der recht weit vom Palast entfernte *Jardín Inglés* (Englische Garten) mit Grotten und weitläufigen Rasenflächen. Zahlreiche Bäume wie die allgegenwärtigen Palmen kamen hinzu, welche die horizontale Achse der bisherigen Anlage durchbrechen. 1914 wurde *El Jardín del Marqués de la Vega Inclán* (Garten des Grafen von Vega Inclán) angelegt, durch den der französische Landschaftsgestalter Jean Claude Forestier (1861–1930) mit dem Neo-Mudéjar-Stil eine regionale Stilvariante zum Palast hinzufügte (siehe auch El Parque de María Luisa auf Seite 232).

Joaquin Murube (1904–1969), Konservator der Palastgärten, Architekt des in den 1940er-Jahren angelegten *Jardín de los Poetas* und selbst Dichter, fasste den Kern dieser 1.000 Jahre alten Gärten in Verse: »Was ist der Duft der Gärten von Alcázar? Nicht der seiner Blumen und Blätter, seiner Bäume oder Zweige. Er duftet nach alten Gärten. Nach Jahren, Jahrhunderten von Gärten. Zeit vergeht, Schönheit bleibt …«

Oben Dieser Irrgarten wurde 1913 als Ersatz für ein älteres Labyrinth angelegt.

Links Treppe und Zentralachse, eine moderne Adaption des spanisch-arabischen Stils, entstanden im vergangenen Jahrhundert.

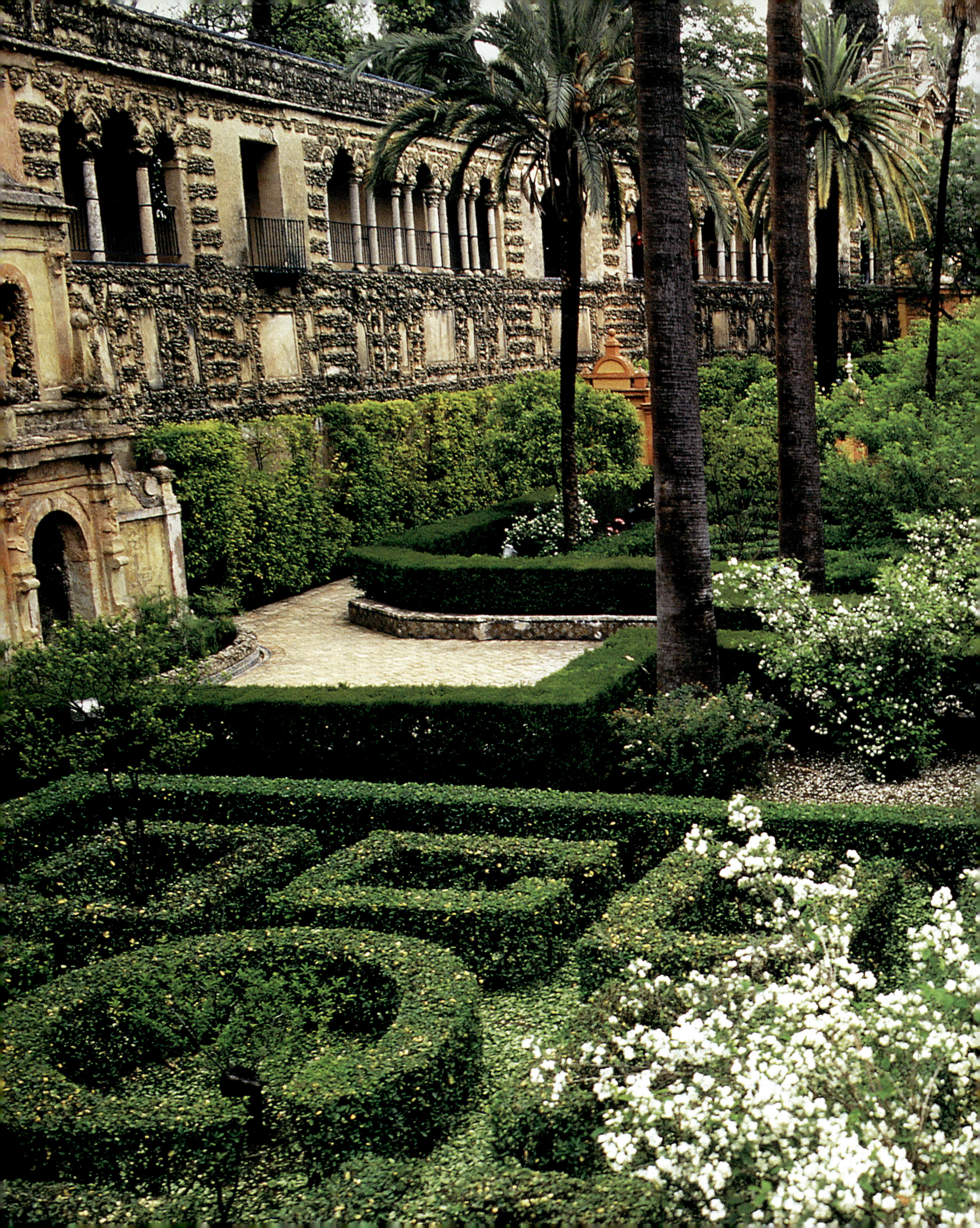

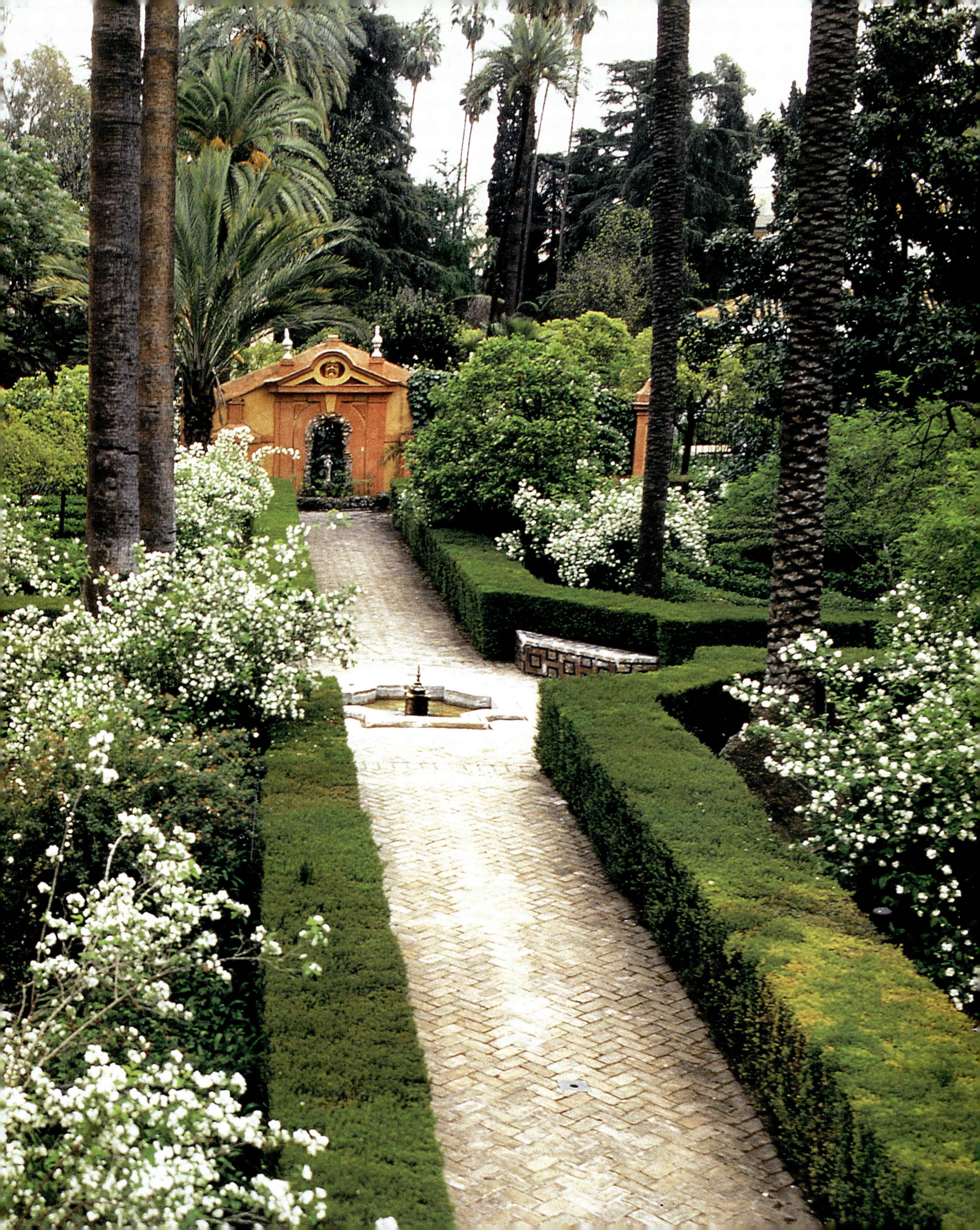

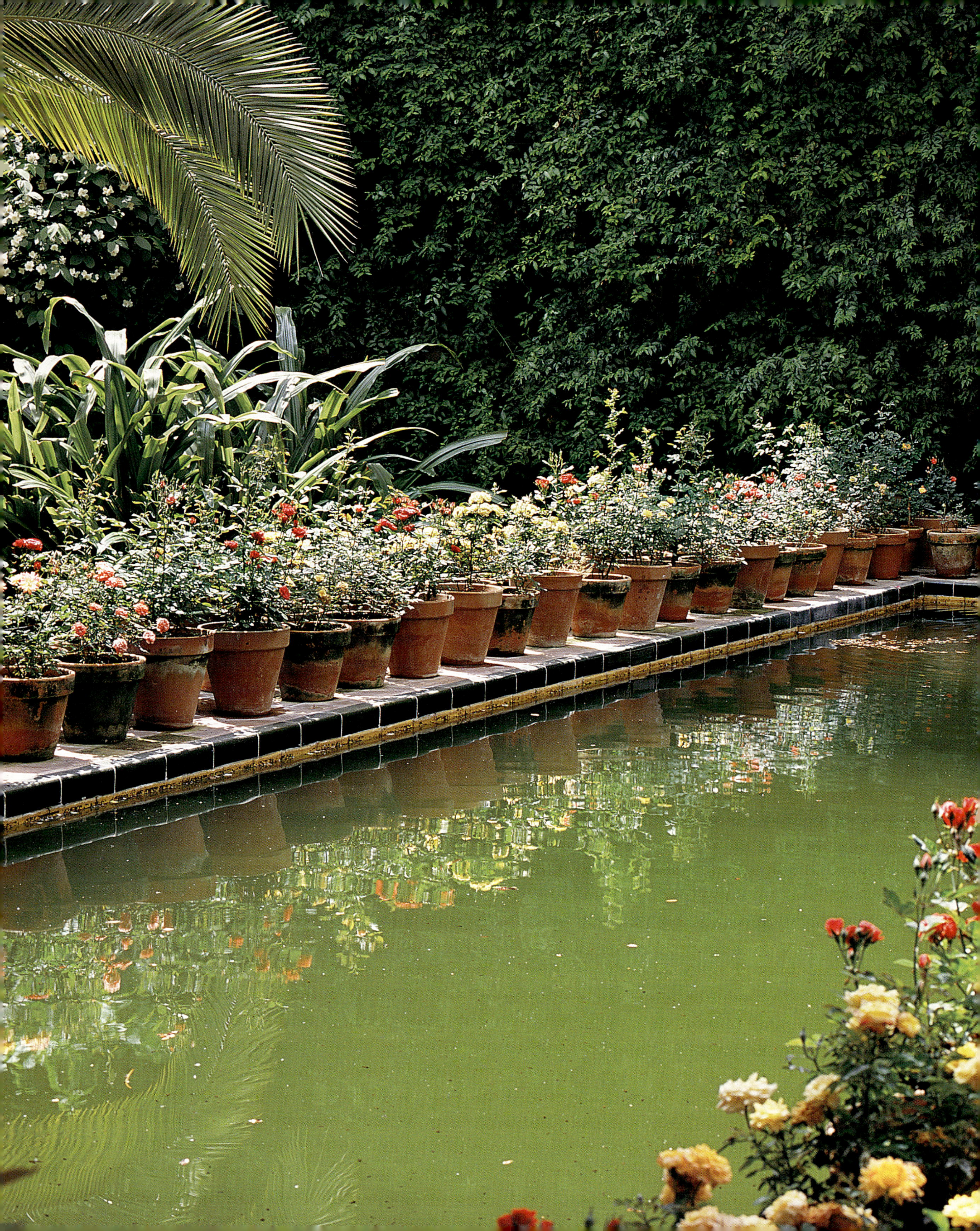

LA CASA DE PILATOS
Sevilla

Unter den vielen unvergesslichen Patios und Gärten in Sevilla sticht der Garten der Casa de Pilatos (Haus des Pilatus) besonders hervor. Die mehr als 500 Jahre alte Anlage vereint die lange Kulturgeschichte Spaniens und seine arabischen, christlichen und klassischen Einflüsse auf besonders beeindruckende Weise.

Das Haus ist fraglos ein Meisterstück der spanischen Architektur des 16. Jahrhunderts: Der Renaissance-Bau enthält gotische und *mudéjar*-Stilelemente. (Der Mudéjarstil wurde von islamischen Handwerkern entwickelt, die auch nach der christlichen Eroberung in Andalusien blieben. Er ist geprägt durch Rundbögen, Stuckornamente und als Mauresken bezeichnete Wandverzierungen.) Der Hausbau begann 1483 auf Feldern, die durch das römische Aquädukt *Caños de Carmona* eine eigenständige Wasserversorgung besaßen – ein seltenes Privileg angesichts der Tatsache, dass Wasser sonst im Besitz der Krone stand.

Die heute Gestaltung des Anwesens ist weitgehend das Werk von Fadrique Enriquez de Ribera (1476–1539), dem ersten Marqués de Tarifa, der sich während einer Pilgerreise ins Heilige Land auf dem Weg durch Italien in den Renaissance-Stil verliebt hatte. Nach seiner Rückkehr veranlasste er umfangreiche Umgestaltungen und Neubauten, die

Dieses Becken, das vom Carmona-Aquädukt gespeist wurde, diente ursprünglich als privater Wasserspeicher für das Haus. Die Brunnenfigur des jungen Bacchus ist das Werk von Mariano Benlliure (1862–1947).

er nach Vorbildern des zuvor besuchten Heiligen Landes benannte. So hatte der Marqués festgestellt, dass die Entfernung von den Palastruinen des Pontius Pilatus in Jerusalem zu Golgatha, dem Ort der Kreuzigung Jesu, genau so weit war wie zwischen seinem Haus in Sevilla und dem *Cruz del Campo*, einem Schrein außerhalb der Stadtmauern.

Da Ribera kinderlos geblieben war, erbte sein Neffe, Per Afán Enriquez de Ribera III. (1509–1572) – besser bekannt als Herzog von Alcalá des los Gazules und Vizekönig Neapels –, das Anwesen. Auch er hatte seine Liebe zur Archäologie in Italien entdeckt und finanzierte dort Ausgrabungen, aus denen er zahlreiche Stücke nach Sevilla und zu seinem Palast in Bornos schickte, wo er ab 1858 seinen Ruhestand verbringen wollte. Später ließ er den Architekten Benvenuto Tortello sowie

Oben Blick in den Haupt-Patio mit einem Originalbrunnen von 1529 aus Genua. Eine prächtige Bougainvillea ziert den Torbogen.

Links Die von zahllosen getopften Zwergrosen gesäumte Treppe führt vom Jardín Grande (Hauptgarten) zum Haus.

Unten »Der Junge mit dem Adler« – eine klassische Statue umgeben von der Blütenpracht des Jardín Chico, des kleinen Gartens.

Folgende Seiten Philadelphus in voller Blütenpracht; im Hintergrund der Corridor del Zaquizamí, eine offene Galerie im Jardín Chico.

den Bildhauer und Restaurator Giulano Meniquini nach Sevilla kommen.

Tortello schuf in der Casa de Pilatos einen »antiquarischen Garten«, wie ihn der Historiker Vicente Lleo nannte. Diese im 16. und 17. Jahrhundert sehr beliebten Gärten wurden als offene Galerie mit schnurgeraden Myrtenhecken, Blumenrabatten und römischen Kunstwerken gestaltet.

Das Werk des italienischen Architekten ist heute noch im *Jardín Grande* (Großer Garten) sichtbar, einer zuvor als Obst- und Küchengarten genutzten rechteckigen Fläche. Um einen offenen, mit niedrigen Formhecken bepflanzten Platz baute Tortello drei Loggien mit Vorsprüngen und Nischen für klassische Statuen. Während der zentrale Brunnen ebenfalls aus dieser Zeit stammt, wurde der Eisen-Pavillon, der heute von einem herrlichen Jasmin überwachsen ist, bei einer Renovierung des Gartens um 1850 hinzugefügt. Von da an präsentierte sich der Garten in seinem heutigen, eher romantischen Gewand: mit Palmen, Magnolien, Bougainvillea und Blumenrohr.

Ein kleinerer Garten, der sich vor dem Weg zum *zaquizamí*, dem kleinen halboffenen Museums-Pavillon für Ausgrabungsschätze, erstreckte, hieß damals *Jardín Chico*. Der Abriss eines benachbarten Patio Anfang des 20. Jahrhunderts vergrößerte den höher gelegenen Teil des Gartens. Das dortige Wasserbecken diente ursprünglich dazu, Wasser aus dem römischen Aquädukt zu speichern. Sein Rand ist über und über mit bunten Rosen in hübschen Tontöpfen geschmückt – ein unverzichtbares Element der Gärten Sevillas.

Nach umfangreichen Restaurierungsarbeiten präsentiert sich die Casa de Pilatos heute in seinem ursprünglichen Glanz. Sie dient als Familiensitz des Herzogs von Medinaceli und ihre Pforten stehen jedem Besucher Sevillas offen, der auf der Suche nach Schönheit und Geschichte ist.

Die Gärten sind ein Ort der Freude. Alles verschmilzt hier zu einem feinsinnigen Ganzen: das Plätschern des Wassers, die intensiven Farben der Bougainvillea, der sinnliche Duft der Orangenblüten … Es ist ein Garten der Gärten, der den Besucher mit einer Sinfonie wunderschöner Farben umhüllt.

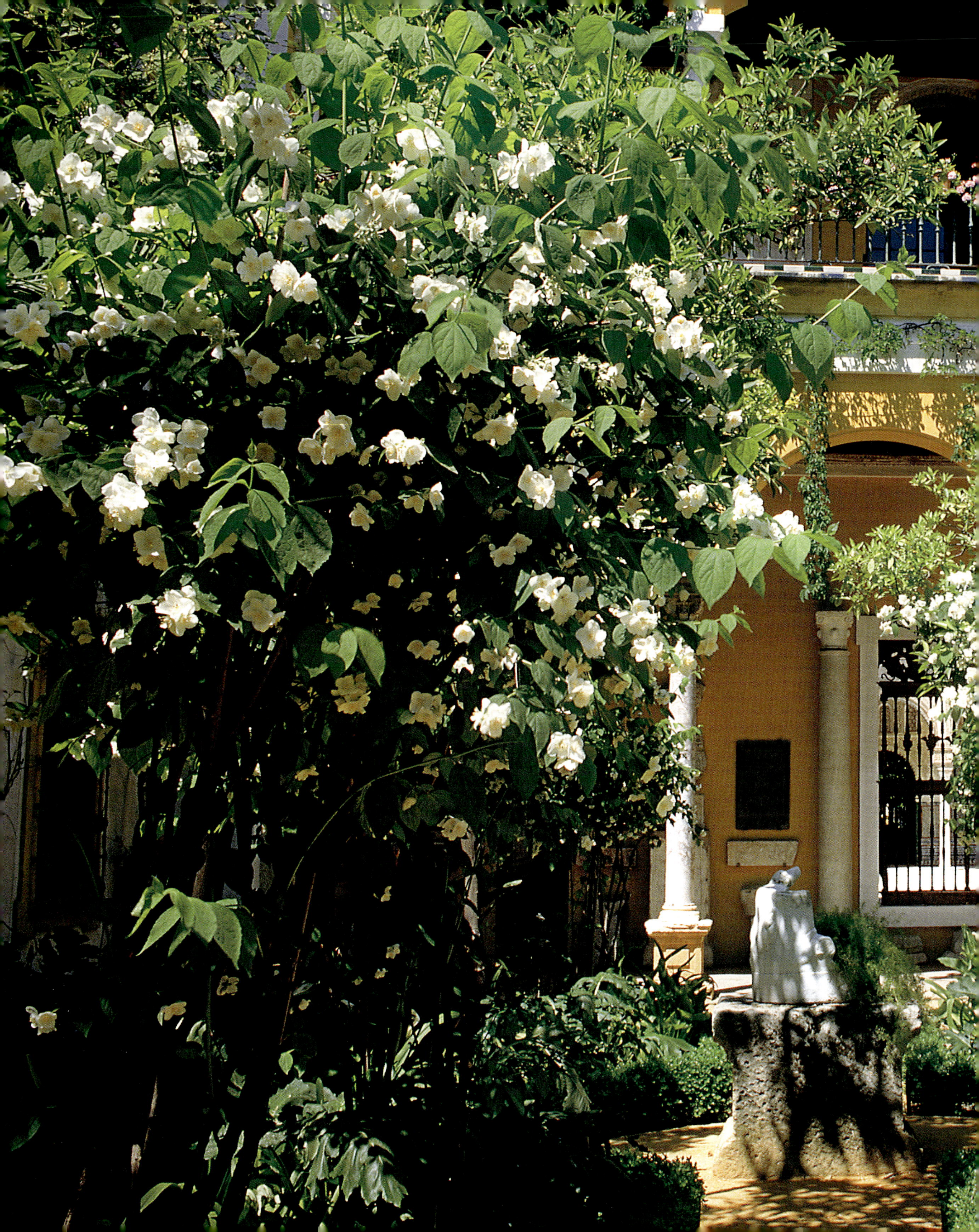

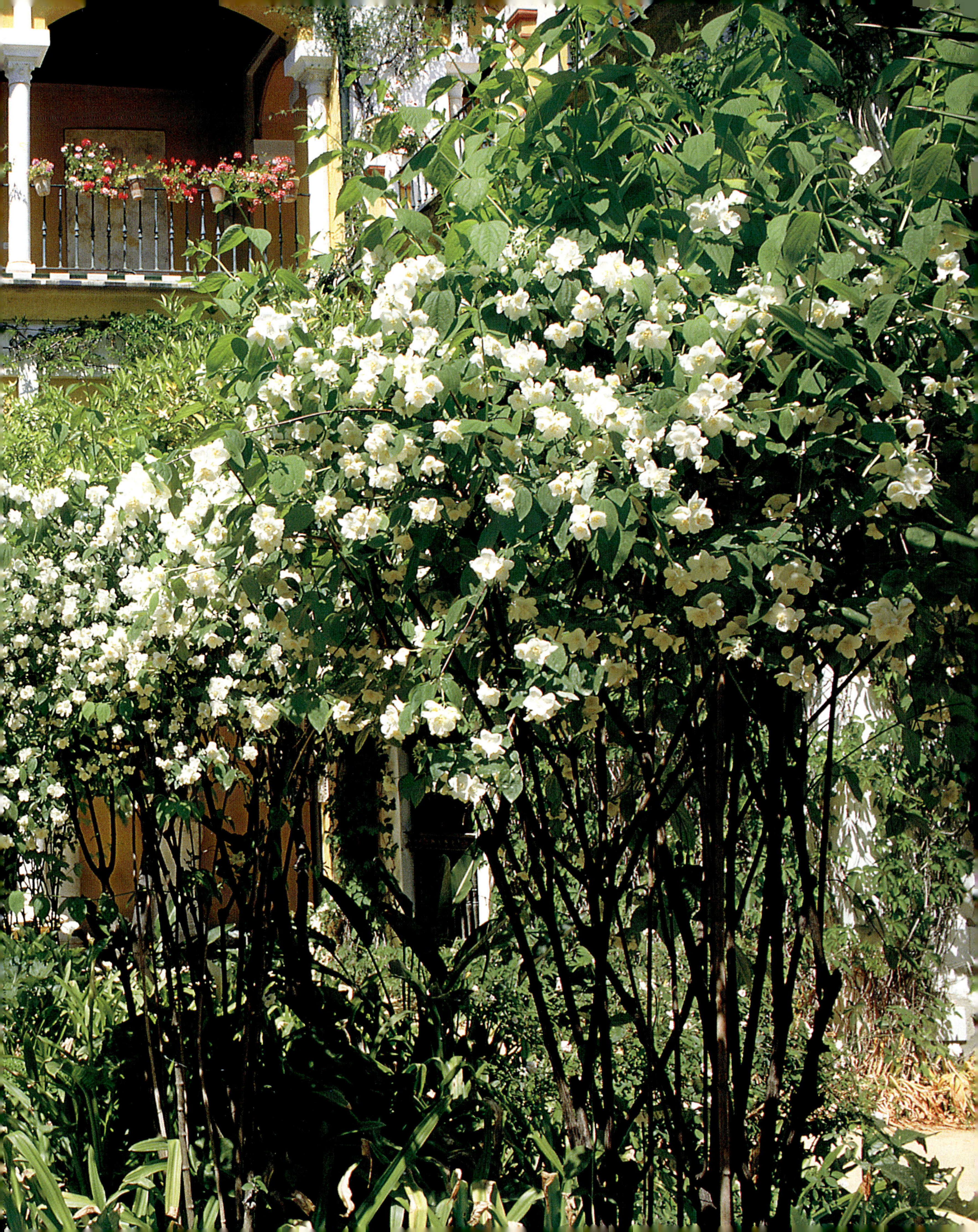

EL PARQUE DE MARÍA LUISA
Sevilla

»Ein Garten ist heute mehr als ein Luxus: er erfüllt grundlegende Bedürfnisse und eine wichtige gesellschaftliche Rolle. Gärten sind überall nötig, von der Fabrik bis zum Schloss, vom stolzesten Gebäude bis zum bescheidensten«, erklärte der französische Stadt- und Landschaftsplaner Jean Claude Forestier im Jahr 1920. Mit dem Parque María Luisa, dem ersten öffentlichen Park Sevillas, schuf Forestier (1861–1930) eines der heutigen Wahrzeichen der Stadt.

1911 erhielt der international renommierte Landschaftsplaner den Auftrag, den alten Garten des San-Telmo-Palastes in einen öffentlichen Park umzuwandeln. Er sollte gleichzeitig als Gelände für die Spanisch-Amerikanische Ausstellung im Jahr 1914 dienen, die allerdings als Ibero-Amerikanische Ausstellung auf das Jahr 1929 verschoben wurde.

Der 1682 erbaute Barock-Palast war in der zweiten Hälfte des 19. Jahrhunderts Sitz der herzoglichen Familie Montpensier. Wegen der Revolution von 1848 kehrte die Schwester der spanischen Königin Isabella II., die mit dem Sohn des französischen Königs Louis-Philippe verheiratete Prinzessin Maria Luisa Fernanda de Borbón (eine geborene Herzogin de Montpensier), nach Sevilla zurück. 1893 stiftete sie einen Teil ihres 1849 von dem französischen Gärtner Lecolant angelegten romantischen Gartens der Stadt Sevilla. Das war die Ausgangssituation für Forestier.

Oben Der beeindruckende Pabellon Mudéjar (Mudéjar-Pavillon) entstand 1914 nach Plänen des bekannten historizistischen Architekten Aníbal González (1876–1929) aus Sevilla. Heute beherbergt er das Museo de Artes y Costumbres Populares (Kunst- und Kunstgewerbe-Museum).

Rechts La Fuente de las Ranas (Frosch-Brunnen) folgt weitgehend dem klassisch spanisch-arabischem Stil.

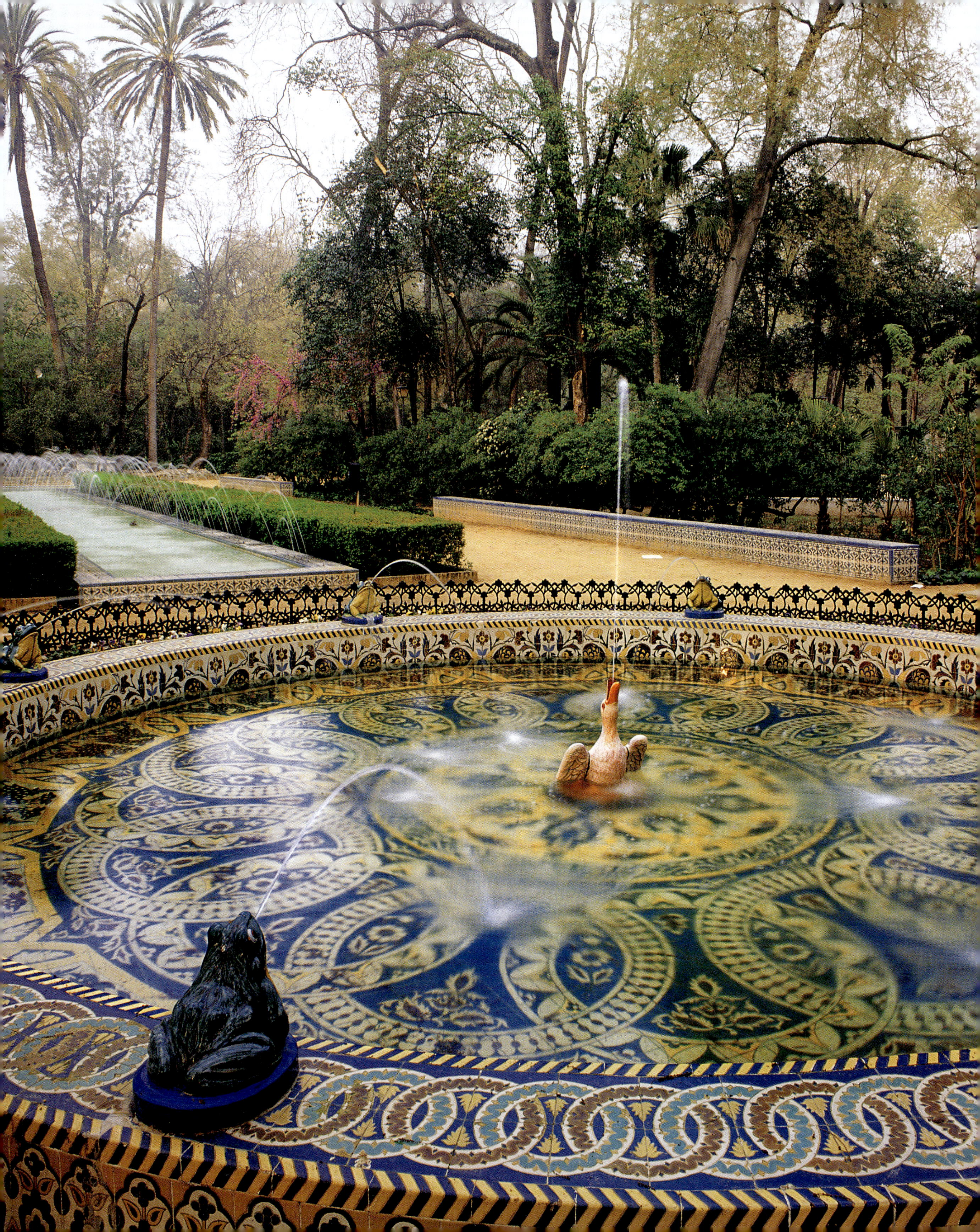

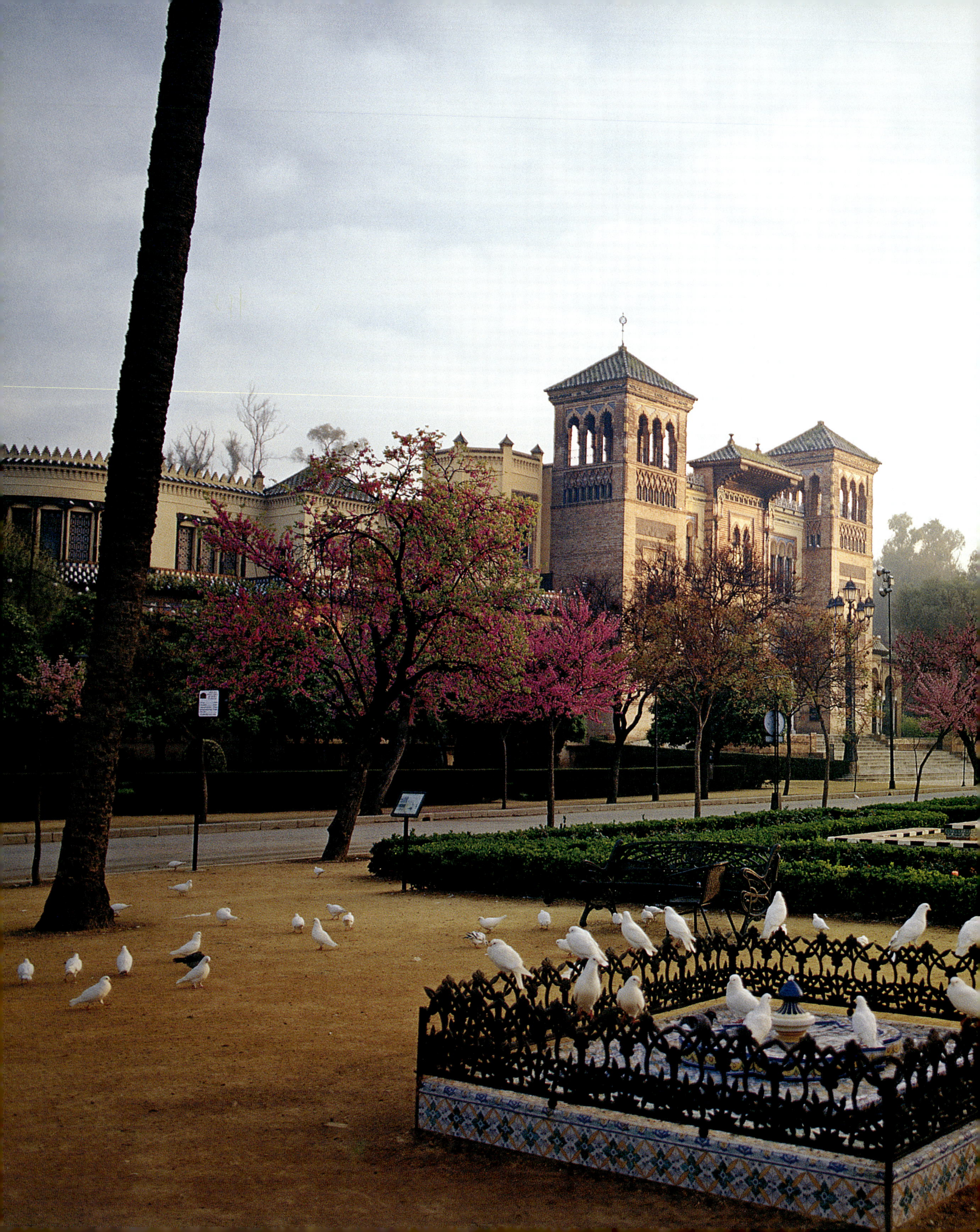

Er stülpte ein streng formales, französisches Konzept aus riesigen Achsen über die eher kleinteilige Gestaltung, behielt jedoch die verschlungenen Wege und die oft seltsam geformten Rabatten mit zahlreichen Exoten wie Araukarien, Fächerpalmen und Gummibäumen bei. Der Ententeich mit seiner kleinen Insel blieb ebenfalls erhalten. Zudem gelang es ihm, alte Orangenhaine in die nunmehr sehr offene Gestaltung zu integrieren.

Forestier, der stark von der spanisch-arabischen Gartenkunst der Alhambra und des Generalife beeinflusst war, legte auch einen Gitter-Garten aus Hecken an, der die Atmosphäre der intimen und feinsinnigen alten Gärten in den weiträumigen öffentlichen Park trägt. Der Parque María Luisa ist damit eine Mischung aus Moderne und Tradition, eine gelungene Verschmelzung eines klassischen europäischen Parks, eines spanisch-arabischen Patio und eines romantischen Gartens.

Die Wiederentdeckung der spanisch-arabischen Tradition durch Forestier hatte großen Einfluss auf die spanische Gartenarchitektur, die sich zunehmend auf ihre eigenen Wurzeln besann. Der Landschaftsplaner belebte die traditionelle Gartenbaukunst der Region wieder und nutzte alte einheimische Stilrichtungen als Inspirationsquelle. Dieser Ansatz bestimmte damals bereits die Architektur Sevillas und ist an den Gebäuden erkennbar, die unter Verwendung von gotischen,

Abendstimmung auf der Plaza de América vor dem Pabellon Mudéjar mit blühenden Judasbäumen *(Cercis siliquastrum)*, schlanken Dattelpalmen *(Phoenix dactylifera)* und einem kleinen Brunnen – auch das formale Parterre aus Spindelstrauch enthält einige flache Wasserbecken.

mudéjaren und platoresken Elementen für die Ibero-Amerikanische Ausstellung errichtet wurden.

Forestier stimmte seine Werke stets auf ihre Umgebung ab, nicht nur in historischer Hinsicht; wegen des Klimas bevorzugte er einheimische und eingebürgerte Pflanzen wie Obstbäume, besonders Orangen. Daneben verwendete er Kräuselmyrte *(Lagerstroemia)* und Oleander sowie Duftpflanzen wie Jasmin, Mimosen, Geißblatt und natürlich Rosen, die seine besondere Passion waren, seitdem er 1905 den Rosengarten im Pariser Bagatelle-Park angelegt hatte.

Weitere tragende Gestaltungselemente sind traditionelle Keramikarbeiten, Pergolen, Terrassen, Stufen und Wasser in Form von Brunnen und Fontänen. »In trockenen Regionen mit brandheißen Sommern ist Wasser das wichtigste und wertvollste Element. Fontänen unterstreichen sein erfreuliches Vorhandensein. Gespeichert in Marmorvasen und leuchtenden Keramiken ist seine klare Frische fast greifbar.«

Der 1914 eröffnete Park (zwei Erweiterungen folgten 1915 und 1924) entwickelte sich schnell zum Favoriten der Bewohner Sevillas. Und Forestier wurde zu einem der gefragtesten Planer für öffentliche und private Gärten Spaniens. So übernahm er auch ein großes Projekt im Rahmen der Weltausstellung 1929/30 in Barcelona.

Im Parque María Luisa fühlt sich der Besucher in eine andere Welt versetzt, in eine helle, sinnliche Kathedrale aus frischem Grün, gefüllt mit Düften, Farben und Klängen, ein echtes Stärkungsmittel für die Seele. Wie Forestier sagte: »Ein Garten ist das beste Aufbaumittel und vorbeugende Medizin gegen alle körperlichen und seelischen Erkrankungen.«

Oben Jean Claude Nicolas Forestier, der Architekt des Parks, schätzte Pergolen als wichtiges Gestaltungselement für Gärten in heißen Zonen. Im Vordergrund entfalten Spiersträucher *(Spiraea cantoniensis)* ihre Blütenpracht.

Darunter In der Glorieta de Juana Reina (Laube der Königin Johanna) vereinen sich französische und spanisch-arabische Gestaltungselemente in harmonischer Weise.

Rechts Im lichten Schatten hoher Dattelpalmen *(Phoenix dactylifera)* liegt ein klassisches Rosen-Parterre aus Spindelstrauch und Pomeranzenbäumen *(Citrus aurantium)*.

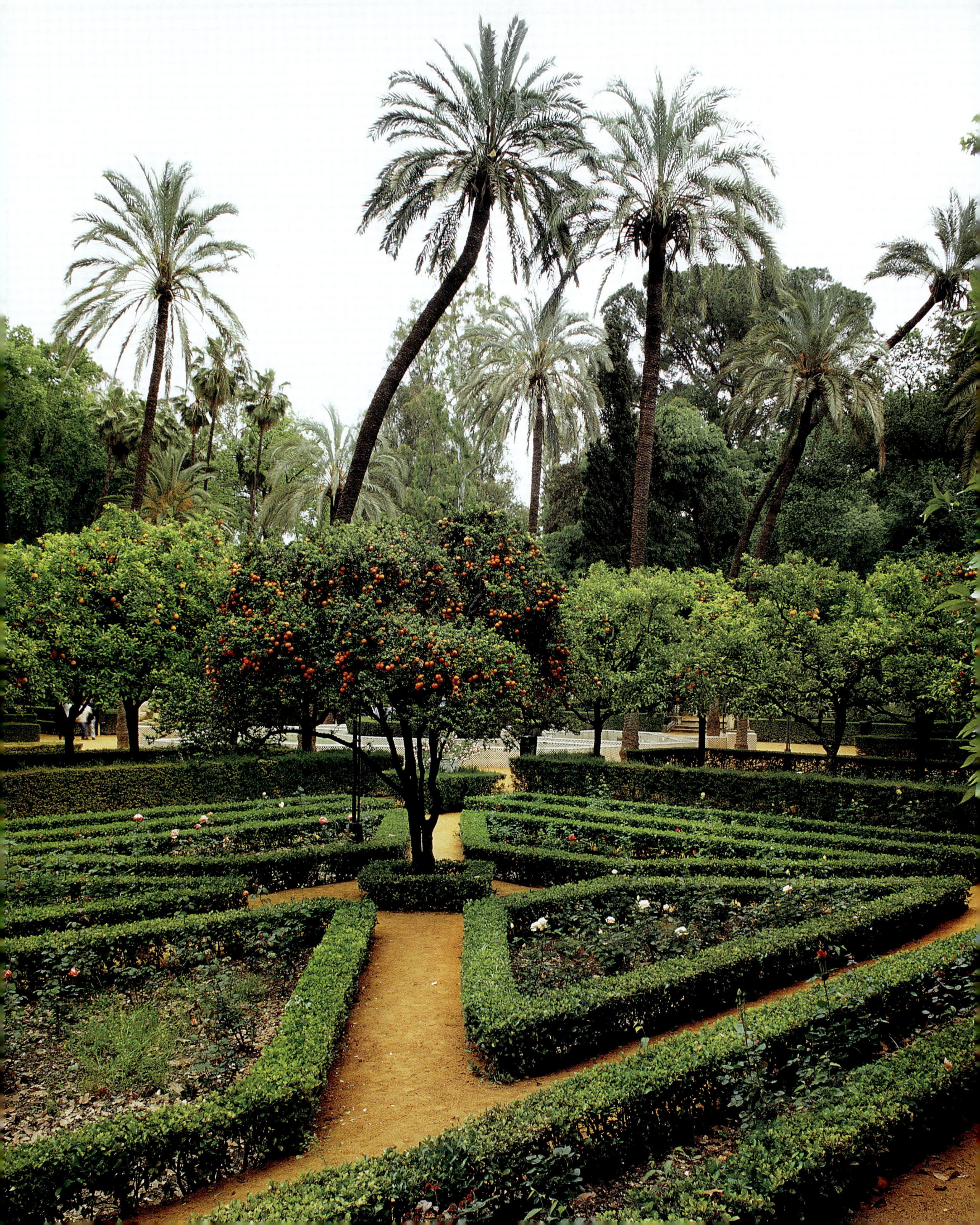

LA CASA DEL REY MORO
Ronda

Eingezwängt zwischen der tiefen Schlucht des Flusses Guadelevín und der alten Stadt Ronda liegt der Garten des Casa del Rey Moro auf einem schmalen Hügel, der einen wunderbaren Ausblick auf die Landschaft bietet.

Der Garten wurde im Jahr 1912 von dem berühmten französischen Gartenarchitekten Jean Claude Nicolas Forestier (1861 bis 1930) für die Herzogin von Parvent angelegt (siehe auch Parque María Luise auf Seite 232). Es war der erste spanische Auftrag für Forestier, dem in den folgenden Jahren noch zahllose folgen sollten.

Fasziniert von der antiken Stadt Ronda, hatte die in Madrid lebende Herzogin die im 18. Jahrhundert erbaute Casa Moro del Rey als Sommersitz erworben. Die Villa, auch Haus des Maurenkönigs genannt, entstand möglicherweise auf Resten eines kleinen maurischen Palastes. Mit Sicherheit stammt die steile, in den Fels gehauene Wendel-

Oben Seerosen *(Nymphaea)* und Zyperngras *(Cyperus alternifolius)* schmücken das kleine Becken auf der unteren Terrasse.

Rechts Der Terrassengarten bietet einen grandiosen Ausblick auf die Stadt Ronda und ihre hügelige Umgebung.

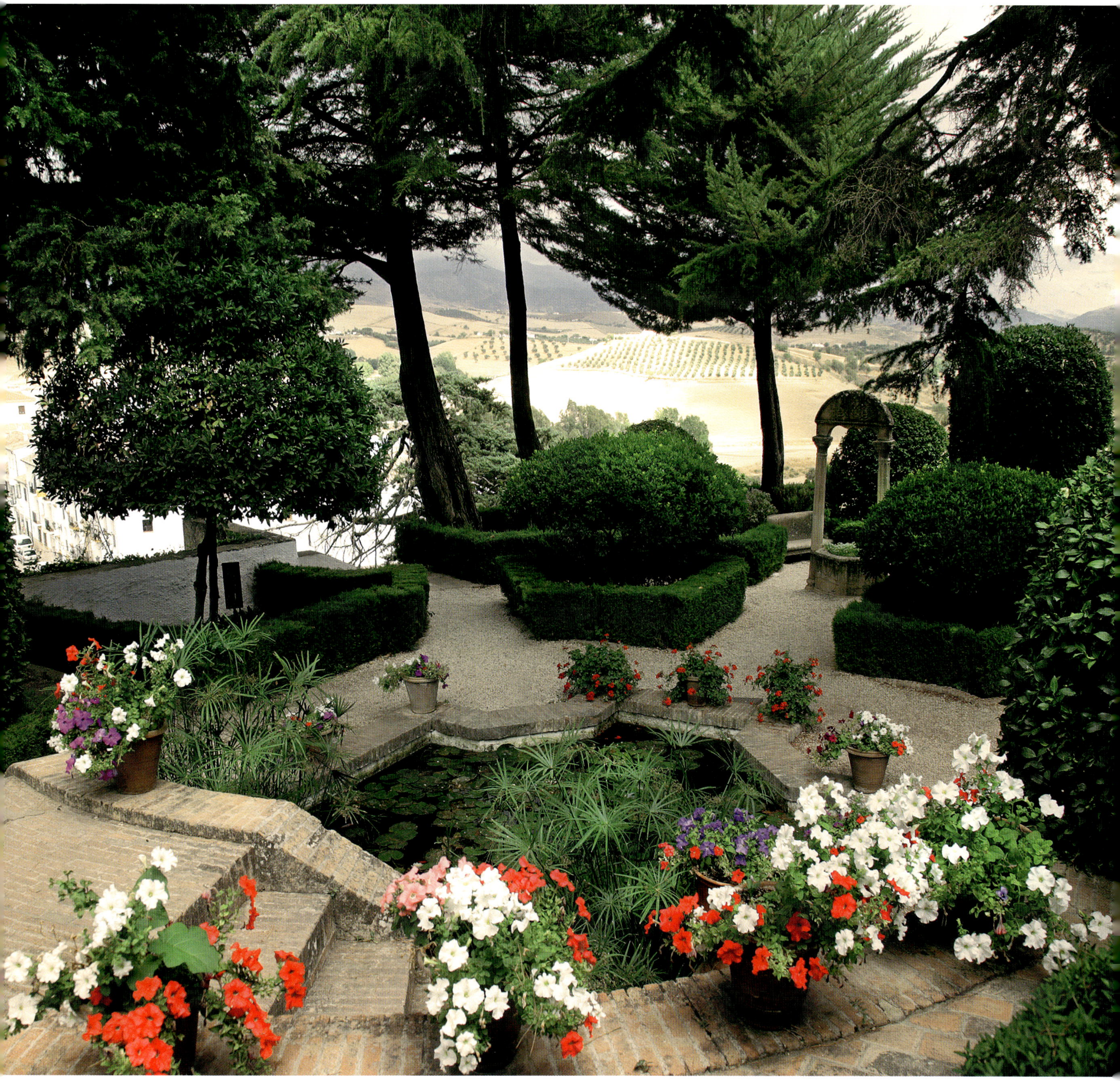

Oben Der kleine Wasserkanal bildet die zentrale Achse des Gartens und verbindet seine verschiedenen Terrassen.

Rechts Das Wasser stammt aus einem großen Tank auf der obersten Terrasse.

Links Ein Brunnen mit Löwenkopf auf der unteren Terrasse

Unten Traditionelle spanisch-arabische Brunnen standen Pate für das flache achteckige Wasserbecken auf der obersten Terrasse.

treppe, die 60 Meter hinab zum Ufer des Flusses führt, aus maurischer Zeit und stellte damals ein unüberwindliches Hindernis für Feinde dar.

Ziegelsteinmauern, Pflasterarbeiten und Wasserkanäle dokumentieren das maurische Erbe im Garten. Forestier verwendete spanisch-arabische Gestaltungselemente, um sie neu zu interpretieren. Dieser »neo-arabische« oder »Neo-Sevilla-Stil« galt als völlig neue Richtung in der spanischen Gartengestaltung, obwohl er in der Architektur schon deutliche Spuren hinterlassen hatte.

Obwohl ihm die Vergangenheit als ständige Quelle der Inspiration diente, waren Forestiers Arbeiten nie rückwärts gewandt. So schrieb er 1920 in *Gardens: Notebooks with Drawings and Plans*: »Um der Wahrhaftigkeit und Aufrichtigkeit willen, ist sich der Meister der Vergangenheit bewusst – er wird von ihr inspiriert, aber er kopiert sie nicht. Er lebt in der Gegenwart und entwickelt seine Grundsätze in Harmonie mit dem Geist der Moderne.«

Diese Dualität ist bereits beim Betreten des Gartens spürbar: Die Anlage zeigt die typisch französische Betonung von Perspektiven, während originär andalusische Elemente – wie niedrige Brunnen, Ziegelsteinpflaster und Blumentöpfe – die einzelnen Gartenräume prägen.

Obwohl Forestier gelernter Ingenieur war, forderte das schmale, steile Gelände all seine Erfindungsgabe. Das Ergebnis ist feinste Architektonik, mit weiten Blickachsen und intimen Räumen. Die gesamte Anlage gliedert sich in drei Terrassen, die durch Doppeltreppen miteinander verbunden sind. Schmale Parterres werden von niedrigen Myrtenhecken gesäumt. Die seitliche Pergola, die einen willkommenen Schattenbereich schafft, zählt ebenfalls zu den charakteristischen Gestaltungsideen Forestiers, der diese gerne als »lateinische« Elemente bezeichnete.

Bei der Pflanzung bevorzugte der Planer traditionelle Spezies wie Echte Myrte und Kräuselmyrte (*Lagerstroemia*), Zypressen, Lorbeer, Bitterorangen und Rosen – fügte jedoch auch einige, seinerzeit in Spanien unbekannte Gehölze wie Blauregen (*Wisteria*) und Klebsamen (*Pittosporum*) hinzu.

Der Garten wirkt sehr aufgeräumt und doch voll von einladenden Winkeln. Beim Rundgang erinnert sich der Besucher der Worte Forestiers: »Gärten sind ein feinsinniges Kunstwerk aus Poetik und Architektur, Kunst und Natur. Sie vereinen Gegensätze: Zartheit und Verwegenheit, Einfachheit und Erfindungsgabe, Gewohnheit und Fantasie, Strenge und Milde.«

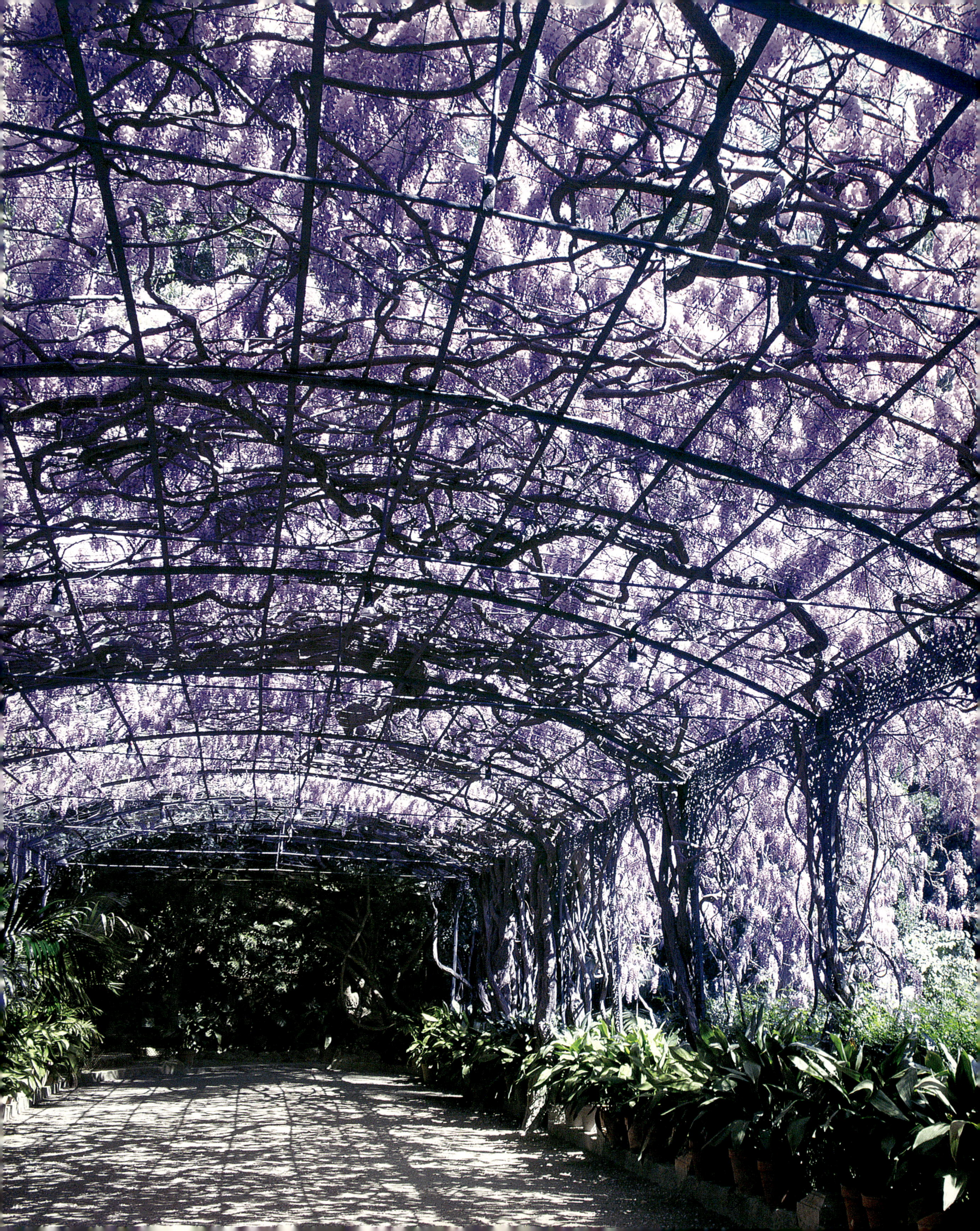

LA CONCEPCIÓN
Málaga

Beim Betreten von La Concepción lässt der Besucher die ausgedörrte Landschaft Malagas hinter sich und findet sich in einem dichten, exotischen Wald wieder, voller Geheimnisse und Magie. Sofort denkt man an Joseph Conrad, der in seiner 1902 erschienen Novelle *Herz der Finsternis* schrieb: »Eine Reise zurück zum Beginn der Welt, als die Pflanzenwelt über die Erde tobte und riesige Bäume die Könige waren.« Doch man könnte nicht weiter vom wilden Dschungel Afrikas aus Conrads Novelle entfernt sein als hier: La Concepción ist, wie jeder andere Garten, eine gezähmte und friedliche Version der Natur – geformt von Menschenhand und Zeitgeist.

Mitte des 19. Jahrhunderts war Málaga eine reiche, aufstrebende Hafenstadt, der zweitwichtigste Industriestandort Spaniens. Zu den zahlreichen kosmopolitischen Einwoh-

Links und oben Während der Blüte im April bietet die über und über mit Blauregen berankte Eisenpergola am Haus ein überwältigendes Schauspiel aus Farben und betörenden Düften.

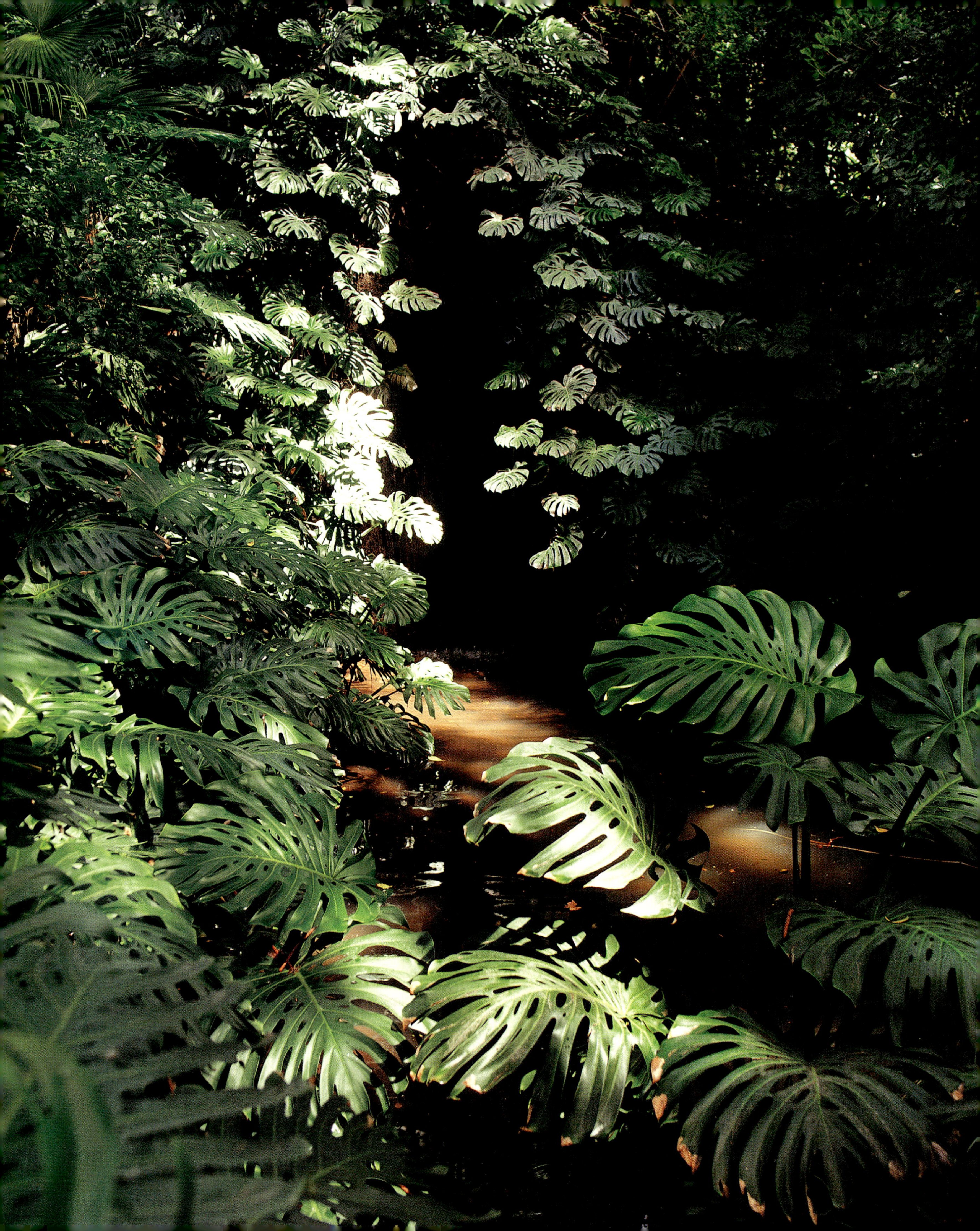

nern gehörte der wohlhabende Unternehmer Jorge Loring Oyarzábal, ein gebürtiger Amerikaner, und seine Ehefrau Amalia Heridia Livermore. 1857 erwarb das Paar ein großes Gründstück, um dort ein Landhaus mit einem romantischen tropischen Garten anzulegen – ein privates Paradies, fernab der Stadt und seiner Fabriken. Heute finden hier soziale, kulturelle und politische Veranstaltungen statt.

Die üppige, ja überbordende Vegetation bestimmt die Kulisse von La Concepción. Mithilfe ihrer internationalen Geschäftbeziehungen trugen die Eigentümer Pflanzen aus fünf Kontinenten zusammen: Strelitzien, Gummibäume, Araukarien, Palmfarne, Drachenbäume und fünfzig verschiedene Palmenarten. Pflanzen, die sonst in Europa höchstens im Gewächshaus zu finden waren, gediehen hier prächtig – dank des günstigen Mikroklimas.

Die Bauherren beauftragten den französischen Gartenarchitekten Jacint Chamousset, ihre Träume zu realisieren. Er legte ein Netz verschlungener Wege durch den dich-

Links Mächtige Fensterblätter *(Monstera deliciosa)* säumen den kleinen Wasserfall.

Oben rechts Der Garten ist ein einziger Dschungel aus exotischen Pflanzen.

Unten rechts Der Nymphen-Brunnen (La Fuente de La Ninfa) speist den im üppigen Grün versteckten Seerosenteich.

ten grünen Dschungel, das – typisch für die damalige Zeit – zu überraschenden Winkeln führt: einem Bambushain, einem dorischen Tempel und einem Wasserfall. Der 1860 vom preußischen Architekten Heinrich Strack (1805–1880) erbaute Tempel beherbergte die archäologische Sammlung des Hausherrn, der inzwischen zum Marqués de Casa-Loring geadelt worden war. Ein weiterer Höhepunkt des Gartens ist eine große, mit Blauregen bewachsene Eisenpergola, die im Frühjahr unter einem imposanten Blütenmeer verschwindet.

Nach dem Tod der Eigentümer übernahm mit Amalia Echevarrieta und Rafael Echevarría ein baskisches Ehepaar das Anwesen. Sie erweiterten den Garten und fügten einen Aussichtspunkt sowie die *Arroyo de la Ninfa*, das Tal der Nymphen, hinzu. Seit 1930 befindet sich die Anlage im Besitz der Provinzverwaltung Málagas. Der Garten ist mit seinen alten Baumriesen und seinem wunderbar kühlen Schatten ein Ort wie kein anderer an der Costa del Sol.

Prachtvolle Bougainvilleae heißen den Besucher am Gartentor willkommen.

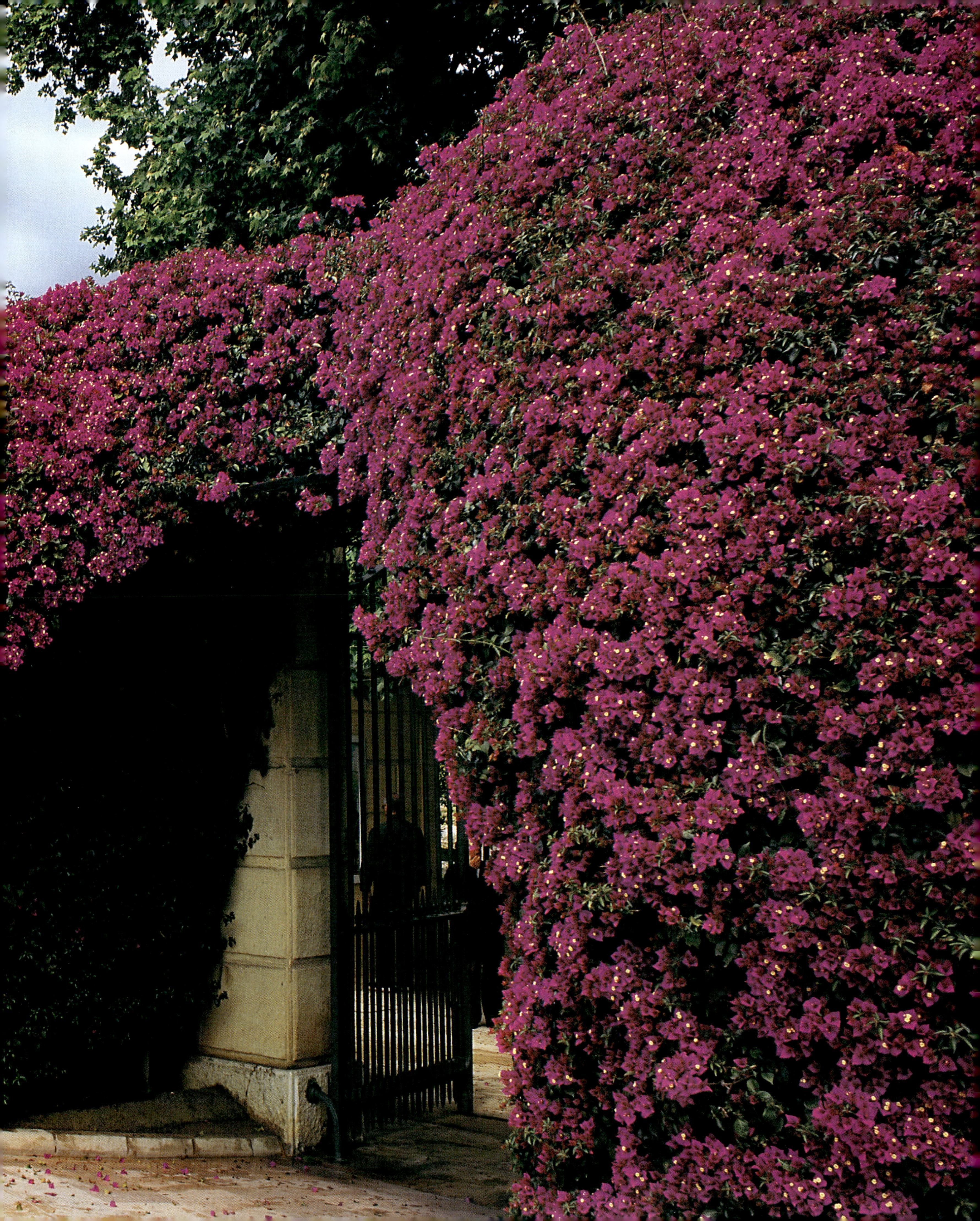

INFORMATIONEN FÜR BESUCHER

ATLANTIKKÜSTE

PAZO DE MARIÑÁN
Calle Bergondo, s/n
15165 La Coruña
Tel. 981 777 001
www.visitapazo.com

MONASTERIO DE SAN LORENZO
DE TRASOUTO
Calle de San Lorenzo, s/n
15705 Santiago de Compostela
Tel. 981 552 725
www.pazodesanlorenzo.com

PAZO DE CASTRELOS
Parque de Castrelos, s/n
36213 Vigo
Tel. 986 29 59 75

LA QUINTA
Fundación Selgas-Fagalde
La Quinta
El Pito
33154 Cudillero
Tel. 985 59 01 20
www.selgas-fagalde.com

SEÑORÍO DE BÉRTIZ
Parque Natural Señorío de Bertiz
Oieregi-Bertizarana
31720 Navarra
Tel. 948 592 421
www.parquedebertiz.es

JARDÍN DE ACLIMATACIÓN DE LA OROTAVA
Calle Retama nº 2
38400 Puerto de La Cruz, Tenerife
Tel. 922 389 464

JARDÍN DE LA MARQUESA DE ARUCAS
Ctra GC 330 Arucas-Bañaderos, Km 2
35400 Gran Canaria
Tel. 928 604 486
www.jardindelamarquesa.com

JARDÍN DE CACTUS
Carretera Guatiza-Mala LZ-1
35544 Lanzarote
Tel. 928 845 398
www.fcmanrique.org

MITTELMEERRAUM

JARDINES ARTIGAS
Alfores s/n – Camí de la Pobla
a Clot del Moro
08696 La Pobla de Lillet
Tel. 938 23 61 46

PARK GÜELL
Calle Olot, nº 5
08024 Barcelona
Tel. 93 413 24 00
www.gaudiallgaudi.com

EL LABERINTO DE HORTA
Calle Germans Desvalls s/n
08035 Barcelona
Tel. 93 265 56 01
www.parcsijardins.cat

PARQUE SAMÁ
Ctra. T – 314 Vinyols i els Arcs s/n
43850 Cambrils
Tel. 977 82 65 14
www.parc-sama.es

JARDIN DE MONTFORTE
Plaza de la Legión Española, s/n
46010 Valencia
Tel. 96 352 54 78 ext 1184

EL HUERTO DEL CURA
Porta de la Morera nº 49
03203 Elche
Tel. 965 45 19 36
www.huertodelcura.com

RAIXA
Carretera Palma-Sóller Km 12
07110 Mallorca
Tel. 971 17 38 44

ALFABIA
Carretera Palma-Sóller Km 17
07110 Mallorca
Tel. 971 613 123
www.jardinesdealfabia.com

PEDRERES DE S'HOSTAL
Camino Viejo, Km 1
07760 Ciudadela Menorca
Tel. 971 48 15 78
www.lithica.es

ZENTRALSPANIEN

PALACIO REAL DE LA GRANJA
DE SAN ILDELFONSO
Plaza de España 17
40100 Real Sitio de San Ildefonso
Tel. 921 47 00 19
www.patrimonionacional.es

EL ROMERAL DE SAN MARCOS
Calle Marqués de Villena, nº 6
40003 Segovia
Tel. 921 44 13 79

EL BOSQUE
Calle Obispo Zarranz y Pueyo nº 58
37700 Béjar
Tel. 923 404 528

REAL MONASTERIO DE SAN LORENZO
DE EL ESCORIAL
Calle de Juan de Borbón y Battemberg s/n
28200 San Lorenzo de El Escorial (Madrid)
Tel. 91 890 59 03
www.patrimonionacional.es

CASITA DEL PRÍNCIPE
Ctra Villalba-Escorial Km 56
28200 San Lorenzo de El Escorial
Tel. 91 890 59 03
www.patrimonionacional.es

CASITA DEL INFANTE
Ctra de Ávila s/n
28200 San Lorenzo de El Escorial
Tel. 91 890 59 03
www.patrimonionacional.es

LA QUINTA del DUQUE DE ARCO
Ctra del Pardo s/n
28048 El Pardo
Tel. 91 376 21 56
www.patrimonionacional.es

JARDINES DEL BUEN RETIRO
Plaza Independencia, nº 1
28014 Madrid
Tel. 91 273 39 88
www.parquedelretiro.com

EL JARDIN DE JOAQUIN SOROLLA
Avenida General Martínez Campos nº 37
28010 Madrid
Tel. 91 310 15 84
www.museosorolla.mcu.es

REAL JARDÍN BOTÁNICO
Plaza de Murillo nº 2
28014 Madrid
Tel. 91 420 30 17
www.rjb.csic.es

EL CAPRICHO
Paseo de la Alameda de Osuna, s/n
28042 Madrid
Tel. 915880104

REAL SITIO DE ARANJUEZ
Plaza de Parejas
28300 ARANJUEZ
Tel. 91 891 07 40
www.patrimonionacional.es

JARDIN DE LA REAL FÁBRICA DE PAÑOS
Paseo de la fábrica s/n
19400 Brihuega
Tel. 949 28 04 42

MONASTERIO DE PIEDRA
Autovía A-2 (Zaragoza-Barcelona)
salida Km 231
50210 Nuévalos
Tel. 976 84 90 11
www.monasteriodepiedra.com

ANDALUSIEN

EL PATIO DE LOS NARANJOS
Calle Cardenal Herrero nº 1
14003 Córdoba
Tel. 957 47 05 12
www.mezquitadecordoba.org

PALACIO DE VIANA
Plaza Don Gómez nº 2
14001 Córdoba
Tel. 957 49 67 41
www.fundacioncajasur.com

LA ALHAMBRA
Calle real de la Alhambra s/n
18009 Granada
Tel. 902 441 221
www.alhambra-patronato.es

EL GENERALIFE
Calle real de la Alhambra s/n
18009 Granada
Tel. 902 441 221
www.alhambra-patronato.es

EL CARMEN DE LA FUNDACIÓN
RODRÍGUEZ-ACOSTA
Calle Niños del Rollo nº 8
18009 Granada
Tel. 958 227 497
www.fundacionrodriguezacosta.com

REAL ALCÁZAR
Patio de Banderas s/n
41004 Sevilla
Tel. 954 502 323
www.patronato-alcazarsevilla.es

LA CASA DE PILATOS
Plaza de Pilatos nº 1
41003 Sevilla
Tel. 954 225 298
www.fundacionmedinaceli.org

EL PARQUE DE MARÍA LUISA
El Parque de María Liusa nº 1
41000 Sevilla
Tel. 954 23 73 38
www.parquedemarialuisa.es

LA CASA DEL REY MORO
Cuesta de Santo Domingo nº 9
29600 Ronda
Tel. 952 187 200
www.palacioreymoro.com

LA CONCEPCIÓN
Camino del Jardín Botánico nº 3
29014 Málaga
Tel. 952 250 745
www.laconcepcion.malaga.eu

LITERATUREMPFEHLUNGEN

Deutschsprachige Literatur

Bianca, Stefano, Hofhaus und Paradiesgarten. Architektur und Lebensformen in der islamischen Welt, C. H. Beck Verlag, 2001

Blanco del Piñal, Isabel, Maurenland, Christenland. Ein Ritter, ein König und ein Poet. Drei Jahrhunderte spanische Reconquista, RoseNoire, 2008

Clot, Andre, Das maurische Spanien. 800 Jahre islamische Hochkultur in Al Andalus, Artemis & Winkler, 2010

Crippa, Maria Antonietta, Gaudí. Von der Natur zur Baukunst, Taschen Verlag, 2009

Don, Monty und Moore, Derry, Italiens schönste Gärten, BLV Verlag, 2011

Waechter, Dorothée, Formschnitt. Die besten Arten und die richtige Technik, BLV Verlag, 2009

Fiz, Simon Marchan, Fundacion Cesar Manrique, Lanzarote, Edition Axel Menges, 1996

Freller, Thomas, Granada. Königreich zwischen Orient und Okzident, Thorbecke Verlag, 2009

Hansmann, Wilfried und Walter, Kerstin, Geschichte der Gartenkunst. Von der Renaissance bis zum Landschaftsgarten, DuMont Verlag, 2006

Hansmann, Wilfried, Das Gartenparterre. Gestaltung und Sinngehalt nach Ansichten, Plänen und Schriften aus sechs Jahrhunderten, Wernersche Verlagsgesellschaft, 2009

Irving, Washington, Erzählungen von der Alhambra, Sanchez, M., 1999

Klock, Monika und Thorsten, Zitruspflanzen. Zitrone, Orange, Kumquat & Co., BLV Verlag, 2011

Segall, Barbara und Hensel, Wolfgang, Gärten in Spanien und Portugal. Ein Reiseführer zu den schönsten Gartenanlagen, Birkäuser Verlag, 2000

Fremdsprachige Literatur

Añón, Carmen und José Luis Sancho (ed.), Jardín y Naturaleza en el reinado de Felipe II, Ediciones Doce Calles, Aranjuez, 1998

Añón, Carmen, Mónica und Ana Luengo, Jardines Artísticos de España, Espasa Calpe, Madrid, 1995

Baridon, Michel, Los Jardines Paisajistas, Jardineros, Poetas, Abada Editores, Madrid, 2005

Bassegoda Nonell, Juan, Aproximación a Gaudí, Ediciones Doce Calles, Aranjuez, 1992

Bassegoda, Joan, Ramón Espel und Roger Orriols, Gaudí a la Vall de Lillet, Amalgama Edicions, Berga, 2002

Brown, Jane, The Pursuit of Paradise, Harper Collins, London, 2000

Byne, A. und M. Stapley, Casas y Jardines de Mallorca, Editor José J. de Olañeta, Palma de Mallorca, 1999

Carandell, Josep Mª, Park Güell. Utopía de Gaudí, Triangle Postals SL, Sant Lluis, 1998

Casa Valdés, Marquesa de, Jardines de España, Editorial Aguilar, Madrid, 1973

Correcher, Consuelo M., The Gardens of Spain, Harry N. Abrams Inc., New York, 1993

Durán Cermeño, Consuelo, Jardines del Buen Retiro, Ediciones Doce Calles, Aranjuez, 2002

Fernández Álvarez, Manuel, Felipe II, Espasa Calpe, Madrid, 2005

Forestier, J.C.N., Jardines, cuadernos de dibujos y planos, Editorial Stylos, Madrid, 1985

García Gómez, Francisco, La Concepción, Testigo del Tiempo, Arguval, Málaga, 2004

Gaudí, Antoni, Manuscritos, Artículos, Conversaciones, Dibujos, Colección de Arquitectura 6, Colegio Oficial de Aparejadores y Arquitectos Técnicos de Murcia, 2002

Gómez Aguilera, Fernando, Cesar Manrique en sus palabras, Fundación César Manrique, Taro de Tahiche, 1995

Guía de Aranjuez, Ediciones Doce Calles, Aranjuez, 1999

Joyce, David (ed.), Garden Styles, Pyramid Books, London, 1989

Leclerc, Béndedicte (ed.) Jean Claude Nicolas Forestier 1861–1930. Du jardin au paysage urbain, Picard éditeur, Paris, 1994

Mosser, Monique und Georges Teyssot (ed.), The History of Garden Design, Thames and Hudson, London, 2000

Murria, Donald, Jaume Llabrés und Aiana Pascual, Jardines de Mallorca, Editor José J. de Olañeta, Palma de Mallorca, 2003

Ramírez de Lucas, Juan, Jardin de Cactus, Ed Fundación César Manrique, Taro de Tahiche, 2000

Revilla, Uceda und Angel Miguel, José María Rodríguez-Acosta 1878–1941, Turner Libros, Madrid, 1994

Rodríguez, Dacal und Jesús Carlos y Izco, El Pazo de Mariñán, Diputación Provincial de A Coruña, La Coruña, 1998

El Romeral de San Marcos. Un jardín de Leandro Silva, Caja de Ahorros de Segovia, Segovia, 2002

Sancho, José Luis, Jardines Reales de España, Ediciones Aldeasa, 2006

Segura Munguía, Santiago, Los Jardines de la Antigüedad, Universidad de Deusto, Bilbao, 2005

Valdeón Menéndez, José, Jardines Clásicos de Asturias, Cajastur, Oviedo, 1999

Von Buttlar, Adrian, Jardines del Clasicismo y el Romanticismo, Ed Nerea, Madrid, 1993

Winthuysen, Javier de, Jardines Clásicos de España, edición en facsímil de la edición original de 1930, Ediciones Doce Calles, Aranjuez 1990

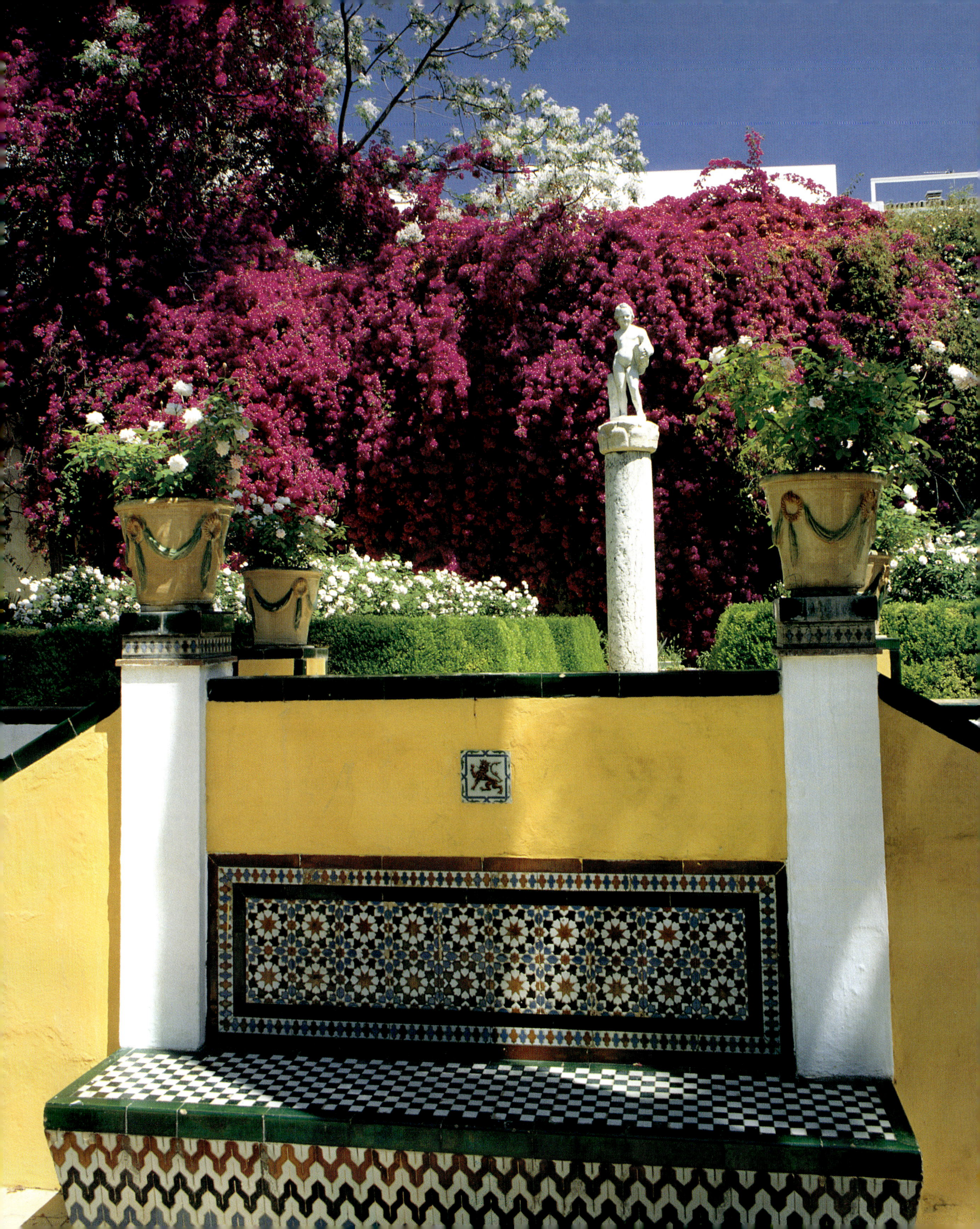

Stichwortverzeichnis

Abbildungen befinden sich in der Regel auf derselben Seite wie der Text. Die Seitenangaben für einzeln stehende Abbildungen und Bildunterschriften sind **fett** gedruckt.

Abencerrajes-Familie 208
Aguado, Antonio Lopez 163
Al-Ahmar, Abdallah ibn 196
Alberti, Leon Battista: *De Re Aedificatoria* 119
Alcalá des los Gazules 228
Alfabia 92, 95
Alfonso X., König von Léon and Kastilien 222
Alfonso XI., König von Léon and Kastilien 222
Alfonso XII., König von Spanien 145
Alfonso XIII., König von Spanien 225
Almazán, Herzog von: *Geschichte der spanischen Jagd* 137
Altamira, Grafen von 20
Amerika, Importpflanzen aus 10, 23, 27, 36, 49, 91, 168, 173
Ampurias, Ponç Hag IV 88
Araber *siehe* Mauren
Aragón 10, 88, 92, 183–184
Arco, Alonso Manrique de Lara 137
Artigas i Alart, Joan und Joan Jr. 54–55
Arucas, Ramón 43
Asturien 25, 128, 171

Bagutti, Domenico 68
Barcelona 54–55, 58, 67, 71, 73, 236
Barock 9–10, 17–18, 27, 95, 134, 137, **140**, 141, 190, 232
Bearn o la sala de las muñecas (Film) 88
Béjar *siehe* El Bosque
Béjar, Francisco de Zúñiga y Sotomayor 119
Belvedere 91
Ben-Abet (Maurischer Wersir) 92
Benlliure, Mariano **227**
Berenguer, Francisco 61
Berga y Zaforteza, Gabriel de 95
Bermúdez de Castro, Gerardo 18
Bértiz, Pedro Miguel de 30
Bidasoa 32
Bitterorangen 190, 241
Boabdil, Maurischer König von Granada 208

Borges, Jorge Luis 32, 193
Bornos 228
Bourbonen 10, 137, 141, 143, 152, 202
Boutelou, Esteban 106
Boutelou, Pablo 161, 171
Buchshecken *siehe* Formschnitt
Bravo, José 99
Brihuega 177, 181
Bruder Arsenio 162
Bruder Eusebio 162
Brunnen 20, 23, 57, 63, 74, 99, 108, **115**, **118**, 119, 125, 134, 137, 141, **149**, 150, 153, 155, 166, 168, **169**, 173, **174–175**, 189, 190, **192**, 193, **194**, 195, 196, 199, **200–201**, **204**, 205, **206–207**, 209, **210**, 211, 215, 219, **220–221**, 222, 227, 228–229, **233**, **235**, 236, 241, 245
Buen Retiro 140–145
Buñola 88, 92

Caba, Victoria Soto 161
Cactus, Jardín de, Gautiza, Lanzarote 48–51

Calatrava, Kreuz von 20
Calderón de la Barca, Pedro 141
Cambrils 73
Caños de Carmona 227
Capricho, El, Madrid 160–165
Carlier, René 106
Carmen de la Fundación Rodríguez-Acosta, El, Granada 212–217
Carroll, Lewis: *Alice im Wunderland* 73
Casa de Pilatos **11**, 226–231
Casa Valdés, Marquesa de: *Spanish Gardens* 13, 68, 91, 137, 171
Casa-Loring, Jorge Loring, 1. Marquis von 246
Casita del Infante 132–135
Casita del Príncipe 128–131
Castaño, Andrés 85
Cavanilles, Antonio José 159
Cela, Camilo José 177
César Manrique-Stiftung 50
Chalet des Catalaris 54
Chamousset, Jacint 245
Cicero 119
Ciga, Pedro 30

Ciudadela (Menorca) *siehe* Pedreres de S'Hostal
Conrad, Joseph: *Herz der Finsterniss* 243
Córdoba
– Kalifat 188
– Stadt 9, 188–189, 193, 195
Cotte, Robert de 141
Cudillero 25

Delvalet, Joseph 68
Despuig i Dameto, Cardinal Antonio 88, 91
Dézallier d'Argenville, Antoine-Joseph: *Theory and Practice of Gardening* 137
Diputación Foral de Navarra 30
Durán, Consuelo 140

Echevarría, Rafael 246
Echevarrieta, Amalia 246
Eduardo, Diego Nicolás 36
El Alhambra 9, 188, 196–203, 205, 209, 211, 235
El Bosque 119–121
El Buen Retiro 140–147
El Capricho 160–165
El Carmen de la Fundación Rodríguez-Acosta 212–217
El Escorial 122–135
El Generalife 150, 204–211, 235
El Huerto del Cura 84–87
El Laberinto de Horta 12–13, 66–71
El Parque de María Luisa 225, 232–237
El Retiro *siehe* Buen Retiro
El Romeral de San Marcos 112–17
El Sistema Central 120
Elche 84–87
Elisabeth, Kaiserin von Österreich (»Sisi«) 85–86
Eresma 112

Farnesio, Isabel de 108–109
Ferdinand II., König von Spanien 10, 166, 199
Ferdinand VI., König von Spanien 152
Ferdinand VII., König von Spanien 143
Ferdinand der Heilige, König von Sevilla 222
Fliesen **8–9, 58, 61, 62, 63, 150–151, 197, 199, 223, 233, 236**
Fontänen 9, 27, **41**, 64, 71, 78, 91, 95, 106, 108, 119, 137, **144**, 145, 150–151, 172–173, 193–195, **204–205**, 208, **210**–211, **212**, 225, **228**, 233, 236, **240, 244**
Fontseré i Mestre, Josep 73
Forestier, Jean-Claude Nicolas 225, 232, 235–236, 238, 241
Formhecken **12**, 17–20, **21, 22, 23, 25**, **66, 67**, 68, 78, **80, 82–83, 104, 105**, 108, **110–111, 123, 124–125**, 130–134, 138–143, **150–157, 166–169, 177**, **178–181, 208, 215**, 219, 222, **224–225**, 229, **235, 237, 240**
Formschnitt 9, 20, **109, 115**, 125, **170**, 225; *siehe auch* Formhecken
Fouquet, Nicolas 71
Französische Gärten 11, 17, 23, 25–27, 105–109, 141, 143, 161, 168, 235
Friedrich, Caspar David 183
Fuente de La Magnesia 54–57

Gabriel, Prinz von Spanien 133–134
Galicien 17–23
Gama, Vasco da 119
Gaudí, Antoni 11, 54–55, 57–58, 61–65, 73
Gaudí-Museum 61
Gautiza 48–51
Gegenreformation 125
González, Aníbal **232**
Goya y Lucientes, Francisco José de 161
Gran Canaria 43–47
Granada 9–10, 150, 196–217
Graves, Robert 92
Grimaldi Palavicini, Familie 211
Grotten 11, 27, **28–29**, 43, 45, 55, 57, 63, 184
Guadalevín 238
Güell, Eusebio 54, 58, 61, 63
Guill, Mateo 161

Habsburger 141, 171, 225
Hadrians-Villa, Rom **214**, 215

Herrera, Juan de 122, 130, 166
Hesperiden 43
Holland, Elizabeth 161

Irrgarten 67–68, 99, 161, 225
Irving, Washington: *Erzählungen von der Alhambra* 196
Isabella I. von Kastilien, Königin von Spanien 10, 166, 199
Isabella II., Königin von Spanien 232
Islam 9–10, 92, 196, 199, 205, 211, 223, 225, 227; *siehe auch* Mauren
Italienische Gärten 26–27, 68, 88, 91, 95, 119, 134, 137, 168, 208, 211, 215, 225
Itálica 9

Jakob I., König von Aragon 88, 92
Jardín de Aclimatación de la Orotava 36–41, 153
Jardín de Cactus 48–51
Jardín de la Marquesa de Arucas 42–47
Jardín de La Real Fábrica de Paños 176–181
Jardín de Joaquín Sorolla **8–9**, 148–151
Jardín de Montforte 78–83
Jardines Artigas 54–57
Jardines del Buen Retiro 140–147
Jugendstil 32–33, 214
Jujol, Josep Maria 64–65

Kanarische Inseln 36, 43–44
Karl III., König von Spanien 133–134, 140, 152, 154
Karl IV., König von Spanien 71, 128, 130, 171
Karl V., Kaiser 20, 125, 202–203, **222**, 225
Katalonien 54–77
Keramikfliesen **8, 58, 61, 62, 63, 151, 197, 199, 223, 233, 236**
Klassischer Stil 10, 12–13, 27, 68, 78, 81, 91, 95, 128, 130, 134, 138, 215, **229**

Labyrinth 67–68, 99, 109, 115, 193, 225
La Casa del Rey Moro 238–241
La Concepción **10**, 242–247
La Coruña 17–19
Landschaftsgärten 9, 11, 18, 23, 27, **28–29, 34–35**, 68, 78, 95, 120, 128, 161, 171, **184–185**
Lanzarote 48–51

La Granja de San Ildenfonso 11, 41, 104–111
La Pobla de Lillet 54–57
La Quinta 24–29
La Quinta del Duque de Arco 136–139
Lazzarini, Giovanni 91
Lecolant 232
Ledrú, André Pierre 36
Le Gros, Louis 36
Linné, Carl von 36, 85, 152, 154–155, 159
Lithica 99
Lleo, Vicente 229
Llobregat 54, 57
Lluià und Alfarràs, Joan Antoni Desvalls 67–68, 71
Löfling, Peter 152–153
Louis-Philippe, König von Frankreich 232
Ludwig I., König von Spanien 106
Ludwig XIV., König von Frankreich 71, 105

Machuca, Manuel 161
Madrid 13, 25, 41, 48, 91, 122–175, 238
Málaga 243–247
Mallorca 88–97
Manrique, César 48–50
Marchand, Esteban 106
Marianao, Salvador Samá i Torrents 73
Marie Antoinette, Königin von Frankreich 162
Marly, France 106, 108
Marx, Roberto Burle 116
Mattos, Jacintho 23
Medici, Cosimo de' 119
Medinacelli, Familie 229
Meniquini, Giuliano 229
Menorca 99–101
Mérida 9
Millet i Domènech, Ramón 55
Monasterio de Piedra 182–185
Monasterio de San Lorenzo de Trasouto 20–21, 166
Monleón, Sebastián 78
Monte del Pardo 137
Montenegro, Grafen von 91
Montpensier, Herzöge von 232
Mauren 9, 85, 88, 92, 188–190, 193, 199, 208–209, 211–212, 219, 238, 241
Moratalla 193
Moreno, Francisco Prieto **205**, 211
Mosaike 55, 58–65, **197**, 199, **211, 223, 233, 235, 236, 241**
Mudéjar-Stil 222, 225, 227, **232**, **235**, 236

Mogul-Gärten 119, **121**
Mulot, Jean Baptiste 161–162
Muntadas, Juan Federico 183–184
Muntadas, Pablo 184
Murube, Joaquin 225
Mutis, Celestino 36

Napoleon Bonaparte 18, 202
Navarra 30–35
Noel, Charles C. 130
Nuévalos 182–185

Oieregi-Bertizarana siehe Señorío de Bértiz
Orangenbäume 9, 91, 125, 188–192, **193**, 195, 219, **223**, 229, 235–236
Orinoko 152
Orotava 36, 41, 153
Orts, Familie 85
Osuna, Familie **160**, 161, 163
Oyarzábal, Jorge Loring 245

Palacio de Viana 193–195
Palacio Real de La Granja de San Ildenfonso 104–111
Palmeral de Elche 85
Paradiesgärten 9–11, 25, 43, 125, 166, 173, 190, 196, 209
Pareja, Justo Hernández 178
Park Güell 11, 54–55, 57, 58–65
Parque de la Ciudadela 73
Parque Samá 72–77
Parterre **16–17, 18–19**, 23, 68–**69**, 78–**79**, 80–81, **104**–105, 109, **110–111**, **132**–133, 134, **138**, **140**–141, 154, 166–**167**, **194**, 199, **215**, 219, **233–234**, **237**, 241
Patio de los Naranjos 9, 188–191, **192**–193, **195**
Patio 9, 20, 92, 95, 109, 122–**123**, 125, 188–191, **192–195**, 196, **198**, 199, 200–**211**, **214**, 219, 222, 227, 229, 235
Pazo de Castrelos 22–23
Pazo de Mariñán 16–19
Pedreres de S'Hostal 98–101
Peter der Grausame, König von Kastilien und Léon 222
Perez de Ayala, Señora 150
Pergola **10–11**, 32, 57, **78–79, 80–81, 92–93**, 94, 142–**143**, **236**, 241, **242–243**, 246

Pesquera, Diego de **219–221**
Peyron, Jean François: Essais sur l'Espagne 85
Philipp II. 122, 128, 166, 168
Philipp III., König von Spanien 225
Philipp IV., König von Spanien 171
Philipp V., König von Spanien 105, 137, 141
Philippinen-Ausstellung (1887) 145
Piedra **182–184**
Pilatus, Pontius 227–228
Pintado, Francisco Díaz **149**
Plinius der Ältere: Naturalis historia 20
Plinius der Jüngere 119
Pomeranzen 190, **222**, 236–**237**
Papst Alexander VI. 166
Portugal 22–23, 119, 222
Prado-Museum 140, 152, 161
Proust, Marcel 88
Provost, Pierre 161
Puerto de La Cruz 36–41

Quinta de Torres 119

Raixa 88–91
Real Alcázar 10, 150, 218–225
Real Cátedra Gaudí 55
Real Fábrica de Paños 176–181
Real Jardín Botánico 152–159
Real Monasterio de San Lorenzo de El Escorial 122–127, 134, **135**
Real Sitio de Aranjuez 10, 41, 166–175
Renaissance 9–10, 18, 94, 119, 120–**121**, 125, 130, 134, 166, 168, 171, 196, 202, 208, 215, 225, 227,
Repullés, Enrique Maria 150
Resta, Vermondo 219, 225
Rigoreau, Jean Pierre 25
Rodrigo, Joaquín 166
Rodríguez, Cecilio **142**–143, 145
Rodríguez-Acosta, José María 212
Rokoko 108
Rom 119, 122, 128, 193, 196, 199, 202, 205, 209, 212, 215, 219, 227, 229
Romanischer Stil 9, 11
Romantik siehe romantische Gärten
Romantische Gärten 18, 22, 27, 30, **34–35**, 71, 78, 88, 91, **94**, 109, 120, 130, 143, 155, 177–178, 181, 183–184, 202, 211, 215, 229, 232, 235, 245
Romero, Juan Bautista (später Marquis von San Juan) 78

Ronda 238–241
Rusiñol, Santiago 91, 171

Sabatini, Francesco 154
Saint-Cloud (Frankreich) 137
Salvador, Rosendo 18
Santiago de Compostela 20–21
San Telmo-Palast 232
Sancho, José Luis: *Jardines Reales de España* 134
Sauleau, Laetitia 99
Schopenhauer, Arthur 133
Seegärten in Udaipur 119
Segovia 104–117
Selgas, Ezequiel und Fortunato 25
Señorío de Bértiz 30–35
Sessé, Martín **155**
Sevilla 10, 150, 218–237
Sierra de Candelaria 119
Sigüenza, José de: *La fundación del monasterio de El Escorial* 125
Silva Delgado, Leandro 112, 115–16, 159
Soler, Antonio 134
Sorolla, Clothilde und Joaquín **8**, 149–50
Soto de Migas Calientes 152
Spanischer Bürgerkrieg 55, 74, 81, 163, 178
Spanischer Unabhängigkeitkrieg 143
Stein, Gertrude 92
Steinbruch **98**, 99, **100–101**
Stourhead (Wiltshire) 68
Strack, Heinrich 246

Tadeo, Angel Maria 162
Tajo 166, 168, 173
Tarifa, Fadrique Enriquez de Ribera 227
Teneriffa 36–41
Thiebe, Mathias 18
Toledo, Juan Batista de 122, 166
Topfblumen **8**, 150, 193–195, 226, 228, 239–240
Tortello, Benvenuto 228–229
Trencadis **58**, 62–65

Udaipur 119

Valencia 41, 78–87, 149
Valle-Inclán, Ramón Maria del: *Herbstsonate* 22
Vaux-le-Vicomte 71
Vega, Lope de 141
Velazquez, Diego de Silva 137
Versailles 25, **107**, 108, 116, 162, 199
Vigo 22–23
Villamediana, Conde des 171
Villanueva, Juan de 128, 130, 133–134, 154–155, 171
Villanueva del Prado, Alonso de Nava y Grimón 36
Voltaire, François Marie Arouet: *Candide* 25

Wasserspiele **9, 26–27, 30–31, 34, 35, 41, 42–43, 66–67,** 71, **72–73,** 75, **88–89, 93, 95,** 106–109, **112–114, 118–121, 123, 126, 135, 136, 144–145, 150–151, 160,** 172–173, **182–184, 190–198, 200–201, 204–206, 210–211, 213, 220–221, 223–224, 232–233, 234, 236, 240–241**
Westgoten 219
Winthuysen, Javier de 149

Yuste 125

Zitronenbäumchen 9, 125, 190, 195

DANKSAGUNG

Unser erster Dank gilt den privaten Gartenbesitzern, die uns ihre grünen Refugien für dieses Buch öffneten; den Grafen de Soma, der Familie Benítez de Lugo, dem Marqués de Marianao, der Familie Zaforteza und Julia Casardevilla möchten wir für ihre großzügige Unterstützung herzlich danken. Genauso danken wir María del Mar Junco von der Fundación Selgas-Fagalde, Laetitia Sauleau von der La Asociación Lítica und Cristina Rodríguez Acosta von der Fundación Rodríguez-Acosta. Besonderer Dank gilt María Eugenia Pernas, dem Ehepaar Bahamonde, Miguel Cabrera, Juan de Orbaneja, José Antonio Cañizo, César Requesens und Mercedes del Castillo für ihre wertvollen Hinweise. Ein sehr spezieller Dank geht an María Jesús Cagiga und Luisa Roquero für ihre fachliche Unterstützung.

Jo Christian danken wir für ihre Geduld und Unterstützung, Andrew Dunn für seine sorgfältige Übersetzung ins Englische und Maria Charalambous für ihr bezauberndes und elegantes Layout – und natürlich danken wir auch Pelayo, Gaspar and León Mencos Bojstad, den unfreiwilligen Opfern der Gartenleidenschaft ihrer Eltern.

Für Pelayo, Gaspar und León – geliebte, süße und unvergleichliche Früchte im Garten unseres Lebens.